ŒUVRES COMPLÈTES

DE

ALEXANDRE DUMAS

MES MÉMOIRES

IV

OEUVRES COMPLÈTES D'ALEXANDRE DUMAS
PUBLIÉES DANS LA COLLECTION MICHEL LÉVY

Acté..................	1	Filles, Lorettes et Courtisanes...............	1	Le Maître d'armes....	1
Amaury...............	1			Mariages du Père Olifus	1
Ange Pitou...........	2	Le Fils du forçat.....	1	Les Médicis...........	1
Ascanio...............	2	Les Frères corses.....	1	Mes Mémoires.........	10
Aventure d'amour.....	1	Gabriel Lambert.......	1	Mémoires de Garibaldi	2
Aventures de John Davys	2	Les Garibaldiens......	1	Mémoires d'une aveugle	2
Le Bâtard de Mauléon.	3	Gaule et France.......	1	Mémoires d'un médecin : Balsamo........	5
Black.................	1	Georges...............	1		
Les Blancs et les Bleus.	3	La Guerre des femmes	2	Le Meneur de loups...	1
La Bouillie de la comtesse Berthe........	1	Henri IV, Louis XIII, Richelieu...........	2	Mille et un fantômes..	1
				Les Mohicans de Paris	4
La Boule de neige....	1	Histoire de mes bêtes.	1	Les Morts vont vite...	2
Bric-à-Brac...........	1	Histoire d'un casse-noisette................	1	Napoléon.............	1
Un Cadet de famille..	3			Une Nuit à Florence..	1
Le Capitaine Pamphile.	1	L'Homme aux contes..	1	Olympe de Clèves.....	3
Le Capitaine Paul.....	1	Les Hommes de fer...	1	Page du duc de Savoie	2
Le Capitaine Rhino...	1	L'Horoscope..........	1	Parisiens et Provinciaux...............	2
Le Capitaine Richard..	1	L'Ile de Feu..........	2		
Catherine Blum.......	1	Impressions de voyage :		Le Pasteur d'Ashbourn	2
Causeries.............	2	Une Année à Florence	1	Pauline et Pascal Bruno	1
Cécile................	1	L'Arabie Heureuse..	3	Un Pays inconnu.....	1
César................	2	Les Baleiniers......	2	Le Père Gigogne.....	2
Charles le Téméraire..	2	Les Bords du Rhin...	2	Le Père la Ruine.....	1
Chasseur de Sauvagine.	1	Le Capitaine Arena.	1	Le Prince des Voleurs.	2
Le Château d'Eppstein.	2	Le Caucase.........	3	Princesse de Monaco..	2
Chevalier d'Harmental.	2	Le Corricolo........	1	La Princesse Flora....	1
Le Chevalier de Maison-Rouge...............	2	Un Gil-Blas en Californie	1	Propos d'Art et de Cuisine................	1
		Le Midi de la France	2		
Le Collier de la Reine.	3	De Paris à Cadix....	2	Les Quarante-Cinq....	3
La Colombe..........	1	15 jours au Sinaï...	1	La Régence...........	1
Compagnons de Jéhu..	3	En Russie..........	4	La Reine Margot......	2
Comte de Monte-Cristo.	6	Le Speronare.......	2	Robin Hood le Proscrit	2
Comtesse de Charny...	6	En Suisse..........	3	La Route de Varennes.	1
Comtesse de Salisbury.	2	Le Véloce..........	2	Le Saltéador..........	1
Confessions de la marquise..............	2	La Vie au Désert...	2	Salvator..............	5
		La Villa Palmieri....	1	La San Felice........	4
Conscience l'Innocent.	2	Ingénue..............	2	Souvenirs d'Antony...	1
La Dame de Monsoreau	3	Isaac Laquedem......	2	Souvenirs dramatiques	2
La Dame de Volupté..	2	Isabel de Bavière....	2	Souvenirs d'une Favorite	4
Les Deux Diane......	3	Italiens et Flamands..	2	Les Stuarts...........	1
Les Deux Reines.....	2	Ivanhoe..............	2	Sultanetta............	1
Dieu dispose.........	2	Jacques Ortis........	1	Sylvandire............	1
Le Docteur mystérieux.	2	Jacquot sans Oreilles..	1	Terreur prussienne....	2
Le Drame de 93......	3	Jane.................	1	Testament de Chauvelin	1
Les Drames de la mer.	2	Jehanne la Pucelle...	1	Théâtre complet......	25
Les Drames galants...	2	Louis XIV et son Siècle	2	Trois Maîtres.........	1
Emma Lyonna........	5	Louis XV et sa Cour...	2	Trois Mousquetaires...	2
La Femme au collier de velours.............	1	Louis XVI et la Révolution...............	2	Le Trou de l'enfer....	1
				La Tulipe noire......	1
Fernande.............	1	Louves de Machecoul..	3	Vicomte de Bragelonne	
La Fille du Marquis...	2	Madame de Chamblay	2	Une Vie d'artiste.....	
Une Fille du régent...	1	La Maison de Glace...	2	Vingt Ans après......	3

E. GREVIN — IMPRIMERIE DE LAGNY

ALEXANDRE DUMAS

MES

MÉMOIRES

QUATRIÈME SÉRIE

PARIS

CALMANN-LÉVY, ÉDITEURS

3, RUE AUBER, 3

Droits de reproduction et de traduction réservés.

MEMOIRES
DE
ALEXANDRE DUMAS

LXXXVII

La littérature impériale. — *La Jeunesse de Henri IV.* — Mercier et Alexandre Duval. — *Les Templiers* et leur auteur. — César Delrieu. — Perpignan. — Rupture de mademoiselle Georges avec le Théâtre-Français. — Sa fuite en Russie. — Le parterre de rois. — La tragédienne ambassadrice.

Dans cette même année 1802, Georges, protégée par Bonaparte, et Duchesnois par Joséphine, étaient engagées au Théâtre-Français à quatre mille francs d'appointements.

Six mois après, elles étaient sociétaires à demi-part.

C'était le comble de la faveur! et il ne fallut pas moins que l'influence de Bonaparte, d'un côté, et celle de Joséphine, de l'autre, pour arriver à ce double résultat.

— Comment Napoléon vous a-t-il quittée? demandais-je un jour à Georges.

— Il m'a quittée pour se faire empereur, répondit-elle.

En effet, l'événement dont on s'occupa le plus en France après les débuts de Georges et de Duchesnois, comme princesses tragiques, ce furent les débuts de Napoléon empereur.

Ces débuts-là, non plus, ne furent pas exempts de cabale; les rois sifflèrent; mais le grand acteur qui donnait au monde le spectacle de son usurpation les fit taire à Austerlitz, et, à partir de ce moment, jusqu'à la retraite de Russie, il faut le dire, les claqueurs furent pour lui.

Cependant, la littérature impériale allait son petit train.

On avait joué, en 1803, *le Roman d'une heure*, d'Hoffmann.

On avait joué, en 1804, *Shakspeare amoureux*, d'Alexandre Duval; *Molière avec ses amis*, d'Andrieux, et *la Jeune Femme colère*, d'Étienne.

On avait joué, en 1805, *le Tyran domestique* et *le Menuisier de Livonie*, d'Alexandre Duval; *le Tartufe de mœurs*, de Chéron; *Madame de Sévigné*, de Bouilly; *les Filles à marier*, de Picard.

Enfin, on avait joué, en 1806, *les Marionnettes*, de Picard; *la Jeunesse de Henri V*, d'Alexandre Duval; *Omasis ou Joseph en Égypte*, de Baour-Lormian, et *les Templiers*, de Raynouard.

Les deux plus grands succès dans cette dernière période avaient été *les Templiers* et *la Jeunesse de Henri V*.

La Jeunesse de Henri V était empruntée à une comédie fort légère du dramaturge Mercier. Cette comédie, non représentée, mais imprimée et publiée, était intitulée *Charles II dans un certain lieu*.

Rien n'avait troublé Alexandre Duval, qu'un mot, un seul mot de Mercier.

Mercier était brouillé avec la Comédie-Française, qui, dans sa dignité offensée, avait juré que jamais une pièce de Mercier ne serait représentée au théâtre de la rue de Richelieu.

Le soir de la représentation de *la Jeunesse de Henri V*, Alexandre Duval se pavanait au foyer.

Mercier s'approcha de lui, et, lui touchant l'épaule :

— Dis donc, Duval, fit-il, les comédiens français qui avaient dit qu'ils ne joueraient plus rien de moi, les imbéciles!

Alexandre Duval se gratta l'oreille, rentra chez lui, eut la jaunisse, et resta deux ans sans rien faire.

Au reste, le véritable succès de l'année, le succès littéraire fut pour *les Templiers*.

En effet, cette tragédie est l'œuvre dramatique la plus remarquable de toute l'époque impériale; aussi elle eut un prodigieux succès, fit un argent fou, et, du coup, porta, je crois, son auteur à l'Académie.

Le rôle de la reine était le second rôle que créât mademoiselle Georges depuis son entrée aux Français, et il y avait déjà quatre ans qu'elle y était entrée.

A cette époque, on le voit, les créations tragiques étaient rares.

Son premier rôle avait été Calypso, dans une tragédie de *Télémaque*.

Qui avait pu faire, demandera le lecteur, une tragédie de *Télémaque*?

Un M. Lebrun quelconque. Mais, ma foi! je suis comme Napoléon, je crains de me tromper. Était-ce Lébrun-Pindare? était-ce Lebrun l'ex-consul? était-ce Lebrun le futur académicien, pair de France, directeur de l'imprimerie impériale?

Je n'en sais rien.

Mais ce que je sais, c'est que le crime a été commis.

Paix au coupable, et que, mort ou vivant, il dorme d'un sommeil aussi calme et aussi profond que sa tragédie, où, à côté de Georges, mademoiselle Duchesnois joua le rôle de Télémaque, et qui tomba, malgré la réunion de ces deux talents, comme, vingt ans plus tard, tomba *le Cid d'Andalousie*, malgré la réunion de Talma et de mademoiselle Mars.

Quant au *Cid d'Andalousie*, comme nous assistions à la première représentation, nous savons quel en était l'auteur.

C'était Pierre Lebrun.

L'immense succès qu'obtinrent *les Templiers* fit tressaillir de joie Napoléon.

Tous les ans, il continuait de demander ses trois cent mille conscrits au ministre de la guerre, et son poëte au grand maître de l'Université.

Il crut avoir trouvé son poëte dans M. Raynouard.

Malheureusement, M. Raynouard était fort occupé pendant toute la semaine, et ne pouvait être poëte que le dimanche.

Il résulta de ces occupations que M. Raynouard ne put faire que trois tragédies : *les Templiers*, dont nous avons parlé ; *les États de Blois*, qui ne valaient pas *les Templiers* ; et *Caton d'Utique*, qui ne valait pas *les États de Blois*.

Napoléon était désespéré !

Il se remit à demander ses trois cent mille conscrits et son poëte.

En 1808, après quatre ans de règne, il avait M. Raynouard et M. Baour-Lormian, l'auteur des *Templiers* et l'auteur d'*Omasis*.

C'était la moitié d'un poëte par année.

En régnant quatorze ans, il aurait la pléiade !

Nous ne parlons pas des poëtes de la République, des Chénier, des Ducis, des Arnault, des Jouy, des Lemercier : ceux-là n'étaient point des poëtes de sa création. Or, Napoléon était un peu comme Louis XIV, et n'estimait que les ducs qu'il avait faits.

Ce fut vers cette époque que les batteurs d'estrade dépêchés par M. de Fontanes firent grand bruit d'un poëte qu'on venait de découvrir, et qui mettait la dernière touche à une tragédie.

Ce poëte s'appelait Luce de Lancival. Nous en avons déjà parlé, et nous avons raconté ce que lui fit et ce que lui dit Napoléon.

Il avait bien déjà, ce cher M. Luce de Lancival, commis deux petits péchés de jeunesse qu'on appelait *Mucius Scœvola* et... et... ma foi ! j'ai oublié l'autre nom ; mais ces péchés étaient si petits et leur chute avait été si grande, qu'il n'en était plus aucunement question.

Malheureusement, Luce de Lancival s'en tint à *Hector*. Nommé professeur de belles-lettres, il professa.

C'était le troisième poëte qui fondit dans les mains de Napoléon !

L'année précédente, il était arrivé un grand événement au Théâtre-Français, à la suite de la représentation de la tragédie d'*Artaxercès*.

Il y avait à Paris un homme qui, toutes les fois que Napoléon demandait un poëte, portait la main à son chapeau, et disait :

— Présent!

C'était César Delrieu, l'auteur de la susdite tragédie.

Nous l'avons connu tous. Il était impossible d'avoir reçu du ciel, avec moins de talent, un amour-propre plus ingénu et un orgueil plus candide.

Les mots de Delrieu forment un répertoire qui n'a pas son pareil peut-être, excepté dans les archives de la famille la Calprenède.

Nous avons tous connu aussi un garçon nommmé Perpignan, à qui il était arrivé toute sorte d'accidents, et qui avait fini par être censeur.

C'était lui qui allait, aux dernières répétitions des pièces, vérifier s'il n'y avait rien dans le costume des acteurs qui blessât la morale, rien dans leur geste qui provoquât au mépris du gouvernement, et au renversement de l'ordre de choses établi.

Il avait fait, dans sa vie, au Gymnase, une pièce qui était outrageusement tombée, et à propos de laquelle Poirson lui reprochait éternellement la dépense qu'il l'avait forcé de faire d'un perroquet empaillé.

Cette pièce s'appelait *l'Oncle d'Amérique,* et, en inscrivant Perpignan sur la liste des gens de lettres, elle le faisait, bon gré mal gré, confrère de M. de Chateaubriand comme de M. Viennet.

Hâtons-nous de dire, à l'honneur de Perpignan, qu'en général, il n'usait de cet avantage que pour se moquer de lui-même.

Enfin, il en usait!

Un soir, en montant le magnifique escalier qui conduit au foyer de l'Odéon, il rencontre Delrieu.

— Bonjour, confrère, lui dit-il.

— Imbécile! répond Delrieu blessé.

— C'est bien comme cela que je l'entends, répond Perpignan de l'air le plus gracieux du monde.

A la reprise d'*Artaxercès,* que nous avons vue et que Delrieu avait sollicitée vingt ans, la pièce tant prônée par son auteur fit ce que l'on appelle, en termes de théâtre, *un four complet.*

Quinze jours après, un de ses amis le rencontre.

— Eh bien, lui dit-il, te voilà raccommodé avec les comédiens français?

— Avec eux, jamais!

— Que t'ont-ils donc fait encore?

— Ce qu'ils m'ont fait? Imagine-toi que ces brigands-là... Tu sais, mon *Artaxercès*, un chef-d'œuvre?

— Oui.

— Eh bien, ils le jouent juste les jours où il n'y a pas de recette!

Et jamais il ne pardonna ce mauvais tour à MM. de la Comédie-Française.

Mais les mots de Delrieu nous mèneraient trop loin. Sautons à reculons de la reprise d'*Artaxercès* à sa première représentation, et nous nous retrouverons au 30 avril 1808.

Mademoiselle Georges avait créé le rôle de Mandane, et l'avait joué quatre fois; mais, le jour de la cinquième représentation, un bruit sinistre se répandit au théâtre, et, du théâtre, passa dans la ville.

Mandane avait disparu.

C'était un satrape autrement puissant qu'Arbace qui l'avait enlevée : c'était Sa Majesté l'empereur de toutes les Russies.

Les Russes n'ont jamais eu d'autre littérature aristocratique que la nôtre; les Russes ne parlent pas généralement russe; en échange, ils parlent bien mieux français que nous.

Le Théâtre-Français était riche en têtes couronnées, à cette époque. Il possédait, en reines tragiques seulement, mademoiselle Raucourt, mademoiselle Duchesnois et mademoiselle Georges.

L'empereur Alexandre pensa tout naturellement que les riches devaient prêter aux pauvres.

D'ailleurs, les Russes venaient de perdre Austerlitz et Eylau, et ils avaient bien droit à une compensation quelconque.

L'affaire s'était faite par l'entremise de la haute diplomatie russe.

C'était M. de Narichkine, remplissant les fonctions de grand chambellan, qui, de la part de l'empereur, avait chargé M. de Beckendorf de préparer cette fuite.

Elle avait eu lieu dans le plus grand secret. Cependant, vingt-quatre heures après la disparition de mademoiselle Georges, le télégraphe jouait sur la route du Nord.

Mais, on le sait, les actrices qui fuient le Théâtre-Français ont des ailes bien autrement rapides que celles du télégraphe, et jamais une seule n'a été rattrapée.

Mademoiselle Georges entrait donc à Kehl au moment où la nouvelle de sa fuite arrivait à Strasbourg.

C'était la première défection qu'éprouvât l'empereur Napoléon ; Hermione, l'ingrate Hermione passait à l'ennemi !

Mademoiselle Georges ne fit halte qu'à Vienne dans le salon de la princesse Bagration ; mais, comme nous étions en paix avec l'Autriche, l'ambassadeur de France s'émut, et réclama mademoiselle Georges ; c'était ce qu'on appelle, en termes diplomatiques, un *casus belli*, et mademoiselle Georges reçut l'invitation de continuer sa route.

Si le lecteur ne sait pas ce que c'est qu'un *casus belli*, il peut s'informer auprès de M. Thiers. Pendant ses deux ou trois ministères, M. Thiers a présenté aux puissances deux ou trois *casus belli*, auxquels les puissances n'ont pas fait la moindre attention, et qui, par conséquent, lui sont revenus tout neufs, et sans avoir servi.

Quatre jours après, la fugitive s'arrêtait chez le gouverneur de Vilna, où elle faisait sa seconde halte, au milieu des bravos de toutes les princesses polonaises, non-seulement de la Pologne, mais encore du monde entier.

On sait que rien n'est plus éparpillé sur le globe que les princesses polonaises, si ce n'est les princes russes.

Dix jours après, mademoiselle Georges était à Saint-Pétersbourg.

Après avoir débuté à Péterhof pour l'empereur Alexandre, pour ses frères Constantin, Nicolas et Michel, pour l'impératrice régnante et pour l'impératrice mère, mademoiselle Georges, précédée d'un immense succès, débuta au théâtre de Pétersbourg.

Il va sans dire qu'au théâtre de Pétersbourg, on jouait l'ancien répertoire surtout. Alexandre enlevait à Napoléon ses acteurs; mais, hélas! il ne pouvait guère lui enlever ses poètes; les poètes étaient trop rares en France pour que Napoléon n'eût pas l'œil sur ceux qu'il possédait.

Chateaubriand et madame de Staël, les deux grands poètes de l'époque, erraient bien à l'étranger; mais ce n'étaient pas des poètes dramatiques.

On jouait donc *Mérope*, *Sémiramis*, *Phèdre*, *Iphigénie* et *Andromaque*, à Pétersbourg, avec plus d'acharnement encore qu'on ne les jouait à Paris.

Cependant, si la littérature restait en route, la politique allait son train.

Napoléon avait conquis la Prusse en une vingtaine de jours; il avait daté de Berlin son décret sur le blocus continental, et avait fait son frère Jérôme roi de Westphalie, son frère Joseph roi d'Espagne, son frère Louis roi de Hollande, son beau-frère Murat roi de Naples, son beau-fils Eugène vice-roi d'Italie.

En échange, il avait défait une impératrice.

Joséphine, reléguée à la Malmaison, avait cédé la place à Marie-Louise. Ce grand conquérant, ce grand stratégiste, ce grand politique n'avait pas remarqué que, toutes les fois qu'un roi de France touchait la main de l'Autriche, il lui arrivait malheur.

Quoi qu'il en soit, l'avenir terrible était encore caché dans les drapeaux d'or de l'espérance. Le 20 mars 1811, Marie-Louise avait donné, en présence de vingt-trois personnes, la naissance à un enfant sur la tête blonde duquel son père avait posé la couronne que, dix-neuf siècles auparavant, Antoine avait offerte à César.

L'Europe, à cette époque, avait, comme les mers du Nord, entre deux gigantesques tempêtes, des jours de calme, pendant lesquels elle reflétait la poésie.

Pendant un de ces jours de calme, l'empereur Napoléon avait donné à Erfürt rendez-vous à tous les souverains de l'Europe.

Le roi de Saxe, son vieil et fidèle ami, lui prêtait son royaume pour cette fastueuse hospitalité.

En même temps que les rois et les reines du monde, Napoléon avait convoqué les rois et les reines de l'art.

Princes couronnés d'or ou de lauriers, princesses couronnées de diamants ou de roses, étaient accourus à l'appel.

Le 28 septembre 1808, *Cinna* fut représenté devant l'empereur Napoléon, l'empereur Alexandre et le roi de Saxe.

Le lendemain, 29, ce fut le tour de *Britannicus*.

Dans cet intervalle de vingt-quatre heures, l'auguste assemblée s'était augmentée du prince Guillaume de Prusse, du duc Guillaume de Bavière et du prince Léopold de Saxe-Cobourg, qui plus tard, en perdant sa femme la princesse royale d'Angleterre, et l'enfant qu'en mère jalouse elle entraînait dans la tombe, devait perdre à la fois trois couronnes, et — avec elles — ce fameux trident de Neptune que Lemierre appelait *le sceptre du monde*.

Le 2 octobre, Gœthe arriva à son tour. Il avait le droit de se faire attendre ; de tous les noms de princes que nous venons de citer, — n'en déplaise à messieurs de la rue de Grenelle, — le nom de l'auteur de *Faust* est peut-être le seul qui survivra.

Le 3, on représenta *Philoctète*.

Ce fut pendant cette représentation qu'Alexandre, à ce vers de Philoctète :

L'amitié d'un grand homme est un bienfait des dieux !

tendit à Napoléon cette main que, trois ans plus tard, il devait lui retirer, et qui lui fit tellement faute, qu'il glissa dans la neige et dans le sang de Moscou à Waterloo.

Au second acte de *Philoctète*, le roi de Wurtemberg arriva, mais sans qu'on se dérangeât pour lui. Il alla prendre sa place sur un des fauteuils réservés aux rois.

Le 4 octobre, *Iphigénie en Aulide* fut représentée.

Le roi et la reine de Westphalie arrivèrent pendant cette représentation.

Le lendemain, ce fut le tour de *Phèdre*.

Le roi de Bavière et le prince primat étaient arrivés pendant la matinée.

Le 6, *la Mort de César* fut représentée.

L'auditoire couronné était au grand complet.

Il y avait deux empereurs, trois rois, une reine, vingt princes et six grands-ducs.

Après le spectacle, l'empereur dit à Talma :

— Je vous ai tenu à Erfurt la parole que je vous avais donnée à Paris, Talma : je vous ai fait jouer devant un parterre de rois.

Le 14 octobre, jour anniversaire de la bataille d'Iéna, Napoléon quitta Erfurt, laissant à Gœthe une croix de la Légion d'honneur.

Quatre ans après, presque jour pour jour, Napoléon entrait en vainqueur dans la capitale de l'empire russe.

Un décret daté du Kremlin, écrit à la lueur mouvante de l'incendie, réglait les intérêts des sociétaires de la rue de Richelieu.

C'était donc désormais une guerre d'extermination entre ces deux hommes qui, à Tilsit, s'étaient rencontrés sur le même radeau ; qui, à Erfurt, s'étaient assis côte à côte ; qui s'étaient appelés, l'un Charlemagne, l'autre Constantin ; qui coupant le monde en deux parts, s'étaient adjugé, l'un l'Orient, l'autre l'Occident, et qui devaient, à cinq ans d'intervalle, s'en aller mourir aussi tristement l'un que l'autre, celui-ci au milieu de la mer Atlantique, celui-là sur les bords de la mer d'Azof.

Les comédiens français apprirent, à Pétersbourg, l'entrée de l'empereur à Moscou.

Ils ne pouvaient rester dans une capitale ennemie ; ils obtinrent congé et partirent pour Stockholm, où, après un voyage de trois semaines, ils arrivèrent en traîneau.

Là, c'était encore un Français qui régnait ou plutôt qui

soutenait la couronne au-dessus de la tête du vieux duc de Sudermanie, lequel faisait son intérim de roi.

Bernadotte reçut les fugitifs, comme les eût reçus son compatriote Henri IV.

Une halte dramatique de trois mois eut lieu dans cette Suède, notre ancienne alliée, qui devait, sous un roi français, devenir notre ennemie.

Puis on partit pour Stralsund, où l'on demeura quinze jours. La veille du départ, M. de Camps, officier d'ordonnance de Bernadotte, vint trouver mademoiselle Georges.

Hermione allait être utilisée comme courrier d'ambassade.

M. de Camps apportait une lettre de Bernadotte : elle était adressée à Jérôme-Napoléon, roi de Westphalie.

Cette lettre était de la plus haute importance ; on ne savait où la cacher.

Les femmes ne sont jamais embarrassées pour cacher une lettre. Hermione cacha la lettre de Bernadotte dans la gaîne de son busc.

La gaîne de leur busc, c'est le fourreau de sabre des femmes.

M. de Camps se retira médiocrement rassuré ; on tirait si facilement le sabre du fourreau, à cette époque-là.

L'ambassadrice partit dans une voiture donnée par le prince royal.

Elle portait sur ses genoux une cassette qui renfermait pour trois cent mille francs de diamants.

On ne secoue pas trois couronnes sans qu'il en tombe quelque chose.

Diamants dans la cassette, lettre dans le busc, arrivèrent sans accident jusqu'à deux journées de Cassel, capitale du nouveau royaume de Westphalie.

On voyageait nuit et jour.

La lettre était si pressée, les diamants avaient si grand'peur !

Tout à coup, au milieu de la nuit, on entendit un grand bruit de chevaux, et l'on vit briller une forêt de lances.

Un gigantesque hourra retentit; on était tombé au milieu d'une nuée de Cosaques.

Bien des mains s'étendaient déjà vers la portière, quand un jeune officier russe apparut.

Jamais Hippolyte ne s'était montré plus beau aux regards de Phèdre.

Georges se nomma.

Vous vous rappelez l'histoire de l'Arioste, cette gravure qui représente les bandits à genoux?

La génuflexion, cette fois, était bien autrement naturelle devant une jeune comédienne, que devant un poëte de quarante ans.

La horde ennemie devint une escorte amie qui n'abandonna la belle voyageuse que pour la céder aux avant-postes français.

Une fois confiée aux avant-postes français, Georges, la lettre et les diamants étaient sauvés.

On arriva à Cassel.

Le roi Jérôme était à Brunswick.

On partit pour Brunswick.

C'était un roi fort galant que le roi Jérôme, fort beau, fort jeune; il avait vingt-huit ans à peine; il se montra on ne peut plus empressé de recevoir la lettre du prince royal de Suède.

Je ne sais plus bien s'il la reçut ou s'il la prit.

Ce que je sais, c'est que l'ambassadrice resta un jour et une nuit à Brunswick.

Il ne fallait pas moins de vingt-quatre heures, on en conviendra, pour se remettre d'un pareil voyage.

LXXXVIII

La Comédie-Française à Dresde. — Rentrée de Georges au Théâtre-Français. — *Les Deux Gendres.* — *Mahomet II.* — *Tippo-Saëb.* — 1814. — Fontainebleau. — Entrée des alliés à Paris. — Les lis. — Retour de l'île d'Elbe. — Les violettes. — Les queues d'asperge. — Retour de Georges à Paris.

Le lendemain de son arrivée à Brunswick, mademoiselle Georges partit pour Dresde.

Le géant terrassé à la Bérésina avait, comme Antée, repris ses forces en touchant Paris.

Napoléon était parti de Saint-Cloud le 15 avril 1813. Il s'arrêta le 16 à Mayence, en partit le 24, et arriva le même jour à Erfürt.

A cette époque, Napoléon commandait encore à quarante-trois millions d'hommes, et avait pour alliés contre les Russes tous les rois qui avaient assisté aux représentations dont nous avons parlé.

Mais le prestige était détruit. Napoléon avait perdu la virginité de la gloire; l'invincible pouvait être vaincu.

La neige de 1812 avait refroidi toutes les amitiés factices.

La Prusse donna l'exemple de la défection.

Le 3 mai, c'est-à-dire dix-huit jours après son départ de Paris, Napoléon expédiait, du champ de bataille de Lutzen, où dormaient couchés vingt mille Russes ou Prussiens, des courriers qui allaient annoncer une nouvelle victoire à Constantinople, à Vienne, à Paris.

La Saxe fut reconquise par une seule bataille.

Le 10 mai, l'empereur était installé à Dresde dans le palais Marcolini.

Le 12, le roi de Saxe, qui s'était réfugié sur les frontières de Bohème, rentrait dans sa capitale.

Le 18, Napoléon avait proposé un armistice.

Comme on ne lui répondait pas, le 20 et le 21, il gagnait les batailles de Bautzen et de Lutzen.

Le 10 juin, l'empereur était de retour à Dresde, espérant toujours l'armistice demandé.

Le 16 juin, MM. de Beausset et de Turenne furent chargés de la surintendance de la Comédie-Française.

M. de Beausset avait, dans ses attributions, les constructions du théâtre, le logement des acteurs, la composition du répertoire.

M. de Turenne s'était réservé les invitations et tout ce qui avait rapport à l'étiquette.

Le 19 juin, la Comédie-Française arriva.

La *comédie* seulement, c'est-à-dire, MM. Fleury, Saint-Phal, Baptiste cadet, Armand, Thénard, Vigny, Michot, Barbier; et mesdames Thénard, Émilie Contat, Mézeray, Mars et Bourgoin.

Comme M. de Turenne, nous avons suivi l'étiquette, et mis ces messieurs et ces dames à leur rang d'ancienneté.

Tout avait été disposé pour les recevoir dès le 15 juin. On avait fait louer d'avance des maisons, des voitures et des domestiques.

Aussi, une heure après leur arrivée, les treize artistes étaient-ils installés.

Le lendemain, à minuit, mademoiselle Georges à son tour arrivait à Dresde.

A une heure, le duc de Vicence était chez elle.

Le lendemain, à sept heures du matin, elle était reçue par l'empereur.

Le même jour, un courrier partait avec mission de faire donner à Talma et à Saint-Prix l'ordre de partir, à l'instant même, pour Dresde, en quelque endroit de la France que cet ordre leur parvînt.

L'ordre atteignit Saint-Prix à Paris, et rejoignit Talma en province.

Douze jours après, Talma et Saint-Prix étaient arrivés, et la Comédie-Française se trouvait au grand complet. Un théâtre avait été construit, pour la comédie, dans l'orangerie du palais qu'habitait l'empereur.

Les tragédies, qui demandaient un plus grand appareil de décors, et un plus grand développement de mise en scène, devaient être représentées sur le théâtre de la ville.

La première représentation comique eut lieu le 22 juin; elle se composait de *la Gageure imprévue* et des *Suites d'un bal masqué*.

La première représentation tragique fut donnée le 24. On joua *Phèdre*.

Mais qu'il y avait loin de ces fêtes à celles d'Erfürt! Un voile de tristesse était jeté sur le passé; un voile de terreur était étendu sur l'avenir.

On se souvenait de la Bérésina; on prévoyait Leipzig.

Talma cherchait en vain au parterre ces rois qui l'avaient applaudi à Erfürt.

Il n'y avait plus que le vieux et fidèle roi de Saxe, le dernier des amis que conservât Napoléon parmi les têtes couronnées.

Les représentations durèrent depuis le 22 juin jusqu'au 10 août.

Presque tous les matins, à son déjeuner, l'empereur recevait ou Talma, ou mademoiselle Mars, ou mademoiselle Georges.

On causait d'art.

C'est que l'art avait toujours rempli une place importante dans l'esprit de Napoléon. Sous ce rapport, il était, non-seulement le successeur, mais encore l'héritier de Louis XIV.

C'est alors qu'il exprimait, avec cette incisive appréciation qui lui était particulière, son opinion sur les hommes et sur leurs œuvres.

Ce devait être quelque chose de remarquablement beau que Corneille apprécié, et Racine critiqué par Napoléon.

Et quand on pense que, pour parler de Corneille ou de Racine, il fallait que le puissant génie soulevât un instant le monde, qui commençait à peser sur lui.

Il est vrai qu'on le leurrait sans cesse d'un espoir de paix.

Le 11 août au soir, tout espoir fut perdu à cet endroit.

Le 12, à trois heures du matin, M. de Beausset reçut d'Alexandre Berthier, prince de Neuchâtel, la lettre suivante:

« Mon cher Beausset,

» L'empereur me charge de vous dire que les artistes français qui sont ici doivent partir dans la journée d'aujourd'hui ou demain matin au plus tard, et se rendre à Paris. Veuillez les prévenir.

» Amitiés.

» ALEXANDRE. »

Les artistes partirent. Puis eut lieu la bataille de Leipzig.

L'agonie de l'Empire était commencée.

Les artistes rentraient à Paris pendant ce temps.

Mademoiselle Georges, absente depuis cinq ans, reprenait son trône à la Comédie-Française.

Raucourt laissait, de son vivant, sa succession à peu près vacante. Depuis longtemps, le théâtre lui pesait; elle ne jouait plus qu'à son corps défendant, et restait presque toute l'année à la campagne.

Mademoiselle Georges rentrait, par ordre, avec part entière, et le temps de son absence compté comme présence.

Elle reparut dans Clytemnestre : elle avait, alors, vingt-huit ans seulement. Son succès fut immense.

Il ne s'était pas fait, pendant ces cinq dernières années, de grands changements au Théâtre-Français.

Les pièces importantes jouées en l'absence de mademoiselle Georges étaient *Hector* et *Christophe Colomb*, dont nous avons parlé; *les Deux Gendres*, de M. Étienne; le *Mahomet II*, de M. Baour-Lormian, et le *Tippo-Saëb*, de M. de Jouy.

Le succès des *Deux Gendres* n'avait pas été contesté, et n'était pas contestable.

Mais, comme il faut toujours, à tout auteur d'un mérite quelconque, contester quelque chose, on contesta à M. Étienne la paternité de sa comédie.

On tira, de je ne sais quelle case de la Bibliothèque le manuscrit poudreux d'un jésuite oublié, et l'on affirma que M. Étienne avait pillé ce malheureux jésuite.

Ce qu'on eût dû dire, c'est que le sujet des *Deux Gendres* était celui avec lequel, deux cents ans auparavant, Shakspeare avait fait *le Roi Léar,* et avec lequel, vingt-cinq ans plus tard, M. de Balzac devait faire *le Père Goriot.*

Toute cette polémique tourmenta fort M. Étienne, et l'empêcha probablement, de faire un pendant à ses *Deux Gendres.*

Mahomet II n'avait eu qu'un succès d'estime : la pièce était froide et sans intérêt.

Ce n'était cependant pas un homme sans mérite que M. Baour-Lormian; il a laissé ou plutôt il laissera quelques poésies d'un sentiment mélancolique d'autant plus remarble qué ce sentiment n'appartient nullement à l'Empire, qui n'a, sous ce rapport, à nous offrir que *la Chute des Feuilles,* de Millevoie, et *la Feuille de Rose,* de M. Arnault.

Encore, *la Chute des Feuilles* vint-elle avant, et *la Feuille de Rose* après l'Empire.

Citons quelques vers agréables de M. Baour-Lormian.

> Ainsi qu'une jeune beauté
> Silencieuse et solitaire,
> Du sein du nuage argenté
> La lune sort avec mystère...
> Fille aimable du ciel, à pas lents et sans bruit,
> Tu glisses dans les airs où brille ta couronne;
> Et ton passage s'environne
> Du cortége pompeux des soleils de la nuit...
> Que fais-tu loin de nous, quand l'aube blanchissante
> Efface, à nos yeux attristés,
> Ton sourire charmant et tes molles clartés?
> Vas-tu, comme Ossian, plaintive et gémissante,
> Dans l'asile de la douleur
> Ensevelir ta beauté languissante?
> Fille aimable du ciel, connais-tu le **malheur?**

Revenons à mademoiselle Georges.

Mademoiselle Georges, comme nous l'avons dit, retrouvait donc le Théâtre-Français à peu près dans l'état où elle l'avait laissé.

Elle reprit son ancien répertoire.

N'est-ce pas une chose étrange que, pendant les neuf ans qu'elle reste au Théâtre-Français, mademoiselle Georges, qui a créé tant de rôles depuis, n'ait créé que les rôles de Calypso et de Mandane?...

Cependant, l'horizon du nord s'assombrissait de plus en plus : la Prusse nous avait trahis, la Suède nous avait abandonnés, la Saxe avait été entraînée dans la déroute de Leipzig, l'Autriche recrutait contre nous.

Le 6 janvier 1814, Joachim Murat, roi de Naples, signait avec l'Angleterre un armistice dont l'expiration devait être notifiée trois mois à l'avance.

Le 11, il s'engageait avec l'empereur d'Autriche à agir contre la France avec trente mille hommes; en échange de quoi, le monarque autrichien lui garantissait le trône de Naples pour lui et ses héritiers.

Napoléon commençait sa merveilleuse campagne de 1814, lutte titanique dans laquelle un seul homme et une seule puissance faisaient face à deux empereurs, à quatre rois et à six nations, au premier rang desquelles on comptait la Russie, l'Angleterre, la Prusse et l'Espagne.

Nous feuilletons le répertoire du Théâtre-Français, et, pendant toute cette année 1814, nous ne trouvons de pièce nouvelle que *l'Hôtel garni*, comédie en un acte, en vers, de Désaugiers.

Cependant, à chaque victoire nouvelle, Napoléon perdait une province. Acculé à Fontainebleau, il abdiqua.

Trois jours après, les alliés entraient à Paris, et Napoléon partait pour l'île d'Elbe.

Comme à l'époque de la Révolution, il y eut alors deux partis à la Comédie-Française.

Talma, Mars et Georges étaient, par leurs souvenirs, restés fidèles à l'empereur.

Raucourt, mademoiselle Levert, madame Volnais s'étaient déclarées pour le parti royaliste.

Raucourt avait été la première à faire gratter l'aigle qui décorait la loge impériale. Pauvre femme! elle ignorait que ceux dont elle appelait le retour lui refuseraient, un an après, une sépulture chrétienne!

Ces mêmes rois qui avaient assisté aux représentations d'Erfürt, en hôtes et en amis de Napoléon, voulurent revoir les mêmes pièces à Paris, en ennemis et en vainqueurs.

Tout le monde se rappelle cette réaction terrible qu'il y eut d'abord contre l'Empire. On savait les acteurs restés fidèles à l'empereur; on ne les persécutait pas, mais on exigeait qu'en entrant en scène, ils criassent: « Vive le roi! »

Un jour, mademoiselle Levert et madame Volnais enchérirent sur les exigences du public; elles entrèrent en scène, dans *le Vieux Célibataire*, avec un gros bouquet de lis au côté.

On atteignit ainsi le 6 mars 1815.

Ce jour-là, un bruit étrange, incroyable, inouï, se répandit dans Paris, et, de Paris, s'envola vers les quatre coins du monde.

Napoléon était débarqué au golfe Juan!

Bien des cœurs tressaillirent à cette nouvelle; mais aucun plus vivement que ceux des artistes fidèles qui n'avaient point oublié qu'au jour où il était maître du monde, l'empereur causait art et poésie avec eux.

Pourtant, nul n'osa exprimer sa joie : l'espérance était si faible, la probabilité si douteuse.

Au dire des journaux officiels, Napoléon, battu, errant, traqué, s'était jeté dans les montagnes, où il ne pouvait tarder à être pris.

Il est vrai que, comme toute lumière, la réalité se faisait jour. Un grand écho venait de Gap, de Sisteron, de Grenoble; le fugitif du *Journal des Débats* était un vainqueur autour duquel se rangeaient les populations enivrées. Labédoyère et son régiment, Ney et son corps d'armée s'étaient ralliés à lui. Lyon lui avait ouvert ses portes; et c'était du haut de Fourvières que l'aigle impériale avait pris son vol pour venir de clocher en clocher, se poser jusque sur les tours de Notre-Dame.

Le 19 mars, les Tuileries furent évacuées; un courrier en avertit Napoléon, qui était à Fontainebleau.

On l'attendit toute la journée du 20 ; on croyait qu'il ferait une entrée triomphale par les boulevards.

Mars et Georges avaient pris une fenêtre à Frascati. Elles portaient des chapeaux de paille de riz blancs, et, à ces chapeaux de paille de riz, d'énormes bouquets de violettes.

On les savait persécutées, depuis un an à la Comédie-Française, à cause de leur attachement à l'empereur.

Elles furent remarquées.

Les bouquets de violettes étaient un emblème du mois de mars : le mois de mars était celui de la naissance du roi de Rome et du retour de Napoléon.

A partir de ce jour, les violettes devinrent un symbole.

On porta des violettes de toute façon : au chapeau, au côté, en garniture de robe.

Quelques-uns, plus fanatiques que les autres, portèrent, comme un ordre de chevalerie, une violette d'or à la boutonnière.

Il y avait contre les Bourbons une réaction au moins égale à celle qui s'était faite, un an auparavant, en leur faveur.

Quand Talma, quand Mars, quand Georges parurent sur le théâtre, ils furent criblés d'applaudissements.

Georges revit l'empereur aux Tuileries. Avec sa puissante organisation, Napoléon semblait avoir tout oublié. On eût dit qu'il n'avait quitté le château de Catherine de Médicis que pour aller, selon son habitude, remporter quelque nouvelle victoire.

La seule chose qui le préoccupât, c'est qu'on eût taché des meubles qu'il affectionnait.

Un petit boudoir en tapisserie brodée par Marie-Louise et les dames de la cour était surtout l'objet de ses regrets.

— Croiriez-vous, ma chère, disait-il à Georges, que j'ai retrouvé des queues d'asperge sur les fauteuils !

C'était le plus grand reproche qu'il fît à Louis XVIII.

Le retour du dieu eut la courte durée de l'apparition d'un fantôme.

Waterloo vint faire un pendant à Leipzig, Sainte-Hélène à l'île d'Elbe.

Pendant plus sombre, plus terrible! Leipzig n'était que la blessure, Waterloo fut la mort; l'île d'Elbe n'était que l'exil, Sainte-Hélène fut le tombeau!

On eût dit que cet homme emportait tout avec lui. Nous consultons de nouveau le répertoire du Théâtre-Français, et nous ne voyons aucune pièce importante pendant l'année 1815. Les lis reparurent, et les pauvres violettes furent exilées; — avec les violettes, Georges s'exila.

Elle partit pour la province, et y resta plusieurs années; elle reparut en 1823, plus belle qu'elle n'avait jamais été.

Elle avait trente-huit ans.

Je cherchais une occasion de passer en revue les hommes et les œuvres littéraires de l'Empire, dont je n'avais guère pu parler, à cause de l'âge que j'avais quand florissaient ces hommes, quand ces œuvres étaient jouées.

En effet, le jour où débutait Georges, les deux hommes qui devaient lui faire, l'un *Christine*, *Bérengère* et *Marguerite de Bourgogne*, l'autre *Marie Tudor* et *Lucrèce Borgia*, vagissaient encore au sein de leur mère.

Ces cinq rôles, à tout prendre, et quoi qu'on en ait dit, devaient être les plus beaux succès de Georges.

En attendant, le 12 avril 1823, la grande actrice jouait *le Comte Julien*, à l'Odéon.

LXXXIX

L'inconvénient d'un grand artiste dans un théâtre.—Lafond prend le rôle de Pierre de Portugal, au refus de Talma.—Lafond.—Son école. —Ses mots.—Mademoiselle Duchesnois.—Ses défauts et ses qualités. —*Pierre de Portugal* réussit.

Le grand jour de la représentation de *Pierre de Portugal* était, enfin, arrivé.

Talma, préoccupé de sa création de Danville dans *l'École des Vieillards*, avait refusé le rôle de Pierre de Portugal. Lafond l'avait accepté, et portait avec mademoiselle Duchesnois tout le poids de la pièce.

C'était là l'incontestable épreuve indiquée par Lassagne : la pièce aurait-elle du succès, malgré l'absence de Talma?

Le grand inconvénient de ce *rara avis*, comme dit Juvénal, qu'on appelle au théâtre « l'acteur à recettes » c'est que les jours où il ne joue pas, le théâtre se ruine ; c'est que les pièces où il ne prend pas de rôle sont jugées d'avance indignes de la curiosité publique, puisqu'elles n'ont pas été dignes de la sympathie de l'artiste.

Au temps dont nous parlons, le Théâtre-Français était plus heureux qu'il ne l'est maintenant. Un jour, la tragédie faisait de l'argent avec Talma ; le lendemain, la comédie faisait de l'argent avec mademoiselle Mars.

Casimir Delavigne commença sa ruine, en faisant jouer ces deux artistes éminents ensemble, dans la même pièce et le même jour.

Quant à Lafond et à mademoiselle Duchesnois, séparés ou réunis, ils ne suffisaient plus à faire recette.

Lafond avait, alors, quarante ans à peu près ; il avait débuté au Théâtre-Français, en 1800, dans le rôle d'Achille. Soutenu par Geoffroy, il avait plus tard, dans *Tancrède*, dans *Adélaïde Duguesclin* et dans *Zaïre*, obtenu des succès qui avaient balancé ceux de Talma. Cette race moutonnière qui a existé de tout temps, et qui, n'ayant pas la force de se faire une opinion par son propre jugement, prend une opinion toute faite partout où elle se trouve ; cette lèpre bourgeoise qui ronge toute poésie disait en parlant de Lafond :

— Lafond était inimitable dans les chevaliers français !

Il y avait, à cette époque, au théâtre un emploi que l'on appelait « l'emploi des chevaliers français. »

Cet emploi se jouait invariablement avec une toque à plumes, une tunique jaune bordée de noir, ornée de soleils ou de palmes d'or, quand le chevalier était prince, et avec des bottes de buffle.

Il n'y avait pas besoin qu'un héros fût en France ou portât l'éperon d'or pour être un chevalier français ; il fallait que le rôle fût écrit d'une certaine manière, et appartînt à une certaine école.

Zamore était un chevalier français; Orosmane était un chevalier français; Philoctète était un chevalier français.

Seulement, Zamore se jouait avec un bonnet de plumes de paon; avec un manteau de plumes de perroquet, et avec une ceinture de plumes d'autruche.

Orosmane se jouait avec une longue robe de taffetas blanc, ruisselante de paillettes, et garnie de petit-gris; avec un turban évasé comme un chapeau tromblon, et orné d'un croissant en cailloux du Rhin; avec un pantalon de foulard rouge et des pantoufles jaunes.

Philoctète se jouait avec un casque à crinière rouge, une cuirasse de velours brodé d'or, et une épée de l'École de Mars.

Vanhove avait, pour jouer Agamemnon, une cuirasse qui lui coûtait les yeux de la tête, deux cents louis, je crois; il est vrai qu'elle était ornée de deux trophées brodés à la main, et d'un magnifique travail, représentant des canons et des tambours.

Un jour, je disais à Lafond :

— Monsieur Lafond, pourquoi jouez-vous Zamore avec une ceinture si usée? Vos plumes ont l'air d'arêtes de sole; c'est indécent!

— Jeune homme, me répondit Lafond, Zamore n'est pas riche; Zamore est dans les fers; Zamore ne peut pas s'acheter tous les jours une ceinture neuve; c'est de la couleur historique.

Ce qui était peut-être moins historique, c'est le gros ventre que frangeait cette ceinture.

Les succès de Lafond dans les rôles de chevalier avaient failli faire mourir Talma de chagrin. Un jour, les articles de Geoffroy l'avaient exaspéré à un tel point, que, rencontrant le critique dans les coulisses, il s'était jeté sur lui, et l'avait mordu — au risque de s'empoisonner.

Mais, comme c'est une loi de l'équilibre universel que chaque chose reprenne son niveau, peu à peu, la popularité avait abandonné la déclamation redondante et le geste emphatique de Lafond, qui, à l'époque où nous sommes arrivés, n'étant guère soutenu que par quelques vieux amateurs de l'école de Larive, ne faisait plus recette, même dans les *chevaliers français*.

C'était, d'ailleurs, un homme singulier que Lafond. Grâce à son accent gascon, et à la manière dont il disait les choses, on ne savait jamais s'il avait dit une bêtise ou un mot spirituel.

Un jour, il entre au foyer du Théâtre-Français au moment où Colson, artiste médiocre et parfois sifflé, lâchons le mot, faisait sa charge. Colson s'arrête; mais il était trop tard : Lafond s'était entendu parler du corridor.

Il s'avance droit vers Colson.

— Eh! Colson, mon ami, lui dit-il avec cet accent bordelais dont ceux-là seuls qui l'ont entendu et apprécié peuvent se faire une idée; on me dit que tu fais ma charge?

— Oh! monsieur Lafond, répond Colson en cherchant à se remettre, votre charge?... Non, je vous jure!...

— Si fait! si fait! on me le dit... Voyons, Colson, fais-moi un plaisir.

— Lequel, monsieur Lafond?

— Fais ma charge devant moi.

— Oh! monsieur Lafond...

— Je t'en prie; je te serai obligé, même.

— Dame! fit Colson, si vous le voulez absolument...

— Eh! oui, je le veux!

Colson cède et commence la tirade d'Orosmane :

Vertueuse Zaïre, avant que l'hyménée...

et la dit, depuis le premier jusqu'au dernier vers, avec une telle fidélité d'imitation, qu'on eût cru entendre Lafond lui-même.

Lafond l'écoute jusqu'au bout avec la plus grande attention, dandinant la tête de haut en bas, et donnant des signes fréquents et manifestes d'approbation.

Puis, quand Colson eut fini :

— Eh bien, lui dit-il, pourquoi donc ne joues-tu pas ainsi, mon cher? le public ne te sifflerait pas!

Dans l'intervalle du premier au second acte de *Pierre de Portugal*, Lucien Arnault était dans les coulisses; pendant le second acte, Pierre de Portugal, déguisé en soldat de son armée, pénètre inconnu chez Inès de Castro, qui le prend pour un simple homme d'armes.

Lucien voit venir Lafond avec un costume resplendissant d'or et de pierreries.

Il court à lui:

— Eh! mon cher Lafond, lui dit-il, vous vous êtes trompé d'habit!

— Avez-vous quelque chose à dire contre mon costume?

— Parbleu, je crois bien!

— Il est cependant tout flambant neuf.

— C'est justement cela que je lui reproche: c'est un costume de prince, et non de simple homme d'armes, que vous avez là.

— Monsieur Lucien, répond Lafond, apprenez ceci: c'est que j'aime mieux faire envie que pitié.

Puis, tournant superbement les talons, sans doute pour montrer à Lucien le derrière de son costume, après lui avoir montré le devant:

— On peut frapper, dit Lafond, Pierre de Portugal est prêt.

Quand, cinq ans plus tard, je lus *Christine* au Théâtre-Français, soit que Lafond ne fût pas du comité, soit qu'il n'eût pas jugé à propos d'y venir pour écouter l'œuvre d'un débutant, j'eus le chagrin de lire en son absence.

Quoique la pièce — comme on le verra en son lieu et place — n'ait pas été reçue, la lecture avait fait un certain bruit, et l'on ne doutait pas que le drame ne fût joué tôt ou tard.

Un jour, je vis la porte de mon pauvre bureau s'ouvrir, et l'on m'annonça M. Lafond.

Je levai la tête tout étonné, ne pouvant pas croire que le vice-roi de la scène tragique me fît l'honneur de me visiter: c'était bien lui!

Je lui présentai une chaise; mais il me fit de la tête un

signe de refus, et, s'arrêtant à un pas de la porte en avançant le pied droit, et en appuyant la main gauche sur sa hanche :

— Monsieur Dumas, me dit-il, est-ce que vous n'avez point, par hasard, dans votre pièce, un gaillard bien campé qui vienne dire à cette drôlesse de reine Christine : « Madame, Votre Majesté n'a pas le droit de tuer ce pauvre diable de Monaldeschi, par telle, telle, telle et telle raison ? »

— Non, monsieur, non ! je n'ai pas ce gaillard-là dans ma pièce.

— Vous ne l'avez pas, bien vrai ?

— Non.

— Alors, je n'ai rien à vous dire... Adieu, monsieur Dumas.

Et, tournant sur ses talons, il sortit comme il était entré. Il venait me demander le rôle de ce *gaillard bien campé,* comme il disait.

Malheureusement, comme j'avais été forcé de l'avouer, ce rôle n'était pas dans ma pièce.

Dans les beaux temps de sa gloire, il ne disait jamais ni Talma, ni M. Talma, il disait : *l'autre.*

— Monsieur Lafond, lui dit un jour le comte de Lauraguais, — qui avait été l'amant de Sophie Arnould, et qui était, avec le marquis de Ximénès, un des habitués les plus assidus du foyer des acteurs, — monsieur Lafond, je trouve que vous êtes trop souvent *l'un,* et pas assez souvent *l'autre.*

Tout au contraire de Lafond, mademoiselle Duchesnois était d'une bonhomie réelle, et ses succès, qui avaient été grands, ne lui inspiraient aucune vanité. Elle était née en 1777, un an avant mademoiselle Mars, à Saint-Saulve, près de Valenciennes, et elle avait, lors de son début dans *Phèdre,* en 1802, changé son nom de Joséphine Ruffin, contre celui de Duchesnois.

Nous avons dit qu'elle avait été rivale de mademoiselle Georges en tous points : rivale en art, rivale en amour.

Harel était le beau Pâris, objet de cette rivalité.

Harel, tour à tour directeur du théâtre de l'Odéon et du théâtre de la Porte-Saint-Martin, jouera un grand rôle dans ces mémoires, le rôle qu'un homme d'esprit, du reste, a le droit de jouer partout.

Mademoiselle Duchesnois avait eu, toute sa vie à lutter contre la laideur; elle ressemblait à ces lions de faïence qu'on met sur les balustrades; elle avait surtout un nez dont le sifflement répondait à l'ampleur.

Lassagne n'osait pas aller à l'orchestre, les jours où elle jouait; il avait peur d'être reniflé!

En revanche, elle était merveilleusement faite, et son corps eût pu rivaliser avec celui de la Vénus de Milo. Aussi adorait-elle le rôle d'Alzire, qui lui permettait, comme à Lafond, de se montrer à peu près nue.

Elle avait une certaine simplicité d'esprit que ses détracteurs appelaient de la bêtise. Un jour, — c'était en 1824, — il était fort question de l'inondation de Pétersbourg, et des accidents divers plus ou moins pittoresques que cette inondation avait amenés.

J'étais dans les coulisses, derrière Talma et mademoiselle Duchesnois, à qui un artiste qui arrivait de la première, ou plutôt de la seconde capitale de l'empire russe, racontait qu'un de ses amis surpris par l'inondation n'avait eu que le temps de monter sur une grue.

— Comment cela, sur une grue? fit avec étonnement mademoiselle Duchesnois. Est-ce que c'est possible, Talma?

— Eh! ma chère, répondit celui qui était si singulièrement interrogé, vous devez savoir mieux que personne que cela se fait tous les jours.

Eh bien, malgré cette laideur, malgré cette simplicité, malgré ce hoquet, malgré ce reniflement, mademoiselle Duchesnois avait dans la voix des cordes d'une si profonde tendresse, d'une si harmonieuse douleur, que la plupart de ceux qui l'ont vue dans *Marie Stuart* la préfèrent encore aujourd'hui à mademoiselle Rachel.

C'était surtout quand elle jouait avec Talma que ses qualités ressortaient. Talma, trop grand artiste, trop sublime comédien pour craindre aucune supériorité, Talma lui donnait d'admirables conseils que cette bonne nature artistique utilisait, sinon avec une intelligence remarquable, du moins avec une grande facilité d'assimilation.

La pauvre créature se retira du théâtre en 1830, après avoir lutté, tant qu'elle avait pu, contre cette impitoyable froideur du public, et ces cruels avertissements des comédiens qui poursuivent presque toujours les dernières années des artistes dramatiques.

Une fois, elle reparut avant de mourir, en 1835, dans *Athalie*, — à l'Opéra, je crois.

C'était quelque chose d'attristant, quelque chose qui rappelait ce vers de *Pierre de Portugal* :

> Inès, vivante ou non, tu seras couronnée !

Hélas ! la pauvre Duchesnois fut couronnée plus qu'à moitié morte.

Elle avait un fils, bon et brave garçon, auquel, après la révolution de juillet, Bixio et moi avons attaché des épaulettes de sous-lieutenant sur les épaules, et qui s'est fait tuer, je crois, en Algérie.

La tragédie de *Pierre de Portugal* réussit ; elle obtint même un grand succès ; mais elle n'eut que quinze ou dix-huit représentations, et ne fit point d'argent.

Lassagne triomphait.

XC

Le général Riégo. — Sa tentative d'insurrection. — Son évasion et sa fuite. — Il est livré par les frères Lara. — Son procès. — Son supplice.

Nous avons dit qu'après *Pierre de Portugal* devait venir *l'École des Vieillards* ; mais, entre la tragédie et la comédie, deux terribles drames se passaient, l'un à Madrid, l'autre à Paris.

A Madrid, on faisait un martyr ; à Paris, on exécutait un coupable.

Le martyr s'appelait Riégo; le coupable avait nom Castaing.

Riégo était né, en 1783, dans les Asturies, ce qui lui faisait quarante ans accomplis; il était d'une famille pauvre mais noble, et, lors de l'invasion de 1808, il s'était engagé comme volontaire. Devenu officier dans le régiment même où il s'était engagé, il avait été fait prisonnier et conduit en France. Renvoyé en Espagne à la paix, il était parvenu — toujours dans le même régiment — au grade de lieutenant-colonel, et, ayant entraîné ce régiment à l'insurrection, il avait, appuyé par lui, proclamé la constitution de 1812, à las Cabezas-de-San-Juan.

On verra plus tard que l'on voulait y exposer sa tête, afin que cette bouche muette et ces yeux fermés par la mort témoignassent qu'il ne faut qu'un jour à la royauté pour être cruelle, et au peuple pour être ingrat.

Le 27 septembre, il avait été arrêté à Cadix.

Disons quelques mots de cette arrestation et de cette mort, de cette mort surtout, qui, malheureusement, est presque de l'histoire de France.

Après sa dernière défaite, le général Riégo errait dans la montagne avec une vingtaine de ses compagnons d'armes, appartenant tous comme lui au parti libéral.

Quinze de ces fugitifs étaient des officiers.

Tous épuisés de fatigue et de faim, ils ne savaient où chercher un abri, ni à qui demander leur nourriture, lorsqu'ils aperçurent deux hommes.

Ils marchèrent droit à eux.

Ces deux hommes étaient l'ermite de la terre de Pédro-Gil, et un habitant de Velez nommé Lopez Lara.

Le général les prit à part.

— Mes amis, leur dit-il, vous avez l'occasion de gagner une fortune!

— Que faut-il faire pour cela? demandèrent les deux hommes.

— Il faut me conduire, sain et sauf, à la Carolina, à Carboneras et à Novas-de-Tolosa.

— Et, là ?...

— Là, je trouverai des amis qui me conduiront à leur tour en Estramadure, où j'ai affaire.

Soit que la course leur parût trop longue, soit qu'ils se doutassent avoir affaire à des proscrits, l'ermite et son compagnon refusèrent.

Mais, alors, Riégo les arrêta, les fit monter sur deux mules, et leur déclara que, de gré ou de force, ils serviraient de guides à sa troupe.

On attendit la nuit, et l'on se mit en route.

Pendant qu'on marchait dans les ténèbres, Riégo entretenait ses compagnons des différents événements qui venaient de se passer ; de sorte que l'ermite et Lopez Lara devinèrent bientôt qu'ils avaient affaire au célèbre Riégo.

Dès ce moment, Lopez Lara ne songea plus qu'à une chose : au moyen de faire tomber Riégo entre les mains des autorités royalistes.

Au jour, il fallut s'arrêter. On se trouvait près de la ferme de Baquevisonès. Riégo annonça qu'il allait y demander un asile. En conséquence, il donna l'ordre à Lara de frapper à la porte. Lara obéit.

Le hasard fit que ce fut son frère qui vint ouvrir ; ce frère se nommait Matéo. Lara comprit que c'était un renfort que le hasard lui envoyait. Riégo, pensant qu'une escorte trop considérable pourrait le trahir, ne voulut permettre qu'à trois de ses compagnons d'entrer avec lui. Un de ces compagnons était un Anglais ; plus défiant encore que Riégo, il se hâta de refermer derrière lui la porte de la ferme, et d'en mettre la clef dans sa poche.

Puis, après avoir donné l'avoine aux chevaux, on se reposa dans l'étable, chacun ayant près de lui son épée nue.

Trois dormaient, tandis que le quatrième faisait le guet.

En s'éveillant, Riégo s'aperçut que son cheval était déferré.

Il ordonna à Lopez Lara de le faire ferrer sur-le-champ.

— Soit, répondit celui-ci, je vais l'emmener à Arguillos, et, là, je le ferai ferrer.

— Non, répondit Riégo ; toi, au contraire, tu resteras ici, **et**

Matéo fera ferrer le cheval, non pas en le conduisant chez le maréchal ferrant, mais en amenant ici le maréchal ferrant.

Lopez eut l'air de se conformer avec indifférence à cet ordre ; mais, en le transmettant à son frère, il eut le temps de lui dire :

— Celui auquel appartient le cheval est le général Riégo.

— C'est bien, dit Matéo ; fais en sorte qu'il soit à déjeuner quand je reviendrai ; ne quitte pas l'endroit où il se trouvera, et ne le perds pas de vue.

Matéo revint, et fit signe à son frère que la commission était remplie.

Puis, à Riégo :

— Señor, dit-il, comme, dans cinq minutes, le maréchal ferrant sera ici, il serait bon que vous déjeunassiez, si, votre cheval ferré, vous comptez vous remettre en route.

Riégo, sans défiance, se mit à table.

Mais il n'en était pas ainsi de l'Anglais.

L'Anglais, à une fenêtre, une lunette à la main, inspectait la grande route.

Tout à coup, il vit apparaître une vingtaine d'hommes armés, conduits par un alcade.

— Général, s'écria-t-il, nous sommes trahis ! voici des soldats.

— Aux armes ! cria Riégo en se levant.

Il eut le temps de jeter le cri, mais non d'accomplir l'action. Lopez et Matéo sautèrent sur leurs carabines, et couchèrent en joue les proscrits.

— Le premier qui fait un mouvement est mort ! cria Lopez.

— C'est bien, dit Riégo, je me rends ; prévenez seulement les soldats qui arrivent de ne point nous faire de mal, puisque nous sommes vos prisonniers.

Les soldats entrèrent, conduits par l'alcade.

— Embrassez-moi, mon frère, dit Riégo à l'alcade, et ne nous maltraitez point.

Après quelques difficultés, l'alcade embrassa Riégo.

Mais, malgré l'embrassade, il lui annonça qu'il allait lui lier les mains.

Alors, Riégo tira de sa poche tout l'argent qu'il avait sur lui, et le distribua aux soldats, en leur recommandant de le traiter avec humanité.

Mais l'alcade défendit aux soldats de rien accepter.

Un quart d'heure après, le commandant civil d'Arguillos arriva avec une garde qui emmena les prisonniers à Andujar.

A l'entrée des prisonniers dans cette ville, on voulut les mettre en pièces.

Riégo était accompagné d'un officier français.

Arrivé en face du même balcon d'où, un an auparavant, il avait harangué le peuple, il lui montra la foule qui l'environnait, hurlante et le menaçant du poing et des couteaux.

— Ce peuple, lui dit-il, ce peuple que vous voyez si acharné contre moi, ce peuple qui, sans vous et sans l'escorte qui me protége, m'aurait déjà égorgé; ce peuple, l'année dernière, me portait, ici même, en triomphe ; toute la nuit, la ville fut illuminée, et ceux-là mêmes, je les reconnais, qui m'assourdissaient des cris de « Vive Riégo! » sont ceux qui crient aujourd'hui : « Mort à Riégo ! »

Riégo fut conduit au séminaire des Nobles ; son procès dura plus d'un mois. — Un décret en date du 1er octobre, jour même où, délivré de sa prison, il était arrivé au port Sainte-Marie, dégrada le général de tous ses honneurs; en conséquence, il fut jugé par une cour civile. Le roi d'Espagne trouvait deux avantages à distraire le général d'une cour militaire: 1º il était sûr que la cour civile condamnerait Riégo à mort; 2º prononcée par une cour civile, la mort était infamante.

C'est un si doux manger que la vengeance, qu'il ne faut rien perdre de son assaisonnement.

Le 4 novembre, on conduisit Riégo du séminaire des Nobles à la prison de la Tour.

La cour n'avait pas obtenu tout ce qu'elle avait demandé. Le fiscal requérait : que Riégo fût condamné au supplice du gibet ; que ses biens fussent confisqués au profit de la commune ; que sa tête fût exposée à las Cabezas-de-San-Juan; que son corps fût coupé en quatre quartiers, dont l'un serait porté à Séville, l'autre à l'île de Léon, le troisième à Malaga, et le quatrième exposé à Madrid, au lieu accoutumé de ces sortes d'exposition, « ces villes, ajoutait le fiscal, étant les points principaux où le traître Riégo avait soufflé le feu de la révolte. »

Les alcades accordèrent la mort par le gibet, et la confiscation des biens ; mais, quant aux quatre quartiers, ils refusèrent.

Un jour, — il est vrai que c'était vers la fin du XVe siècle, — les habitants d'Imola, petite ville de la Romagne, trouvèrent, en se réveillant, les quatre quartiers d'un homme, pendant, chacun à un croc, aux quatre coins de la place.

On reconnut l'homme coupé en quatre quartiers pour un Florentin, et l'on écrivit à la magnifique République afin de la prévenir de l'accident inattendu qui était arrivé à l'un de ses citoyens.

La République s'informa auprès de Machiavel, son envoyé dans les Légations.

Machiavel se contenta de répondre :

— Magnifiques seigneurs, je n'ai qu'une chose à vous dire à propos du cadavre de Ramiro d'Orco, que l'on a trouvé coupé en quatre quartiers sur la place d'Imola ; c'est que l'illustre César Borgia est le prince qui sait le mieux faire et défaire les hommes, selon leurs mérites.

C'était bien contrariant pour le roi d'Espagne de ne pouvoir défaire Riégo à la manière dont Borgia avait défait Ramiro d'Orco ; mais il fallut se contenter de la claie, du gibet et de la confiscation.

C'était déjà bien joli, on en conviendra.

Le 5 novembre, à midi, on lut à Riégo sa sentence ; il l'écouta avec beaucoup de calme. Ce calme effraya les juges : c'était d'un mauvais exemple que Riégo mourût bien. On le conduisit à la chapelle, et, sous prétexte que rien ne dispose mieux à la pénitence que le jeûne, on cessa dès ce moment de lui donner à manger.

Deux moines l'accompagnèrent dans son cachot, et ne le quittèrent plus.

A la porte de la prison, dans la rue, il put voir une **table** qui portait un crucifix, et sur laquelle les passants déposaient leur aumône. Cette aumône était destinée à payer les frais de la messe et des funérailles.

Le 7, à neuf heures du matin, la prison était assiégée par plus de trente mille curieux; un nombre plus considérable encore était répandu sur toute la route, et formait la haie de la place de la prison à celle du supplice.

Riégo avait demandé que des troupes espagnoles fussent seules présentes à ses derniers moments. Cette faveur, à laquelle la France dut de ne pas tremper un coin de son drapeau blanc dans le sang du malheureux Riégo, lui fut accordée.

A midi et demi, après cinquante heures de jeûne, le général fut amené à la porte extérieure de la prison.

Il était pâle et défait.

On lui avait enlevé son habit d'uniforme, et on l'avait revêtu d'une robe de chambre attachée autour des reins avec une corde; il avait, en outre, les pieds et les mains liés.

Il fut couché sur une claie avec un oreiller sous la tête.

Des moines marchaient aux deux côtés de cette claie pour lui donner des secours spirituels.

Un âne conduit par le bourreau traînait la claie.

Le patient était précédé et suivi d'un corps de cavalerie.

Il était difficile, quelle que fût la curiosité des assistants, qu'ils vissent bien le général : sa tête retombait sur sa poitrine, et, deux ou trois fois seulement, il eut la force de la soulever pour répondre aux ecclésiastiques qui l'exhortaient.

Le cortége mit une heure, à peu près, à se rendre de la prison au lieu du supplice.

Arrivé au pied du gibet, le général fut enlevé de la claie tout souillé de poussière, et placé sur la première marche de l'échafaud.

Là, il se confessa.

Ensuite, on le tira le long de l'échelle; car, ayant les pieds liés, il ne pouvait monter. Pendant ce temps, un prêtre demandait à Dieu de lui pardonner ses offenses, comme il pardonnait lui-même à ceux qui l'avaient offensé.

Arrivés à une certaine hauteur, ceux qui soulevaient le

patient firent halte. On commença l'acte de foi, et, au dernier mot, le général fut lancé de haut de l'échelle. Presque au même instant, et comme le prêtre prononçait le mot *Jésus-Christ* qui lui servait de signal, le bourreau sauta sur les épaules du martyr, tandis que deux hommes se suspendaient aux jambes, et complétaient le groupe hideux.

Deux fois le cri de « Vive le roi! » se fit entendre : la première fois, poussé par le tiers des spectateurs à peu près ; la seconde fois, par quelques personnes seulement.

Puis un homme sortit de la foule, s'avança jusque sous l'échafaud, et frappa le corps de Riégo d'un coup de bâton.

Le soir, le cadavre fut transporté dans l'église voisine, et enterré dans le campo-santo par la confrérie de la Charité.

On ne sut rien des derniers moments de Riégo, personne n'ayant pu pénétrer jusqu'à lui, et les moines, ses ennemis acharnés, ayant tout intérêt à jeter de la défaveur sur ses derniers moments.

« Le dernier des Gracques, en expirant, dit Mirabeau, jeta en l'air la poussière imprégnée de son sang. De là naquit Marius. »

Riégo a laissé un chant; de ce ce chant naîtra une révolution, et, de cette révolution, la république,

XCI

L'auberge de la *Tête-Noire*. — Auguste Ballet. — Castaing. — Son procès. — Son attitude à l'audience, et ses paroles aux jurés. — Son exécution.

Le second drame, celui qui se passait à Paris, et qui devait avoir son dénoûment sur la place de Grève, le jour même où fut jouée *l'École des Vieillards,* était l'empoisonnement d'Auguste Ballet.

Nous avons parlé de la mort de la pauvre petite Fleuriet, jolie, fraîche et mignonne comme son nom, emportée en vingt-quatre heures sans qu'on ait pu indiquer une cause à sa mort.

Dieu pardonne l'accusation portée, car cette accusation était peut-être une calomnie; mais, après les faits que nous allons consigner ici, la cause de cette mort, on crut l'avoir découverte.

Le 29 mai, deux jeunes gens arrivèrent par ce qu'on appelait, à cette époque, « les petites voitures, » et descendirent à l'auberge de la *Tête-Noire* à Saint-Cloud.

Ils étaient partis sans dire où ils allaient.

Vers neuf heures du soir, ils s'installaient dans une chambre à deux lits.

L'un des deux paya cinq francs d'arrhes.

Toute la journée du vendredi 30, les deux amis se promenèrent ensemble; ils ne reparurent à l'hôtel que pour dîner, et sortirent aussitôt après leur repas pour faire une nouvelle promenade.

Il était neuf heures du soir lorsqu'ils rentrèrent.

En montant l'escalier, l'un d'eux demanda une demi-bouteille de vin chaud, ajoutant qu'il était inutile de le sucrer, attendu qu'ils avaient apporté du sucre avec eux.

Le vin fut monté à neuf heures et quelques minutes, sucré avec le sucre apporté, et acidulé avec des citrons achetés à Saint-Cloud même.

C'était le même jeune homme qui avait donné les cinq francs d'arrhes pour la chambre, qui avait commandé le dîner, et défendu de monter du sucre, qui sucra le vin chaud, et pressa les citrons dans le bol.

L'un d'eux paraissait être médecin; car, ayant entendu dire qu'un domestique de la maison était malade, il alla, sans goûter au vin préparé, voir ce domestique, et lui tâta le pouls.

Cependant, il ne prescrivit rien, et, après un quart d'heure d'absence à peu près, rentra dans la chambre de son ami.

Celui-ci avait trouvé le vin très-mauvais, et n'en avait bu que la valeur d'une cuillerée.

Il avait été arrêté par la saveur amère du breuvage.

Sur ces entrefaites, la servante monta.

— Sans doute, j'ai mis trop de citron dans ce vin, dit le jeune homme en lui tendant le bol; car il est si amer, que je n'ai pu le boire.

La servante y goûta; mais presque aussitôt elle cracha ce qu'elle en avait porté à sa bouche, en disant:

— Oh! oui... en effet, il est bien amer!

Sur quoi, elle se retira.

Les deux amis se couchèrent.

Toute la nuit, le jeune homme qui avait goûté au vin fut agité de tressaillements nerveux si violents, qu'ils ne lui laissèrent pas un instant de repos; plusieurs fois, il se plaignit à son compagnon de ne pouvoir rester en place. Vers deux heures, il eut des coliques, et, le matin, vers trois heures et demie, le jour étant venu, il déclara qu'il ne croyait pas avoir la force de se lever; qu'il avait les pieds en feu, et qu'il lui serait impossible de mettre ses bottes.

Quant à l'autre jeune homme, il annonça qu'il sortait pour aller faire un tour dans le parc, recommandant à son ami d'essayer de dormir pendant ce temps-là.

Mais, au lieu d'aller se promener dans le parc, celui que sa visite près du domestique malade pouvait faire passer pour un médecin, prenant une voiture, retournait à Paris, achetait chez M. Robin, rue de la Feuillade, douze grains, et chez M. Chevalier, autre pharmacien, un demi-gros d'acétate de morphine, qu'il se faisait livrer en sa qualité de médecin.

A huit heures, c'est-à-dire après quatre heures d'absence, il rentrait à l'hôtel de la *Tête-Noire*, et demandait du lait froid pour son ami.

Le malade ne se sentait pas mieux; il but la tasse de lait préparée par le jeune médecin, et presque aussitôt il fut pris de vomissements qui se succédèrent avec rapidité.

Bientôt des coliques le saisirent. Chose étrange! malgré cette aggravation de la maladie, le docteur, de nouveau, laissa le malade seul, sans faire aucune ordonnance, sans paraître s'inquiéter d'un état qui inquiétait les étrangers.

Pendant son absence, la maîtresse de l'hôtel et la bonne

montèrent près du malade, et lui rendirent quelques soins. Il souffrait beaucoup.

Au bout d'une demi-heure à peu près, le jeune docteur rentra. Il trouva le malade dans un état alarmant ; celui-ci demandait un médecin, insistant pour qu'on en prît un à Saint-Cloud, et s'opposant à ce qu'on allât, comme le voulait son ami, en chercher un à Paris.

Il se sentait si mal, disait-il, qu'il ne pouvait attendre.

On courut donc au plus près ; cependant, ce ne fut qu'à onze heures du matin que le médecin qu'on était allé chercher put arriver. Il se nommait M. Pigache.

A ce moment, le malade éprouvait un peu de calme. M. Pigache demanda à voir les évacuations ; on lui dit qu'elles avaient été jetées. Il ordonna des émollients ; mais ces émollients ne furent point appliqués. Il revint une heure après, et prescrivit une potion calmante. Ce fut le jeune médecin lui-même qui l'administra au malade ; mais l'effet en fut prompt et terrible ; cinq minutes après, le malade était en proie à d'effroyables attaques de nerfs. Au milieu de ces convulsions, il perdit sa connaissance, et, à partir de ce moment, ne la recouvra plus.

Vers onze heures du soir, le jeune médecin, tout éploré, dit à un domestique que son ami ne passerait pas la nuit. Le domestique courut chez M. Pigache, qui se décida, malgré le peu qu'il en attendait, à faire au moribond une dernière visite.

Il trouva le malheureux jeune homme couché sur le dos, le cou fortement tendu, la tête découverte, et pouvant à peine respirer ; il n'entendait plus, ne sentait plus ; le pouls était petit, la peau brûlante ; il avait les membres fortement contractés, la bouche fermée ; tout le corps ruisselait d'une sueur froide, et était macéré de taches bleuâtres. M. Pigache jugea qu'il fallait sans retard tirer au malade le plus de sang possible, et il pratiqua une double saignée : saignée par les sangsues, saignée par la lancette.

Il en résulta un peu de mieux.

M. Pigache fit remarquer ce mieux à son jeune confrère,

disant que l'état du mourant était désespéré, et que, cependant, le bien provenant de ces deux saignées était si sensible, qu'il n'hésitait pas à en proposer une troisième. Mais, alors, le jeune docteur s'y opposa, sous prétexte que le cas était grave, et que, si, d'une troisième saignée, il résultait un malheur, toute la responsabilité de ce malheur pèserait sur M. Pigache.

Celui-ci exigea péremptoirement que l'on appelât un médecin de Paris.

C'était d'autant plus facile que, dans la journée même, sur une lettre du jeune docteur conçue en ces termes : « M. Ballet se trouvant indisposé à Saint-Cloud, Jean viendra de suite le rejoindre avec le cabriolet et le cheval gris; lui et la mère Buvet ne parleront à personne de cela; on dira à ceux qui le demanderont, qu'il est à la campagne, et, cela, par ordre exprès de M. Ballet; » sur cette lettre, disons-nous, Jean, qui était un domestique nègre, était arrivé avec le cabriolet et le cheval gris.

Malgré cette facilité de communication, le jeune docteur prétendit que l'heure était trop avancée pour qu'on envoyât chercher un médecin à Paris. En conséquence, on attendit jusqu'à trois heures, et, à trois heures, Jean partit, avec deux lettres de M. Pigache pour deux médecins de ses amis.

M. Pigache se retira, et, comme le jeune docteur l'accompagnait :

— Monsieur, lui dit-il, je crois qu'il n'y aurait pas de temps à perdre pour prévenir M. le curé de Saint-Cloud; votre ami est catholique, et je le crois assez mal pour que vous lui fassiez administrer sans retard les secours spirituels.

Le jeune homme reconnut l'urgence de l'avis; il se rendit lui-même chez le curé, et le ramena avec le sacristain.

Le curé trouva le mourant toujours dans le même état, c'est-à-dire sans connaissance.

— Qu'a donc votre malheureux ami, monsieur? demanda le prêtre.

— Une fièvre cérébrale, répondit le jeune homme.

Puis, comme le curé s'apprêtait à administrer l'extrême-onction, au même moment le jeune docteur s'agenouilla, et resta dans cette posture, les mains jointes, et priant Dieu avec une telle ferveur, que le sacristain ne put s'empêcher de dire, quand tous deux se retirèrent :

— Voilà un jeune homme bien pieux !

Derrière le curé, le jeune docteur sortit, et resta près de deux heures dehors.

Vers trois heures, un des deux médecins demandés arriva de Paris. C'était le docteur Pelletan fils. — M. Pigache, averti de cette arrivée, vint rejoindre son confrère auprès du lit du malade.

Mais, après un rapide examen, tous deux reconnurent que le malade était sans ressource aucune.

Cependant, on tenta quelques remèdes qui ne firent aucun effet.

Pendant ce temps, le jeune docteur paraissait en proie à la douleur la plus vive : cette douleur se manifestait par des larmes et des sanglots.

Ces démonstrations de désespoir frappèrent d'autant plus M. Pigache, que, dans la conversation, le jeune docteur lui avait dit :

— Ce qui me fait le plus de peine dans tout cela, c'est que je suis légataire de mon malheureux ami.

Il en résulta que M. Pelletan, s'adressant au jeune homme, qui pleurait :

— Avez-vous réfléchi, monsieur, lui dit-il, à tout ce que votre position a de dangereux ?

— Comment cela, monsieur ?

— Sans doute ! vous êtes venu, avec votre ami, pour deux jours à Saint-Cloud ; vous êtes médecin ; vous êtes son légataire d'une façon quelconque...

— Oui, monsieur, je suis son légataire universel.

— Eh bien, l'homme qui vous a légué toute sa fortune est au moment de mourir ; les symptômes de sa maladie se sont annoncés de la façon la plus extraordinaire, et, s'il meurt, comme c'est probable, vous allez vous trouver dans une affreuse situation...

— Comment! s'écria le jeune homme, vous croyez que je serai soupçonné?

— Je crois du moins, répondit M. Pelletan, que l'on prendra toutes les précautions imaginables pour s'assurer des causes de la mort. Quant à M. Pigache et à moi, en ce qui nous concerne, nous déclarons que l'ouverture doit être faite juridiquement.

— Oh! monsieur, s'écria le jeune homme, c'est le plus grand service que vous puissiez me rendre; insistez là-dessus, demandez que l'ouverture soit faite, vous me servirez de père en cette occasion.

— C'est bien, monsieur, répondit le docteur Pelletan le voyant fort agité; ne vous troublez point; non-seulement la chose sera faite, mais encore elle le sera avec tout le scrupule imaginable, et nous y mettrons toute l'attention dont nous sommes capables.

Entre midi et une heure, c'est-à-dire trente ou quarante minutes après cette conversation, le mourant expira.

Le lecteur a déjà reconnu les deux auteurs principaux de ce drame à la désignation du lieu où il se passe, aux détails de l'agonie de la victime.

Le mort était Claude-Auguste Ballet, avocat, âgé de vingt-cinq ans, fils d'un riche notaire de Paris.

Son ami était Edme-Samuel Castaing, âgé de vingt-sept ans moins quelques jours, docteur en médecine, né à Alençon, demeurant à Paris, rue d'Enfer, n° 31.

Son père, homme honorable sous tous les rapports, était inspecteur général des forêts, chevalier de la Légion d'honneur.

Une heure après la mort d'Auguste Ballet, M. Martignon, son beau-frère, prévenu par une lettre de Castaing qu'Auguste Ballet ne passerait pas la journée, accourut à Saint-Cloud, et, en effet, trouva le malade expiré.

Pendant qu'on procédait dans l'auberge à la recherche de tous les objets pouvant jeter quelque lueur sur la cause de cette mort, Castaing, encore libre, s'absenta pendant près de deux heures.

A quoi employa-t-il cette seconde absence? On l'ignore. Le besoin de prendre l'air fut le prétexte; une promenade dans le bois de Boulogne fut le but qu'il indiqua.

Le lendemain, à dix heures, M. Pelletan revint pour faire l'autopsie.

Il avait laissé Castaing en pleine liberté; mais, ce jour-là, il le retrouva gardé à vue par les gendarmes. Castaing paraissait fort inquiet des résultats qu'amènerait l'autopsie; du reste, il semblait persuadé que, si le corps ne présentait aucune trace de poison, il serait immédiatement remis en liberté.

L'autopsie eut lieu : on en rédigea un procès-verbal fort circonstancié; mais nulle part, ni sur la langue, ni dans l'estomac, ni dans les intestins, on ne put constater la présence d'une substance vénéneuse.

En effet, l'acétate de morphine, comme la brucine, comme la strychnine, ne laisse d'autre trace que celle que laisserait une congestion cérébrale, ou une attaque d'apoplexie foudroyante. Voilà pourquoi Castaing, qui savait parfaitement cela, avait répondu au curé, qui lui demandait : « Quelle maladie a donc votre ami? »

— Il a une fièvre cérébrale.

L'autopsie faite, sans amener aucune preuve matérielle contre le prévenu, M. Pelletan demanda au procureur du roi s'il ne voyait aucun inconvénient à ce que Castaing fût prévenu de ce résultat.

— Non, répondit le procureur du roi; seulement, communiquez-le-lui d'une façon générale, et sans rien lui faire augurer de bon ou de mauvais pour lui.

M. Pelletan trouva Castaing qui l'attendait sur l'escalier.

— Eh bien, demanda vivement celui-ci, avez-vous terminé, et vient-on me relâcher?

— J'ignore, répondit M. Pelletan, si l'on doit vous relâcher ou vous retenir; mais la vérité est que nous n'avons trouvé, sur le corps d'Auguste Ballet, aucune trace de mort violente.

Malgré cette absence momentanée de preuves matérielles, Castaing fut retenu prisonnier. L'instruction commença : elle dura depuis le mois de juin jusqu'à la fin de septembre.

Le 10 novembre, Castaing parut sur le banc des accusés.

L'affaire, avant même d'être mise au jour, avait fait grand bruit; aussi la salle de la cour d'assises présentait-elle cet aspect que l'on retrouve dans toutes les circonstances solennelles, c'est-à-dire qu'on eût cru, à voir tant de jolies femmes, tant d'hommes élégants, entrer dans une salle de spectacle, un jour de première représentation pompeusement annoncée.

L'accusé fut introduit. Alors, un indicible mouvement d'intérêt agita ces spectateurs, que la curiosité courba et fit onduler comme les épis sous le vent.

C'était un beau jeune homme soigné de sa personne et d'une figure douce, quoique l'on crût voir quelque chose d'étrange l'expression de son regard.

Hélas! l'instruction avait révélé de terribles faits.

La mort d'Auguste Ballet avait fixé l'attention de la justice sur cette malheureuse famille, et l'on avait vu, depuis que Castaing y avait été introduit, disparaître, frappés mortellement et à cinq mois de distance, le père, la mère, l'oncle, laissant aux deux frères Hippolyte et Auguste une très-belle fortune; et, enfin, Hippolyte, qui était mort à son tour entre les bras de Castaing, sans que ni son frère Auguste, ni sa sœur madame Martignon pussent pénétrer près de lui.

Toutes ces morts successives avaient concentré la fortune de la famille, en grande partie, sur la tête d'Auguste Ballet.

Le 1er décembre 1822, Auguste Ballet, âgé de vingt-quatre ans, à cette époque, fort et bien portant, fait, sans motif aucun, un testament par lequel il institue Castaing son légataire universel, sans autre restriction que quelques legs de médiocre valeur à deux amis et à trois domestiques.

Auguste Ballet meurt à son tour le 1er juin, sept mois après son frère.

Maintenant, voici ce que l'instruction avait découvert sur les deux points qui sont, en pareil cas, l'objet des investigations de la justice, c'est-à-dire sur la vie intellectuelle et sur la vie physique de Castaing:

Comme vie intellectuelle, Castaing est un grand travailleur

dévoré d'ambition, brûlé du désir de devenir riche ; sa mère, si l'on en croit une lettre saisie chez lui, en dit des horreurs ; son père lui reproche sa vie licencieuse, et les chagrins dont il l'abreuve, ainsi que sa mère.

Au milieu de tout cela, il a travaillé avec persévérance ; il a passé ses examens ; il a été reçu docteur.

Ce qu'il a surtout étudié dans la science, c'est l'anatomie, la botanique, la chimie.

La chimie surtout.

Ses cahiers d'étude sont là, pleins d'observations, d'extraits, de ratures. Ils attestent la constance de ses recherches, et l'étude approfondie qu'il a faite des poisons, de leurs différentes espèces, de leurs effets, des traces dénonciatrices que les uns laissent dans différentes parties du corps, tandis que d'autres, aussi mortels et plus perfides, tuent sans laisser aucun vestige perceptible aux yeux de l'anatomiste le plus savant et le plus exercé.

Ces poisons sont tous des poisons végétaux : la brucine, tirée de la fausse angusture ; la strychnine, tirée de la noix de Saint-Ignace ; et la morphine, tirée de l'opium pur, qui lui-même est extrait du pavot des Indes.

Or, étrange et terrible complication du hasard ! le 18 septembre 1822, dix-sept jours avant la mort d'Hippolyte Ballet, Castaing achète dix grains d'acétate de morphine.

Douze jours après, Hippolyte, atteint d'une affection pulmonaire grave, mais non encore arrivée à son terme, est saisi d'un accident morbide, et meurt, comme nous l'avons dit, loin de sa sœur, loin de son frère, emporté en cinq jours !

Il meurt dans les bras de Castaing.

Alors, la situation de Castaing change ; Castaing, qui était fort gêné jusque-là, prête trente mille francs à sa mère, et, sous des noms supposés, ou au porteur, place soixante et dix mille francs.

C'est qu'il est question d'une affaire relative au testament d'Hippolyte Ballet, affaire qui ne sera jamais bien éclaircie, même aux débats, et dans laquelle Auguste Ballet serait devenu le complice de Castaing.

De là cette faiblesse d'Auguste pour Castaing; de là ce testament en sa faveur; de là cette intimité qui fait que ces deux hommes ne se quittent plus; toutes choses qui s'expliquent, du moment où l'on substitue, au lien pur et simple d'une amitié ordinaire, la chaîne indestructible d'une mutuelle complicité.

Car — et c'est ici le moment de revenir à la vie physique, que nous avons laissée de côté pour parler de la vie intellectuelle, — Castaing n'est pas riche; Castaing vit d'une modique pension que lui fait sa mère; à peine si le fruit de ses travaux peut lui rapporter cinq ou six cents francs par an; il a une maîtresse, très-pauvre elle-même, veuve avec trois enfants; lui-même en a eu d'elle deux autres : c'est donc une famille de six personnes qui est à la charge du jeune médecin, encore sans clientèle. Cette famille, au reste, il l'adore, ses enfants surtout. Des lettres sont là faisant foi de l'ardent amour paternel qui vit dans ce cœur, dévoré, plus encore pour les autres que pour lui même, de cette soif d'ambition et de richesses qui le conduira à l'échafaud!

Nous avons vu comment cet état de Castaing s'améliore tout à coup, comment il prête trente mille francs à sa mère, et comment il en place soixante et dix mille autres sous des noms supposés, ou au porteur.

Puis, maintenant, nous avons vu comment, le 29 mai, il arrive à Saint-Cloud avec Auguste Ballet, et comment, le 1er juin, Auguste Ballet expire, le laissant son légataire universel.

La veille, pendant une absence à laquelle il a donné une promenade pour prétexte, Castaing a été à Paris : il a acheté chez un premier pharmacien douze grains, et chez un second un demi-gros d'acétate de morphine, c'est-à-dire de ce même poison végétal qui ne laisse aucune trace, et dont il a déjà acheté dix grains, dix-sept jours avant la mort d'Hippolyte Ballet.

Voilà quel était le résumé de l'acte d'accusation contre Castaing, qui se présentait en face du jury sous le poids de quinze charges relativement à l'empoisonnement d'Hippolyte Ballet, de trente-quatre relativement à la vente du testament, et de soixante et seize relativement à l'empoisonnement d'Auguste Ballet. On se rappelle encore les différentes phases que parcourut ce long et terrible procès ; on se rappelle les constantes dénégations de l'accusé, et l'attitude avec laquelle il reçut l'arrêt qui le condamnait à mort, arrêt prononcé à la simple majorité d'une voix, c'est-à-dire de sept voix contre cinq.

L'accusé debout, la tête nue, entendit l'arrêt avec une froide résignation, joignit les mains, et, sans prononcer un seul mot, leva les yeux et les mains vers le ciel.

— Avez-vous quelque chose à dire sur l'application de la peine? lui demanda le président.

Castaing secoua mélancoliquement sa tête, que venait déjà de toucher, en passant, le souffle de la mort.

— Non, monsieur, dit-il d'une voix douce mais profonde, non, je n'ai rien à dire contre l'application de la peine qui me frappe; je saurai mourir, quoiqu'il soit bien malheureux de mourir, plongé dans la tombe par des circonstances aussi fatales que celles où je suis. On m'accuse d'avoir lâchement assassiné mes deux amis, et je suis innocent... Oh! oui, je le répète, je suis innocent! Mais il y a une Providence, il y a quelque chose de divin en moi, et ce quelque chose ira vous trouver, Auguste, Hippolyte. Oh! oui, mes amis, — et le condamné, par un mouvement plein de puissance, étendit ses deux bras vers le ciel, — oh! oui, mes amis, oui, je vous retrouverai, et je regarde comme un bonheur d'aller vous rejoindre. Après l'accusation qui a pesé sur moi, rien d'humain ne me touche. Maintenant, je n'implore pas la miséricorde humaine, je n'implore que ce qui est divin ; je monterai courageusement sur l'échafaud : l'idée de vous revoir m'encouragera! Oh! mes deux amis, elle réjouira mon âme, au moment même où je sentirai... Hélas! il est plus facile de comprendre ce que je sens que d'exprimer ce que je n'ose prononcer...

Puis, d'une voix plus faible :

— Vous avez voulu ma mort, messieurs; je suis prêt à mourir, me voici.

Puis, se tournant vers son défenseur, maître Roussel :

— Allons, allons, s'écria-t-il, remettez-vous, Roussel; tournez-vous de mon côté, et regardez-moi... Vous avez cru à mon innocence, vous, et vous m'avez défendu croyant à mon innocence; eh bien, oui, je suis innocent; embrassez pour moi mon père, mes frères, ma mère, ma fille!...

Puis, sans transition aucune, et s'adressant aux spectateurs haletants :

— Et vous, jeunes gens, continua-t-il, vous qui avez assisté à mon jugement; vous, mes contemporains, assistez aussi à mon exécution; vous m'y trouverez animé du même courage, et, si l'on a jugé mon sang nécessaire à la société, eh bien, je le sentirai couler sans regret!

Pourquoi ai-je raconté ce procès terrible dans tous ses détails? Est-ce pour faire tinter un sombre écho du passé parmi les membres de ces deux malheureuses familles qui peuvent vivre encore? Non! C'est qu'attiré par ce que l'on avait dit des rapports que la pauvre Fleuriet avait eus avec Castaing, j'étais venu là, moi, demandant un congé d'un jour à M. Oudard, pour assister à cette vivante tragédie; c'est que j'y assistai; c'est que j'étais au nombre des jeunes gens que le condamné, dans un moment d'exaltation, de délire peut-être, conviait à son exécution; c'est que je me dis, en voyant cet homme si plein de jeunesse, si plein de vie, si plein de science, que l'on condamnait à mourir, et qui, d'une voix si poignante et avec un accent si douloureux, disait adieu à son père, à sa mère, à ses frères, à ses enfants, à la société, à la création, à la lumière, c'est que je me dis avec un inexprimable serrement de cœur :

— O mon Dieu! mon Dieu! si cet homme était un autre Lesurques, un autre Labarre, un autre Calas... ô mon Dieu! mon Dieu! si cet homme n'était pas coupable!

Et, alors, devant ce tribunal qui venait de condamner un homme à mort, je jurai, moi, dans quelque situation que je me trouvasse, de ne jamais regarder comme s'étendant jusqu'à la peine capitale le mandat que pourrait un jour me donner la société de disposer du sort d'un homme vivant comme moi, sentant comme moi, souffrant comme moi.

Non, je n'assistai point à l'exécution ; car, je l'avoue, ce me serait chose impossible à supporter qu'un pareil spectacle; et, pourtant, de Castaing à Lafourcade, les vingt-huit années écoulées ont été fécondes, malgré cette peine de mort, qui devrait réprimer et qui ne réprime pas! Hélas! pendant ces vingt-huit années, combien de grands coupables ont passé sur la route qui conduisait alors de la Conciergerie à la place de Grève, et qui conduit aujourd'hui de la Roquette à la barrière Saint-Jacques!

Le 6 décembre, à sept heures et demie du matin, Castaing fut amené de Bicêtre à la Conciergerie. Un instant après, le greffier entra dans sa prison et lui annonça le rejet de son pourvoi. Derrière le greffier parut l'abbé Montès.

Alors, Castaing se mit à prier, et pria longuement et religieusement. Pendant tout le temps qu'il passa dans le vestibule de la Conciergerie, et qu'on le prépara au supplice, il ne prononça pas un seul mot.

En montant dans la charrette, en jetant un regard sur cette foule immense qui l'attendait, ses joues, devenues pourpres subitement, passèrent peu à peu à une pâleur mortelle. Au pied de l'échafaud seulement, il releva sa tête, qui, durant tout le trajet, était restée penchée sur sa poitrine; puis, après avoir encore promené son regard sur la foule, comme il avait fait en sortant de la Conciergerie, il se mit à genoux au pied de l'échelle, et, lorsqu'il eut embrassé le crucifix d'abord, ensuite le digne ecclésiastique qui le lui présentait, il monta sur l'échafaud, soutenu par les deux aides de l'exécuteur. Tandis qu'on le liait sur la planche fatale, deux fois, bien visiblement, ses yeux se levèrent au ciel; puis, à deux heures un quart, le quart sonnant, sa tête tomba.

Castaing venait d'éprouver cette sensation mortelle qu'il n'avait osé définir à l'audience, quand il avait porté sa main à son cou. Castaing, — aux pieds de Dieu, — coupable, recevait son pardon; innocent, se faisait accusateur.

Il avait demandé à voir son père pour recevoir sa bénédiction *in extremis;* cette grâce lui fut refusée. Il réclama, alors, cette bénédiction par écrit.

Elle lui fut envoyée ainsi, mais ne lui arriva que passée au vinaigre.

On craignait que la bénédiction paternelle ne cachât quelque poison, à l'aide duquel Castaing trouvât moyen de ne pas payer sa dette à l'échafaud.

Tout était fini à deux heures et demie, et ceux qui voulurent avoir la comédie après le drame eurent encore le temps d'aller, de la place de Grève, prendre leur poste à la queue du Théâtre-Français. — Le même jour, 6 décembre 1823, on ouait *l'École des Vieillards*.

XCII

Casimir Delavigne. — Appréciation de l'homme et du poëte. — D'où était venue la haine de la vieille école littéraire contre la nouvelle. — Quelques réflexions sur *Marino Faliero* et *les Enfants d'Édouard*. — Pourquoi Casimir Delavigne était plutôt un poëte comique qu'un poëte tragique. — Où il faut chercher ses chefs-d'œuvre.

C'était une grande solennité que cette première représentation de *l'École des Vieillards*, jouée par Talma et mademoiselle Mars.

Pour la première fois, en effet, ces deux grands acteurs paraissaient ensemble dans la même pièce.

Casimir Delavigne avait fait ses conditions.

Expulsé du Théâtre-Français, sous le prétexte que *son ouvrage était mal écrite*, il avait grandi dans la proscription. Ses *Messéniennes*, ses *Vêpres siciliennes*, ses *Comédiens* et *le Paria*, — et, peut-être plus que tout cela encore, le besoin qu'avait l'opposition de se faire un poëte libéral pour l'opposer à Lamartine et à Hugo, poëtes royalistes à cette époque, — avaient créé à l'auteur de *l'École des Vieillards* une telle popularité, que, devant cette popularité, toutes les difficultés s'étaient aplanies, et même un peu trop peut-être; car, semblable à Richelieu dans sa litière, Casimir Delavigne rentrait au Théâtre-Français, non point par la porte, mais par une brèche.

J'ai beaucoup connu Casimir Delavigne comme homme, j'ai beaucoup étudié Casimir Delavigne comme poëte ; je n'ai jamais eu une grande admiration pour le poëte ; mais j'ai toujours eu une suprême considération pour l'homme.

Comme individu, à part une probité littéraire incontestable et incontestée, Casimir Delavigne était un homme de relations douces, polies, affables même ; sa tête, beaucoup trop grosse pour son petit corps, frappait désagréablement la vue au premier aspect ; mais son front large, ses yeux intelligents, sa bouche bienveillante, faisaient bientôt oublier cette première impression. Quoique homme de beaucoup d'esprit, il était de ceux qui n'ont d'esprit que la plume à la main. Sa conversation, douce et affectueuse, était tiède et incolore ; comme il manquait de grandeur dans le geste, et de puissance dans l'intonation, il manquait de même de puissance et de grandeur dans la parole. Placé dans un salon, il n'attirait en rien le regard ; il fallait savoir que c'était Casimir Delavigne pour faire attention à lui. Il y a des hommes qui portent leur royauté en eux ; partout où vont ces hommes, au bout d'un instant, ils dominent ; au bout d'une heure, ils règnent. Casimir Delavigne n'était point de ceux-là : cette domination, si on la lui eût permise, il l'eût refusée ; cette royauté, si on la lui eût faite, il l'eût abdiquée. Tout fardeau, même celui d'une couronne, lui semblait embarrassant. Son éducation avait été excellente : il savait tout ce qu'on sait en sortant du collége ; mais, depuis sa sortie du collége, il avait peu appris par lui-même, peu pensé, peu réfléchi.

Un des caractères particuliers de l'organisation de Casimir Delavigne, — et, à notre avis, ce fut pour lui un grand malheur, — c'était sa soumission aux idées des autres, soumission qui ne pouvait venir que de son peu de confiance dans ses propres idées. Il s'était, chose étrange ! créé à lui-même, dans sa famille et parmi ses amis, une espèce de bureau de censure, une manière de comité de répression, chargé de veiller à ce que son imagination ne fît point d'écarts ; ce qui était d'autant plus inutile que l'imagination de Casimir Delavigne, enfermée dans des limites un peu étroites, avait bien plutôt besoin d'être excitée que retenue. Il en résultait que cet aréopage, inférieur comme sentiment, et surtout comme forme, à Casimir Delavigne, châtiait rigoureusement le peu qu'il avait de pittoresque dans la forme, et d'imagination dans le fond. On dut souvent lui dire, dans ce cénacle amoindrissant, de se souvenir qu'Icare était tombé pour s'être trop approché du soleil; et lui ne songea pas même à répondre, j'en suis sûr, que, si le soleil fit fondre les ailes d'Icare, c'est qu'Icare avait de fausses ailes attachées avec de la cire, et que l'aigle, qui disparaît noyé dans les rayons flamboyants du dieu du jour, n'est jamais retombé sur la terre victime d'un pareil accident.

Il résultait de cet abandon de sa propre volonté que Casimir Delavigne, au moment où son talent était dans toute sa force, à l'heure où sa réputation était à son apogée, n'osait rien faire de lui-même ni par lui-même. L'idée éclose dans son cerveau était soumise à ce comité, avant que cette idée fût transformée en plan; le plan terminé, il était de nouveau mis sous les yeux de cette commission, qui le commentait, le discutait, le corrigeait, et le rendait au poëte avec un *bon pour exécution*. Enfin, le plan devenu pièce était lu, toujours à la même assemblée, et, l'un avec un crayon, l'autre avec des ciseaux, celui-ci avec un compas, celui-là avec une règle, se mettaient à l'œuvre de la castration: si bien que, séance tenante, la comédie, le drame ou la tragédie était émondé, taillé, coupé, non pas comme l'entendait l'auteur, mais comme l'entendaient MM. tel, tel et tel, tous gens de conscience à leur point de vue, tous gens d'esprit entre eux, bons professeurs, honnêtes savants, respectables philologues, mais poëtes médiocres, qui, au lieu de soulever l'essor de leur ami au souffle d'une puissante poitrine, ne songeaient, au contraire, qu'à se cramponner à ses jambes, de peur qu'il ne s'élevât au delà des zones où leur courte vue pouvait le suivre.

Cette habitude de soumettre sa volonté à celle des autres faisait à Casimir Delavigne, sans qu'il s'en doutât lui-même, une fausse modestie, une humilité feinte qui embarrassait ses ennemis et désarmait ses envieux. Comment, en effet, en vouloir de ses succès à un homme qui semblait demander à tout le monde la permission de réussir, et qui paraissait s'étonner d'avoir réussi; à un pauvre poëte qui, s'il fallait l'en croire, n'était rien que par l'adjonction à sa faible intelligence de capacités supérieures à la sienne; à un vainqueur tremblant qui priait, dans le triomphe, qu'on ne l'abandonnât point, comme un vaincu qui prierait qu'on lui demeurât fidèle dans sa défaite? Aussi était-on fidèle à Casimir Delavigne jusqu'au fanatisme; aussi mettait-on une main pleine d'émulation et de dévouement à cette gloire, dont les rayons divergents devaient, comme les flammes de l'Esprit-Saint, se diviser en autant de langues de feu que la religion casimirienne comptait d'apôtres.

Nous avons dit quels étaient les inconvénients; voici maintenant quels étaient les avantages.

La pièce était prônée avant d'être faite, soutenue avant d'être reçue, dans les trois classes du monde auquel appartenait Casimir Delavigne par sa naissance, et je dirai même, je dirai surtout par son talent. Ainsi on avait : par Fortuné Delavigne, avoué, toutes les études de Paris; par Gustave de Wailly, professeur, tous les étudiants du quartier latin; par Jules de Wailly, chef de bureau au ministère de l'intérieur, tous les employés des ministères.

C'était surtout pour les intérêts à débattre avec les théâtres et avec les libraires, que cette espèce de conseil de famille était chose commode. On ne laissait Casimir s'occuper d'aucune affaire; on le connaissait : il était si modeste, qu'il aurait donné sa pièce sans conditions aux comédiens, son manuscrit sans traité au libraire. Casimir était prévenu, sur ce point, de son incapacité; il renvoyait libraire ou directeur à son frère Germain; son frère Germain les renvoyait à son frère Fortuné, et son frère Fortuné traitait l'affaire en homme d'affaires.

Et remarquez bien que tout cela se faisait simplement, bonnement, naïvement, dans le dévouement et l'admiration que chacun avait pour Casimir; sans intrigue, car tout ce petit travail ne portait préjudice à qui que ce fût au monde; et je dirai presque sans coterie, car, pour moi, là où il y a conviction, il n'y a plus coterie.

Or, autour de Casimir Delavigne, chacun était bien parfaitement convaincu que Casimir Delavigne était le premier poëte lyrique de son époque, le premier poëte dramatique de son siècle.

Quand on n'arrivait pas à Casimir Delavigne, et qu'on était arrêté par le cordon sanitaire qui veillait, s'agitait et louangeait autour de lui, on pouvait croire que tout ce mouvement était imprimé par lui, et allait du centre à la circonférence; mais, quand on arrivait près de lui, on ne croyait plus qu'à la simplicité, à la candeur et à la bienveillance de l'homme du talent.

Je crois que Casimir Delavigne n'a jamais haï qu'un seul de ses confrères; mais, aussi, il le haïssait bien.

C'était Victor Hugo.

Quand l'auteur des *Odes et Ballades*, de *Marion Delorme* et de *Notre-Dame de Paris* fut pris de cette fantaisie étrange de devenir le collègue de M. Droz, de M. Briffaut et de M. Viennet, je me chargeai d'aller personnellement, pour lui, demander la voix de Casimir Delavigne.

Je croyais qu'une nature aussi intelligente que l'était celle de l'auteur des *Messéniennes* regarderait comme un devoir de sa position de faire asseoir près de lui un rival aussi illustre que l'était le candidat qui faisait à l'Académie l'honneur de lui demander un fauteuil.

Je me trompais : Casimir Delavigne refusa obstinément sa voix à Victor Hugo, et, cela, avec une véhémence et une volonté dont je l'eussé cru incapable, surtout vis-à-vis de moi, qu'il aimait beaucoup.

Ni instances, ni supplications, ni raisonnements ne purent, je ne dirai pas le convaincre, mais le vaincre.

Et cependant, Casimir Delavigne savait bien qu'il repoussait un des hommes éminents de son époque.

Pourquoi cette antipathie? Je ne l'ai jamais su. Ce n'était

certes pas à cause de la différence des écoles; je n'étais pas — il s'en fallait du tout au tout — de l'école de Casimir Delavigne, et il m'offrait, à moi, cette voix qu'il refusait à Victor Hugo.

C'est qu'aussi, cette fois-là, ils étaient bien embarrassés, les pauvres académiciens ! tellement embarrassés, que, si je m'étais présenté, je crois qu'ils m'eussent nommé.

Ils nommèrent Dupaty.

Hugo s'en consola par un des plus jolis mots qu'il ait jamais trouvés.

— Je croyais, dit-il, qu'on allait à l'Académie par le pont des Arts; je me trompais, on y a vu, à ce qu'il paraît, par le pont Neuf.

Et maintenant que j'ai jugé l'homme, peut-être va-t-on croire qu'il m'est plus difficile, à moi son confrère, à moi son rival, à moi son antagoniste parfois, de juger le poëte? Non! qu'on se détrompe; rien n'est difficile à celui qui dit la vérité, toute la vérité.

D'ailleurs, jamais je n'ai écrit d'un homme une chose que je ne fusse prêt à lui dire à lui-même.

Pour juger Casimir Delavigne à un point de vue exact, il faut jeter un coup d'œil sur l'époque où il est né, et sur celle où il a vécu.

Nous voulons parler de l'ère impériale.

D'où venait cette haine qui éclata, lors de l'apparition de *Henri III*, de *Marion Delorme* et de *la Maréchale d'Ancre*, entre les anciens poëtes et les nouveaux, entre la jeune et la vieille école ?

On a constaté le fait sans en rechercher les causes.

Je vais vous les dire.

C'est qu'en faisant, tous les ans, une levée de trois cent mille conscrits, Napoléon ne s'était pas aperçu que ces poëtes qu'il demandait, et demandait inutilement, avaient forcément changé de vocation, et qu'ils étaient dans les camps, le sabre, le fusil ou l'épée à la main, au lieu d'être la plume à la main dans le cabinet.

Et cela dura ainsi de 1796 à 1815, c'est-à-dire dix-neuf ans,

Pendant dix-neuf ans, le canon ennemi passa dans la génération des hommes de quinze ans à trente-six. Il en résulta que, lorsque les poëtes de la fin du xviii⁰ siècle et ceux du commencement du xix⁰ furent en face les uns des autres, ils se trouvaient de chaque côté d'un ravin immense creusé par la mitraille de cinq coalitions; au fond de ce ravin était couché un million d'hommes, et, parmi ce million d'hommes violemment arrachés à la génération, se trouvaient ces douze poëtes que Napoléon avait toujours demandés à M. de Fontanes, sans que jamais M. de Fontanes eût pu les lui donner.

Ceux qui avaient échappé étaient les poëtes phthisiques, jugés trop faibles pour faire des soldats, et qui moururent jeunes, comme Casimir Delavigne et Soumet.

C'étaient des ponts jetés sur ce ravin dont nous avons parlé, mais qui ne suffisaient pas à le faire disparaître.

Avec ses dix-huit ans de guerre, et ses dix ans de règne, Napoléon, qui reconstruisit la religion, qui réédifia la société, qui établit la législation, Napoléon échoua pour la poésie.

A part les deux hommes que nous avons nommés, à part Soumet et Casimir Delavigne, il y eut solution de continuité.

Eh bien, disons-le, poëte intermédiaire entre la vieille école et l'école nouvelle, Casimir Delavigne avait, dans son talent, un peu de cette faiblesse de complexion qu'il avait dans sa personne; dans une œuvre de Casimir, — œuvre ne dépassant jamais les limites fixées par l'ancien théâtre, c'est-à-dire un, trois ou cinq actes, — il y a toujours un peu de faiblesse et d'essoufflement; les pièces sont haletantes comme l'homme, l'œuvre est poitrinaire comme le poëte.

De son acte, on n'en ferait jamais trois; de ses trois actes, on n'en ferait jamais cinq; de ses cinq, on n'en ferait jamais dix. Mais bien plutôt serait-on tenté, de ses cinq actes, d'en faire trois; de ses trois, d'en faire un.

Quand l'imagination lui manque, et qu'il s'attaque à Byron ou à Shakspeare, il ne peut parvenir à leur suprême hauteur, et il est obligé de s'arrêter au tiers, au milieu tout au plus de l'ascension; pareil en cela à ces enfants qui montent sur un arbre pour en cueillir les fruits, et qui ne peuvent qu'au risque de se rompre le cou, — chose qu'ils sont assez sages pour ne point tenter, — atteindre ceux qui mûrissent sur les branches les plus élevées, et qui sont toujours les plus beaux parce qu'ils sont le plus près du ciel.

Nous rendrons la chose sensible par deux exemples : *Marino Faliero*, *les Enfants d'Édouard*.

Dans le *Marino Faliero* de Byron, le doge conspire pour se venger de cette jeunesse railleuse qui lui a fait l'injure d'écrire sur son fauteuil :

« Le doge tient la belle Angiolina pour femme, mais un autre la pour maîtresse. »

Et c'est une calomnie : la belle Angiolina est pure comme l'indique son nom, malgré ses dix-huit ans, à elle, et malgré les quatre-vingts ans de son mari.

C'est donc pour défendre une femme pure, et non pour venger son honneur de mari outragé, que le Marino Faliero de Byron conspire, et nous n'avons pas besoin de dire ce que la pièce gagne en distinction à être traversée par cette douce et lumineuse figure qui représente le dévouement, au lieu d'exprimer le repentir.

Or, dans l'imitation de Casimir Delavigne, tout au contraire, la femme est coupable. Héléna, — car le poëte, en la vulgarisant, n'a point osé lui conserver son nom céleste, — Héléna, trompe son mari, un vieillard! elle le trompe, ou plutôt elle l'a trompé, dès avant le lever du rideau. Le premier vers de la tragédie s'adresse à une écharpe qu'elle brode pour son amant, double faute à notre avis; car il n'y avait qu'un moyen de rendre Héléna intéressante, si on la faisait coupable, c'était de montrer en elle, la lutte de la passion contre la vertu, de l'amour contre le devoir; c'était, enfin, de faire, en réussissant mieux que nous, ce que nous avons fait dans *Antony*.

Mais mieux valait, nous le répétons, comme dans la tragédie de Byron, conserver la femme pure; mieux valait faire côtoyer le vieillard par une épouse fidèle que par une épouse adultère; mieux valait, quand la femme vient, au cinquième acte, trouver le mari, ouvrir la porte du cachot au dévouement qu'au repentir. Pour porter au Christ, écrasé sous la lutte de sa passion, le calice d'amertume, Dieu choisit, non pas un ange tombé, mais, au contraire, le plus pur de ses anges!

Nous ne parlons pas d'une conspiration, à minuit, à Venise, en pleine place Saint-Marc, où cinquante conspirateurs crient à qui mieux mieux : « Mort à la République! » A Venise, et à minuit! à Venise, la ville du conseil des Dix! à Venise, la ville où l'on ne se couche jamais tout à fait, et où une moitié de la ville, au moins, veille, tandis que l'autre dort!

Du *Richard III* de Shakspeare, Casimir Delavigne n'a osé tirer que la mort des deux enfants; de la grande pièce historique du poëte d'Élisabeth, il reste un tout petit drame, plein de gentillesses enfantines et de larmes maternelles; du grand caractère de Richard III, de la scène merveilleuse entre le meurtrier et la femme du mort, de l'assassinat de Buckingham, du duel avec Richmond et de l'agonie de Richard III, il ne reste rien.

La statue gigantesque, le colosse de Rhodes, entre les jambes duquel passaient les hautes galères, est devenu un bronze à mettre sur une pendule, une réduction de Collas en montre derrière les carreaux de Barbedienne.

Maintenant, Casimir Delavigne a-t-il au moins pris, de ce sujet des *Enfants d'Édouard*, tout ce qu'il pouvait en prendre? N'a-t-il, dans ce qui regardait l'héritier de la couronne et son gentil frère le duc d'York, rien écarté de ce que son modèle Shakspeare lui offrait de grand?

On va en juger par un seul trait.

Chez Casimir Delavigne, lorsque le jeune Richard est réfugié dans l'église de Westminster, comme l'église a droit d'asile, le poëte des *Messéniennes*, pour forcer le jeune prince à sortir de là, fait écrire, à la bonne foi surprise de son frère, une lettre par laquelle celui-ci l'invite à le venir rejoindre au palais. Le pauvre fugitif, alors, a confiance dans cette lettre, et sort de son refuge. A peine au palais, Richard III le fait arrêter.

Dans Shakspeare, le jeune prince a cherché cet asile. Que fait Richad III?

Il fait venir l'archevêque.

« — Le prince royal a cherché un refuge dans votre église? lui dit-il.

» — Oui, monseigneur.

» — Il faut me le livrer.

» — Impossible, monseigneur.

» — Pourquoi cela?

» — Parce que l'église est lieu d'asile.

» — Pour les coupables, niais! répond Richard, mais non pour les innocents... »

Ah! que Mézence, ce contempteur des hommes et des dieux, est petit, à mon avis, près de Richard III, qui tue ses ennemis avec leur innocence, comme un autre les tuerait avec leurs crimes!

On comprend que, dénué à ce point du double sentiment pittoresque et grandiose, Casimir Delavigne réussit beaucoup mieux dans la comédie que dans la tragédie; aussi, ses deux meilleures pièces, suivant nous, sont-elles deux comédies, *les Comédiens* et *l'École des Vieillards*.

Tout ce que nous venons de dire est dit, on le comprend bien, au point de vue d'une critique sévère, et n'empêche pas que Casimir Delavigne n'ait reçu du ciel des qualités réelles. Ces qualités sont : une grande facilité de versification qui rarement monte jusqu'à la poésie, il est vrai, mais qui jamais ne tombe jusqu'au vers flasque et détendu; et, en effet, depuis le premier hémistiche jusqu'au dernier, depuis le commencement jusqu'à la fin, son œuvre, quelle qu'elle soit, est soignée, propre et surtout pleine de probité; et, remarquez bien ceci, nous nous servons du mot probité comme du mot le plus convenable; car Casimir Delavigne n'est point un homme qui essaye de soustraire quelque chose au public, qui économise sur ce qu'il possède dans le moment, pour faire servir cette économie à une autre pièce. Non; de Casimir au public, c'est, comme on dit, *bon jeu, bon argent*; tout ce qu'il possède, jusqu'à son dernier sou, il le donne. A chaque première représentation, les spectateurs ont jusqu'au fond du sac. Quand, le soir, à minuit, il a fait, au milieu des bravos, honneur à sa signature, il est ruiné. Mais qu'importe qu'il en soit réduit à la mendicité? Il devait une tragédie, un drame, une comédie, il a payé rubis sur l'ongle; il est vrai qu'il sera peut-être, pendant un an, deux ans, trois ans, obligé de faire au jour le jour des économies d'esprit, de verve et d'imagination, pour arriver à la confection d'une nouvelle œuvre; mais il y arrivera coûte que coûte, aux dépens de ses veilles, de sa santé, de sa vie, et, un jour, il mourra épuisé à cinquante-deux ans sans pouvoir terminer sa dernière tragédie.

Oh! qu'il ne se plaigne pas, le poète des *Messéniennes*, l'auteur de *l'École des Vieillards*, de *Louis XI* et de *Don Juan d'Autriche!* Qui fait tout ce qu'il peut fait tout ce qu'il doit.

Et, cependant, nous persistons à le dire, Casimir Delavigne eût fait plus que cela sans cet outourage qui le comprimait; et, la preuve de ce que nous disons, nous ne l'irons pas chercher dans ses œuvres de longue haleine; nous la prendrons, au contraire, dans une de ces petites pièces que le poète laisse tomber de son cœur dans un jour de mélancolie, — comme M. Arnault, qui était, non-seulement bien moins poète, mais encore bien moins versificateur que Casimir Delavigne, l'a fait pour son adorable poésie de *la Feuille*.

Eh bien, nous allons chercher, dans les notes où elle est reléguée, une petite ballade que Casimir Delavigne n'a pas jugée digne d'une autre place, et que nous tenons, nous, pour un petit chef-d'œuvre.

> La brigantine
> Qui va tourner,
> Roule et s'incline
> Pour m'entraîner...
> O Vierge Marie!
> Pour moi priez Dieu.
> Adieu, patrie!
> Provence, adieu!
>
> Mon pauvre père
> Verra souvent
> Pâlir ma mère
> Au bruit du vent...

O Vierge Marie !
Pour moi priez Dieu.
Adieu, patrie !
Mon père, adieu !

La vieille Hélène
Se confîra
Dans sa neuvaine,
Et dormira...
O Vierge Marie !
Pour moi priez Dieu.
Adieu, patrie !
Hélène, adieu !

Ma sœur se lève,
Et dit déjà :
« J'ai fait un rêve,
Il reviendra ! »
O Vierge Marie !
Pour moi priez Dieu.
Adieu, patrie !
Ma sœur, adieu !

De mon Isaure
Le mouchoir blanc
S'agite encore
En m'appelant...
O Vierge Marie !
Pour moi priez Dieu.
Adieu, patrie !
Isaure, adieu !

Brise ennemie,
Pourquoi souffler,
Quand mon amie
Veut me parler ?
O Vierge Marie !
Pour moi priez Dieu.
Adieu, patrie !
Bonheur, adieu !

Un autre jour, Scudo, l'auteur de l'adorable mélodie du *Fil de la Vierge*, demande à Casimir Delavigne quelques vers pour mettre de la musique dessus.

Casimir prend la plume et laisse tomber *Néra*. — Vous ne connaissez point *Néra?* Je comprends cela : ce n'était pas une poésie, c'était une simple chanson : *la Brigantine* avait été reléguée dans les notes; *Néra* fut expulsée des œuvres.

Un jour viendra, et à notre avis, ce jour est déjà venu, où l'on pèsera les *Messéniennes* et *Néra* dans la même balance, et nous verrons qui l'emportera.

Voici *Néra :*

> Ah! ah!... de la montagne
> Reviens, Néra, revien!
> Réponds-moi, ma compagne,
> Ma vache, mon seul bien.
> La voix d'un si bon maître,
>   Néra,
> Peux-tu la méconnaître?
>   Ah! ah!
>   Néra!
>
> Reviens, reviens; c'est l'heure
> Où le loup sort des bois.
> Ma chienne, qui te pleure,
> Répond seule à ma voix.
> Hors l'ami qui t'appelle,
>   Néra,
> Qui t'aimera comme elle?
>   Ah! ah!
>   Néra!
>
> Dis-moi si dans la crèche,
> Où tu léchais ma main,
> Tu manquas d'herbe fraîche,
> Quand je manquais de pain?
> Nous n'en avions qu'à peine,
>   Néra,
> Et ta crèche était pleine!
>   Ah! ah!
>   Néra!

Hélas! c'est bien sans cause
Que tu m'as délaissé.
T'ai-je dit quelque chose,
Hors un mot, l'an passé?
Oui, quand mourut ma femme,
  Néra,
J'avais la mort dans l'âme,
  Ah! ah!
  Néra!

De ta mamelle avide,
Mon pauvre enfant crira;
S'il voit l'étable vide,
Qui le consolera?
Toi, sa mère nourrice,
  Néra,
Veux-tu donc qu'il périsse?
  Ah! ah!
  Néra!

Lorsqu'avec la pervenche
Pâques refleurira,
Des rameaux du dimanche
Qui te couronnera?
Toi, si bonne chrétienne,
  Néra,
Deviendras-tu païenne?
  Ah! ah!
  Néra!

Quand les miens, en famille,
Tiraient les rois entre eux,
Je te disais : « Ma fille,
Ma part est à nous deux! »
A la fête prochaine,
  Néra,
Tu ne seras plus reine.
  Ah! ah!
  Néra!

Ingrate! quand la fièvre
Glaçait mes doigts roidis,

Otant mon poil de chèvre,
Sur vous je l'étendis...
Faut-il que le froid vienne,
    Néra,
Pour qu'il vous en souvienne ?
    Ah ! ah !
    Néra !

Adieu ! sous mon vieux hêtre
Je m'en reviens sans vous;
Allez chercher pour maître
Un plus riche que nous...
Allez ! mon cœur se brise,
    Néra !...
Pourtant, Dieu te conduise !
    Ah ! ah !
    Néra !

Je n'ai pas le courage
De te vouloir du mal;
Sur nos monts crains l'orage;
Crains l'ombre dans le val.
Pais longtemps l'herbe verte,
    Néra !
Nous mourrons de ta perte,
    Ah ! ah !
    Néra !

Un soir, à ma fenêtre,
Néra, pour t'abriter,
De ta corne peut-être
Tu reviendras heurter;
Si la famille est morte,
    Néra,
Qui t'ouvrira la porte ?
    Ah ! ah !
    Néra !

XCIII

Talma dans *l'École des Vieillards*. — Une lettre de lui. — Origine de son nom et de sa famille. — *Tamerlan* à la pension Verdier. — Début de Talma. — Conseils de Dugazon. — Autres conseils de Shakspeare. — Opinion des critiques de l'époque sur le débutant. — Passion de Talma pour son art.

L'École des Vieillards eut un immense succès. Un duel fatal, qui venait d'avoir lieu dans des conditions à peu près pareilles à celles où se trouvaient Danville et le duc, donna à la pièce une de ces couleurs d'à-propos que saisit avec tant d'empressement le public parisien.

C'est qu'il faut le dire aussi, jamais peut-être Talma n'avait été plus beau; il est impossible de rendre avec une voix plus émouvante les différentes nuances de ce rôle de vieillard amoureux et trahi comme Danville.

Oh! l'admirable instrument que la voix chez un acteur qui sait s'en servir! Comme la voix de Talma était caressante au premier acte! comme elle était impatiente au second, inquiète au troisième, menaçante au quatrième, abattue au cinquième!

Le rôle est doux, noble, charmant, bien complet d'un bout à l'autre. Comme ce cœur de vieillard aime bien à la fois Hortense en père et en amant! Comme, tout en plaignant la femme qui se laisse prendre, folle alouette, au miroir de la jeunesse et au ramage de la coquetterie, il dédaigne cet homme qui plaît, on ne sait pourquoi, hélas! parce que, dans le cœur de toute jeune fille, il y a un côté vulnérable et ouvert aux vulgaires amours!

Le rôle de la femme est bien loin de valoir celui de l'homme. Hortense est-elle coquette, ou ne l'est-elle pas? Aime-t-elle le duc, ou ne l'aime-t-elle pas? C'est une faute grave que la situation ne soit pas mieux dessinée, et voici en quoi c'est une faute :

Au quatrième acte, Hortense, qui cause, à une heure du

matin, dans un salon avec le duc, fait cacher ce dernier au bruit des pas de son mari.

Or, j'en appelle à toutes les femmes : une femme, à quelque heure du jour ou de la nuit qu'elle soit surprise par son mari, avec un homme qu'elle n'aime pas, ne fait pas cacher cet homme.

Hortense aime donc le duc, puisqu'elle le fait cacher.

Si Hortense aime le duc, elle est bien ingrate ; car il est impossible de comprendre, en voyant le mari si bon, si prévenant, si jeune sous ses cheveux blancs ; il est impossible de comprendre qu'une femme honnête aime un instant un homme ausi nul que le duc Delmas.

Aussi, avec quel accent Talma, en se levant et en traversant le théâtre, désespéré, disait-il ce vers :

> Je ne l'aurais pas cru ! C'est bien mal ! c'est affreux !

Jamais le déchirement d'une âme humaine ne s'était fait jour au dehors par un pareil sanglot.

Les amateurs vulgaires, les critiques de second ordre, admirèrent surtout dans cette comédie de Casimir Delavigne un rôle de camarade de collége de Danville, joué avec beaucoup de comique par un nommé Vigny. Ce rôle est celui du vieux célibataire qui, après être resté garçon jusqu'à l'âge de soixante ans, se décide à se marier sur la peinture que lui fait Danville du bonheur conjugal, et vient justement annoncer cette décision à son ami, au moment où celui-ci est en proie à toutes les tortures de la jalousie.

Eh bien, non, cent fois non, ce n'est pas cela qu'il y avait de vraiment beau dans *l'École des Vieillards*. Non, ce n'est point cette scène où Danville répète sans cesse : *Mais moi, c'est autre chose !* Non, ce qu'il fallait applaudir, c'était cette profonde, cette sanglante souffrance d'un cœur déchiré ; ce qu'il fallait applaudir, c'était une situation qui permettait à Talma d'être grand et simple à la fois, de montrer tout ce que peut souffrir cette créature née de la femme, et enfantée dans la douleur pour vivre dans la douleur, qu'on appelle l'*homme*.

Les amis de Talma lui reprochèrent d'avoir joué ce rôle en habit; ils lui dirent qu'il avait été sacrifié à mademoiselle Mars; ils lui demandèrent pourquoi, bénévolement, il s'était fait le marchepied d'une actrice supérieure, le piédestal d'une gloire rivale.

Talma les laissa dire.

C'est qu'il savait bien, lui, que mademoiselle Mars, avec tout son talent, toute sa coquetterie, toute son habitude de la scène, tous ses jolis mots dits de sa charmante voix, c'est qu'il savait bien que tout cela s'effaçait, disparaissait, s'évanouissait devant un de ses cris, devant un de ses sanglots, devant un de ses soupirs.

Ce dut être une belle soirée pour le poëte que celle où il vit son œuvre interprétée et grandie ainsi par Talma; et cependant, c'était encore autre chose que demandait Talma; car il sentait qu'il y avait pour l'art des limites plus étendues, ou, bien plutôt, que l'art n'a pas de limites.

Et, en effet, Talma avait été élevé à cette large école de Shakspeare, qui mêle, comme la pauvre vie dans laquelle nous nous débattons, le rire aux larmes, le trivial au sublime.

Il savait ce que c'était que le drame, lui qui a passé sa vie à jouer de la tragédie, et à n'oser jouer de la comédie.

Disons, en quelques mots, comment Talma était devenu l'homme que nous avons connu.

Talma était né à Paris, rue des Ménétriers, le 15 janvier 1766. Quand je l'ai connu, il avait donc déjà cinquante-sept ans.

Il reçut de ses parrain et marraine les noms de François-Joseph, et de son père celui de Talma.

Une lettre de Talma, que j'ai entre les mains, prouve que ce nom de Talma, devenu célèbre par le fait du grand artiste, éveilla plus d'une fois l'investigation des étymologistes.

Cet autographe de Talma est la copie d'une lettre qu'il répondit, en 1822, à un savant de Groningue, nommé Arétius Sibrandus Talma, lequel, en établissant sa filiation, demandait au Roscius moderne s'il n'aurait pas l'honneur d'être un peu de ses parents.

Voici ce que répondit Talma :

« J'ignore, monsieur, et il me serait difficile de découvrir si vous et moi sommes de la même famille. Il y a déjà plus de quinze ans qu'étant en Hollande, j'ai appris qu'il y avait, dans la patrie de Ruyter et de Jean de Witt, des personnes qui portaient le même nom que moi.

» Ma famille habite principalement un petit pays situé à six lieues de Cambrai, dans la Flandre française.

» Au reste, monsieur, ce n'est pas la première fois que mon nom a donné lieu à des informations sur mon origine, de la part de personnes étrangères à la France.

» Il y a environ quarante ou cinquante ans, un fils de l'empereur du Maroc se trouvant à Paris, et entendant prononcer le nom de mon père, vint lui demander s'il n'était pas d'origine arabe, question que mon père ne put résoudre.

» Depuis, un négociant arabe que j'ai rencontré à Paris dans ma jeunesse me fit la même question; je n'ai pas pu lui répondre plus catégoriquement que ne l'avait fait mon père au fils de Sa Majesté Marocaine.

» M. Langlais, savant très-distingué, et qui avait fait une étude profonde des langues orientales, me dit, à cette époque, qu'en effet, en langue arabe, Talma signifie *intrépide*, et que c'est une appellation familière aux descendants d'Ismaël, pour distinguer les différentes branches d'une même famille.

» Vous sentez, monsieur, qu'une telle explication dut me rendre très-fier, et j'ai constamment fait tous mes efforts pour ne pas déroger. J'ai donc, en suivant mon penchant, supposé, d'après cela, qu'une famille more restée en Espagne, et qui avait embrassé le christianisme, était venue, de ce royaume, dans les Pays-Bas, possédés autrefois par les Espagnols, et que, de là, par une circonstance quelconque, elle avait passé dans la Flandre française, et s'y était établie. Mais, d'une autre part aussi, on m'a dit que notre nom avait une terminaison hollandaise, et qu'il était très-répandu dans une des provinces de la Hollande.

» Cette nouvelle version a renversé tout l'édifice de mon imagination, et m'a renvoyé à l'instant même des sables d'Afrique aux marais des Provinces-Unies.

» Maintenant, c'est vous, monsieur, qui, parlant hollandais, pouvez mieux que personne, et surtout mieux que moi, décider si nous serions définitivement du Nord ou du Midi; si nos ancêtres portaient un turban ou un chapeau, et s'ils adressaient leurs prières à Mahomet ou au Dieu des chrétiens.

» J'oubliais encore de vous dire, monsieur, et cela n'est cependant point sans importance, que le comte de Mouradgea d'Ohsson, qui a résidé longtemps en Orient, et a fait un ouvrage sur les systèmes religieux des Orientaux, cite un passage d'un de leurs auteurs qui nous apprend que le roi ou plutôt le pharaon qui chassa les Israélites d'Égypte s'appelait Talma.

» C'était, je l'avoue, un grand coquin que ce roi, surtout si j'en crois Moïse, autorité assez respectable ; mais il n'y faut pas regarder de si près, lorsqu'on peut se dire d'une si illustre origine.

» Vous voyez, monsieur, qu'il n'y a point de baron allemand à seize quartiers, pas même de roi dans les quatre parties du monde, fût-ce ceux de la maison d'Autriche, la plus vieille de toutes les maisons, qui puisse se vanter d'une aussi haute origine que la mienne.

» Au reste, monsieur, croyez que je tiens beaucoup plus à l'honneur d'être le parent d'un savant aussi distingué que vous, que d'être le descendant d'un tête couronnée. Ceux qui vous ressemblent ne travaillent qu'au bonheur des hommes, tandis que les autres — et, par les autres, j'entends les rois, les pharaons et les empereurs — ne songent qu'à les faire enrager.

» J'espère, monsieur, que, dès que vous aurez une conviction à cet égard, vous voudrez bien m'informer si le nom que nous portons est plutôt hollandais qu'arabe.

» Dans tous les cas, je me félicite, monsieur, de porter un nom que vous avez rendu célèbre.

» Veuillez agréer, etc., etc. » TALMA. »

Cette lettre présente un double avantage, c'est de donner un renseignement sur la famille de Talma et une idée précise sur son esprit.

Souvent Talma m'a dit que ses souvenirs les plus éloignés se reportaient à l'époque où il habitait une maison située rue Mauconseil, et dont les fenêtres donnaient sur l'ancienne Comédie-Italienne.

Il avait trois sœurs et un frère; de plus, un cousin adopté par son père, qui exerçait l'état de dentiste.

Un jour, lord Harcourt se présente chez le père de Talma, se fait arracher une dent dont il souffrait, et il est si content de la manière dont se faisait l'opération, qu'il tourmente le père de Talma pour aller habiter Londres, où il lui promet la clientèle de toute l'aristocratie.

Le père de Talma cède aux instances de lord Harcourt, passe le détroit et va se loger dans Cavendish-square.

Lord Harcourt fit honneur à sa promesse : il achalanda richement le dentiste français, qui devint bientôt le dentiste à la mode, et qui compta le prince de Galles — depuis, l'élégant George IV, — au nombre de ses clients.

Toute la famille avait suivi son chef ; mais, tenant l'éducation française pour la meilleure de toutes, le père de Talma renvoya son fils à Paris dans le courant de l'année 1775.

Celui-ci avait neuf ans, et, grâce aux trois ans passés en Angleterre, à cet âge où tout est facile comme langue, — il parlait, en arrivant à Paris, l'anglais aussi bien que le français.

Son père avait fait choix pour lui de l'institution Verdier.

Un an après son arrivée dans l'établissement, une grande nouvelle commença de circuler.

M. Verdier, le maître de pension, avait fait une tragédie de *Tamerlan*.

Cette tragédie devait être représentée à la distribution des prix.

Talma avait dix ans à peine, à cette époque; il était donc probable que, non-seulement il ne jouerait pas un des rôles principaux, mais encore qu'il ne jouerait pas du tout.

Il se trompait; M. Verdier lui distribua un rôle de confident.

C'était un rôle comme tous les rôles de confident, avec une

vingtaine de vers éparpillés dans le courant de la pièce, et un récit à la fin.

Le récit dudit confident roulait sur la mort de son ami, condamné, comme Titus, par un père inexorable.

Le commencement du récit alla à merveille; le milieu se soutint; mais, à la fin, l'émotion qu'éprouva l'enfant fut si violente, qu'il éclata en sanglots et s'évanouit.

Pendant cet évanouissement, le destin avait écrit sur son livre : « Enfant, tu seras artiste! »

Dix ans après, c'est-à-dire le 21 novembre 1787, Talma débutait au Théâtre-Français par le rôle de Séide.

La veille, il avait été faire une visite à Dugazon, et Dugazon lui avait remis un papier où étaient écrits les conseils suivants.

Je copie sur l'autographe que j'ai entre les mains :

« Visez au grand ou, du moins, à l'étonnant, dès votre premier début.

» Il s'agit de laisser des traces et de faire un appel à la curiosité. Peut-être vaudrait-il mieux frapper juste que frapper fort; mais les amateurs sont nombreux, et les connaisseurs sont rares. Cependant, vous aurez tous les suffrages, si vous pouvez joindre le vigoureux au vrai.

» Ne vous enivrez point par les applaudissements; ne vous découragez point par les sifflets.

» Les sifflets n'étouffent que les sots.

» Les applaudissements n'étourdissent que les fats.

» Prodigués sans discernement, ces derniers arrêtent le talent au bord de la carrière. Tel l'aurait fournie avec distinction, qui l'a déshonorée par des défauts qu'une juste censure eût signalés, qu'un sifflet eût punis.

» Lekain, Préville, Fleury ont été sifflés, et sont immortels.

» A. B. C. ont succombé sous la grêle des applaudissements.

» Où sont-ils?

» Moins de moyens et plus d'étude, moins d'indulgence et plus d'obstacles, autant de gages de succès, sinon impromptus et triomphants, du moins permanents et solides.

» Voulez-vous captiver les femmes et les jeunes gens? Débutez dans le *genre sensible*. « Tout le monde aime, » a dit Voltaire, « et personne ne conspire. »

» Toutefois, ce qui était bon à son temps pourrait bien ne pas valoir grand'chose au nôtre.

» Pour plaire d'abord à la multitude, qui sent beaucoup et ne raisonne qu'un peu, adoptez ou le genre admiratif ou le genre terrible : ils saisissent soudain. Comment se soustraire à l'ascendant de Mahomet, à la magnanimité d'Auguste, aux remords d'Oreste? L'impression que feront ensuite Ladislas, Orosmane et Bajazet étant préparée, elle sera ineffaçable.

» Un vrai talent, de beaux moyens, d'heureux débuts garantissent-ils des succès? Oui, au premier abord; mais il s'agit de les perpétuer; il s'agit de forcer le public à la persévérance. Après avoir applaudi par conviction, il faut qu'il continue d'applaudir par habitude.

» Le corps collectif qu'on appelle public a ses travers comme un individu; il faut le caresser; le dirai-je? si on le gagne par des qualités, il n'est pas impossible qu'on le fixe par des défauts; ayez-en donc. Pourtant, vous comprenez qu'ils doivent sympathiser avec ceux de vos juges. Dans le cas contraire, ayez des défauts encore; mais qu'ils soient l'ombre d'un talent qui les fasse accueillir d'autorité. Molé bégaye et papillote, Fleury chancelle, et l'on me reproche de charger; mais Molé a des graces ineffables, Fleury un débit séduisant, et, moi, je fais rire de si grand cœur, que la critique qui voudrait être sérieuse à mon égard ne serait point entendue.

» Il est des débutants qui s'élèvent comme des fusées, brillent quelques mois, et retombent dans la plus dense obscurité.

» A de telles déconvenues, il y a plusieurs causes : c'étaient des talents factices, ou sans portée, ou sans maturité; quelques exhibitions, pour parler à l'anglaise, les ont usés; un effort ou deux les épuise.

» Peut-être aussi, déviant de la route des maîtres, ils sont entrés dans le sentier oblique de l'innovation, où la témérité ne se sauve qu'appuyée sur le génie.

» Peut-être aussi, et cela est plus irrémédiable, se sont-ils faits mauvaises copies d'excellents originaux.

» En voyant qu'au lieu de simuler les qualités, ils ne singeaient que les défauts, le public les a pris pour des parodistes, et a nommé leurs œuvres des caricatures.

» Quand un comédien en est là, il n'a rien de mieux à faire que de s'échapper par le trou du souffleur, pour courir à Pau divertir les Basques, ou à Riom faire sauter les Auvergnats.

» Pour vous, mon cher Talma, Paris vous réclame, Paris vous possède, Paris vous gardera, et la patrie de Voltaire et de Molière, dont vous deviendrez le digne interprète, ne tardera pas à vous donner des lettres de naturalisation.

» DUGAZON.

» 20 novembre 1787. »

Il est curieux de voir les conseils que donnait Shakspeare, deux cent cinquante ans auparavant, par la bouche d'Hamlet, aux comédiens de son temps. Les voici :

« Dites-nous, je vous prie, ce passage tel que je viens de le débiter devant vous, d'un ton naturel et facile; mais, si vous allez le déclamer de toute votre voix, comme font beaucoup de nos acteurs, j'aimerais autant en charger le crieur de la ville. Ne fendez pas trop l'air avec vos bras; mais que tous vos gestes soient mesurés, car, même dans le torrent, dans la tempête, et, si je puis le dire, dans le tourbillon de la passion, vous devez concevoir et observer une modération qui lui donne de la grâce. Oh! je me sens blessé au fond de l'âme, quand j'entends un acteur stupide, un lourdaud déchirer une passion en lambeaux, la réduire à des haillons, et écorcher les oreilles des nobles habitués du parterre, où la plupart du temps, on ne comprend que d'incompréhensibles pantomines et un grand bruit. Je voudrais voir fouetter en place publique un tel extravagant qui tranche ainsi du matamore et fait l'Hérode plus qu'Hérode lui-même: c'est ce qu'il faut éviter.

» D'un autre côté, que votre jeu ne soit pas trop calme ; que votre propre discernement vous serve de guide ; que l'action soit d'accord avec la parole, et la parole avec l'action, ayant toujours soin de ne jamais dépasser les bornes du naturel. Tout ce qui va au delà s'écarte du but de la représentation théâtrale, dont l'objet, dès l'origine, comme aujourd'hui, fut et est encore de présenter le miroir à la nature, de montrer à la vertu ses propres traits, au vice sa propre image, et, à chaque siècle, à chaque époque, sa physionomie particulière. Exagérez cette peinture, ou effacez-la, vous ferez peut-être rire un ignorant ; mais, à coup sûr, vous affligerez l'homme judicieux, et la critique d'un seul de ces juges doit l'emporter dans votre opinion sur les applaudissements d'une foule stupide. Oh ! il y a des comédiens que j'ai vus jouer, d'autres que j'ai entendu vanter, et, cela, hautement, à dire vrai, qui, n'ayant ni l'accent ni la tournure d'un chrétien, d'un païen ou de quelque autre que ce soit, se pavanaient, s'agitaient et hurlaient de telle façon, qu'il m'est arrivé de penser que la nature avait laissé imparfaite la création de ces êtres, tant ils imitaient d'une manière pitoyable la nature humaine.

» Que ceux de vous qui jouent les bouffons ne disent pas plus que ce que veut leur rôle ; car il y en a, parmi eux, qui se mettent à rire pour faire éclater à l'unisson de stupides spectateurs. C'est mal, et le sot qui a recours à ce moyen montre une prétention bien pitoyable. »

Que les successeurs de Lekain et de Garrick, de Molé et de Kemble, de Talma et de Kean, comparent ces derniers conseils aux premiers, et qu'ils fassent leur profit de tout !

Talma réussit, mais sans que son succès eût cependant rien d'extraordinaire. Le débutant fut distingué plutôt par les amateurs que par le public. On lui trouva surtout du naturel.

Les registres de la Comédie-Française accusent trois mille quatre cents trois francs huit sous de recette, le jour du début de Talma.

Maintenant, veut-on savoir sur le débutant l'opinion de la critique? Voici ce qu'en disait le *Journal de Paris*:

« Le jeune homme qui a débuté dans Séide annonce les plus heureuses qualités; il a, d'ailleurs, tous les avantages naturels qu'il est possible de désirer pour l'emploi des jeunes premiers: taille, figure, organe, et c'est avec justice que le public l'a applaudi. »

Passons du *Journal de Paris* à Bachaumont:

« Le débutant joint aux dons naturels une figure agréable, une voix sonore et sensible, une prononciation pure et distincte; il sent et fait sentir l'harmonie des vers.

» Son maintien est simple, ses mouvements sont naturels; surtout il est toujours de bon goût et n'a aucune manière; il n'imite aucun acteur, et joue d'après son sentiment et ses moyens. »

Deux mois après, *le Mercure* disait, à propos de la reprise de l'*Hamlet* de Ducis :

« Nous parlerons bientôt d'un jeune acteur qui fixe l'attention des amateurs de spectacle, M. Talma; mais nous attendrons qu'il ait joué des rôles plus importants. Il est goûté dans la tragédie. »

Il y a loin, on en conviendra, de ces sobres éloges aux fanfares qui ont accueilli l'apparition de mademoiselle Rachel.

Et c'est tout simple : mademoiselle Rachel était une espèce d'étoile fixe que l'on découvrait en plein ciel, où elle devait demeurer brillante, mais immobile.

Talma, au contraire, était un astre destiné à éclairer toute une période, à décrire cette courbe gigantesque qui sépare un horizon d'un autre horizon, à avoir son lever, son zénith, son coucher, — coucher pareil à ceux des soleils d'août, plus flamboyants, plus magnifiques, plus splendides à leur couchant, qu'ils ne l'ont été à leur midi.

Et, en effet, quels progrès, de Séide à Charles IX, de Charles IX à Falkland, de Falkland à Pinto, de Pinto à Leicester, de Leicester à Danville, de Danville à Charles VI !

Mais, au milieu de cette brillante carrière, Talma fut poursuivi d'un éternel regret, celui de ne pas voir apparaître le drame moderne.

Plus d'une fois, je lui parlai de mes espérances.

— Hâtez-vous, me disait-il, et tâchez d'arriver de mon temps.

Au reste, j'ai vu jouer à Talma ce que bien peu de personnes, à part celles de son intimité, lui ont vu jouer : *le Misanthrope,* que jamais il n'a osé aborder au Théâtre-Français, quel qu'en fût son désir ; une partie d'*Hamlet,* en anglais, et particulièrement le monologue ; enfin, des scènes bouffonnes improvisées à la Saint-Antoine pour la fête de M. Arnault.

C'est que l'art était l'unique soin, la seule pensée, toute la vie de Talma. Sans être homme d'esprit, Talma avait une grande conscience, une vaste instruction relative, un sens profond. Lorsqu'il était sur le point de créer un rôle, aucune recherche soit historique, soit archéologique, ne lui coûtait ; tout ce que la nature lui avait donné, qualités et défauts, était utilisé. Quinze jours avant sa mort, comme il allait un peu mieux, et que ce mieux donnait l'espérance de le voir reparaître au Théâtre-Français, nous allâmes lui faire une visite, Adolphe et moi.

Talma était au bain ; il étudiait le *Tibère* de Lucien Arnault, dans lequel il comptait faire sa rentrée. Condamné, par une maladie d'entrailles, à mourir littéralement de faim, il avait considérablement maigri ; mais, dans cet amaigrissement même, il trouvait une satisfaction et l'espérance d'un succès.

— Hein ! mes enfants, nous dit-il en tirant à deux mains ses joues pendantes, comme cela va être beau pour jouer le vieux Tibère !

Oh ! la grande, l'admirable chose que l'art ! et que l'art est bien autrement dévoué qu'un ami, bien autrement fidèle qu'une maîtresse, bien autrement consolant qu'un confesseur !

XCIV

Je deviens employé en pied. — Les mauvais spectacles. — Thibaut. — Mes études avec lui. — En quoi elles m'ont servi. — *Amaury* et les poitrinaires. — Mes lectures. — Walter Scott. — Cooper. — Byron.

Le 1er janvier 1824, je devins, de surnuméraire à douze cents francs, employé à quinze cents.

Je trouvai la situation florissante, et pensai qu'il était temps de faire venir ma mère à Paris.

Je ne l'avais pas vue depuis neuf mois, et cette longue absence commençait à me peiner.

Pendant ces neuf mois, je m'étais aperçu d'une chose bien triste; mais, enfin, c'était beaucoup de m'être aperçu de cette chose-là; c'est que je ne savais rien au monde de ce que j'eusse dû savoir pour marquer d'une façon quelconque dans la carrière que je voulais parcourir.

Mais, au lieu de me décourager, assuré que désormais j'étais bien et pour toujours fixé à Paris; assuré que je n'y mourrais pas de faim, grâce à mes cent vingt-cinq francs par mois, je redoublai d'ardeur, et, reculant de moi-même les limites du temps que je m'étais fixé pour arriver à mon but, je résolus d'utiliser ce temps en l'appliquant à l'étude.

Malheureusement, défalqué de celui que me prenait mon bureau, bien peu de ce temps me restait.

Il fallait être au Palais-Royal à dix heures et demie du matin, et nous n'en sortions qu'à cinq heures du soir.

En outre, une charge pesait sur le secrétariat, qui ne pesait sur aucun des autres bureaux.

Nous devions revenir, Ernest ou moi, de huit heures à dix heures du soir, faire ce que l'on appelait *le portefeuille*, pendant tout le temps que le duc d'Orléans demeurait à Neuilly; et le duc d'Orléans, qui adorait la campagne, demeurait à Neuilly pendant les trois quarts de l'année. La besogne n'était pas difficile; mais elle était absolue; elle consistait à envoyer par estafette, à M. le duc d'Orléans, ses journaux du soir et son courrier de la journée, et à recevoir, en retour, les ordres du lendemain.

C'était deux heures perdues par soirée; c'était, en outre, l'impossibilité d'aller à aucun spectacle, excepté au Théâtre-Français, qui touchait à nos bureaux.

Il est juste de dire que M. Oudard, qui avait, chaque jour la disposition de trois billets à toutes places, nous gratifiait, de temps en temps, d'un de ces billets.

Mais cette générosité ne se manifestait guère que les jours où il y avait mauvais spectacle.

Cependant, entendons-nous sur le mot « mauvais spectacle; » on entendait par là les jours où ne jouaient ni Talma ni mademoiselle Mars.

Il en résultait que, pour moi qui allais au spectacle comme étude, il y avait parfois un excellent spectacle, ces jours de mauvais spectacle.

D'ailleurs, nous nous entendions avec Ernest pour faire chacun notre semaine; de cette manière, nous avions, par mois, quinze soirées libres.

J'avais fait la connaissance d'un jeune docteur, nommé Thibaut, docteur sans clientèle, à cette époque, mais non pas sans mérite.

Une cure fit sa réputation, une autre sa fortune.

Aidé d'un rhumatisme articulaire qui détourna l'inflammation, il guérit Félix Deviolaine — ce jeune cousin dont j'ai plus d'une fois parlé, et dont j'aurai à parler encore, — d'une maladie de poitrine arrivée à son troisième degré.

Aidé de sa propre science, il accompagna madame la marquise de Lagrange en Italie, et la guérit d'une maladie chronique tenue pour mortelle.

Reconnaissante et revenue en parfaite santé, la marquise l'épousa.

Tous deux, aujourd'hui, habitent leurs terres près de Gros-Bois; et, directeur d'une fortune de quarante à cinquante mille livres de rente, Thibaut n'applique plus la science médicale qu'à l'amélioration des fleurs et des fruits.

Mais, à cette époque, Thibaut était, comme Adolphe et moi, sans le sou ; nous étions deux de ses pratiques, et de ses plus mauvaises, pécuniairement parlant.

Comment étions-nous les pratiques de Thibaut? Ah! voici. En 1823 et 1824, la mode était à la maladie de poitrine; tout le monde était poitrinaire, les poëtes surtout ; il était de bon ton de cracher le sang à chaque émotion un peu vive, et de mourir avant trente ans.

Il va sans dire que nous avions, Adolphe et moi, tous deux jeunes, longs et maigres, cette prétention, à laquelle, généralement, on nous reconnaissait quelques droits.

Ces droits, je les ai perdus; mais il faut rendre justice à Adolphe, il les a conservés ; il est aujourd'hui, à quarante-six ans, aussi long et aussi maigre qu'il l'était à cette époque, c'est-à-dire à vingt et un ans.

Thibaut savait juste tout ce que je ne savais pas.

Il entreprit mon éducation : c'était une rude tâche.

Nous passions presque toutes nos soirées ensemble dans une petite chambre de la rue du Pélican, donnant au-dessus du passage Véro-Dodat.

J'étais à cent pas du Palais-Royal, et c'était la chose la plus commode du monde pour aller faire mon courrier.

Le matin, j'accompagnais parfois Thibaut à l'hôpital de la Charité, et je faisais un peu de physiologie et d'anatomie, — quoique je n'aie jamais pu surmonter ma répugnance pour les opérations et pour les cadavres.

De là vient un certain côté de science médicale ou chirurgicale, qui m'a été plus d'une fois utile dans mes romans.

Ainsi, par exemple, dans *Amaury*, j'ai suivi sur Madeleine, mon héroïne, les phases d'une maladie de poitrine avec tant de vérité, qu'un jour, j'eus l'honneur de recevoir la visite de M. de Noailles, qui venait me demander d'interrompre la publication de mon roman dans *la Presse*. Sa fille et son gendre, malades tous deux de la poitrine, et tous deux à un degré égal, avaient reconnu dans la maladie de Madeleine les symptômes du mal dont ils étaient atteints, et tous deux, chaque matin, atténdaient leur feuilleton dans l'impatience de savoir si la fille de M. d'Avrigny mourrait ou ne mourrait pas.

Comme la fille de M. d'Avrigny était condamnée par le destin et par moi, le feuilleton fut interrompu.

En outre, et pour tranquilliser les deux pauvres malades, j'improvisai, manuscrite, une fin qui leur rendit l'espoir, mais qui, malheureusement, ne leur rendit point la santé.

Le feuilleton ne fut repris qu'après leur mort.

Les lecteurs de *la Presse* virent l'interruption sans en connaître la cause.

La cause, la voilà.

Le matin, de six à sept heures, j'allais donc parfois à la Charité avec Thibaut.

Le soir, nous faisions de la physique et de la chimie dans sa chambre.

A cette chambre remonte la première étude que je fis des poisons employés par madame de Villefort, dans *Monte-Cristo*, étude poursuivie et achevée plus tard avec Ruolz.

A nos séances assistait presque toujours une jeune et belle voisine s'appelant de son nom mademoiselle Walker, et étant de son état marchande de modes.

Comme la poule de la Fontaine, elle faillit nous brouiller, Thibaut et moi. Heureusement, il n'en fut rien : elle trouva je ne sais plus quel biais, et nous restâmes amis tous trois.

Comme habitude de travail et comme science acquise, je dois beaucoup à Thibaut.

Je dirai plus tard comment Thibaut, dont le nom est plusieurs fois cité dans l'*Histoire de dix ans*, de Louis Blanc, se trouva, par ses relations avec la famille du maréchal Gérard, jouer un certain rôle dans la révolution de juillet.

D'un autre côté, selon les instructions de Lassagne, je m'étais mis à lire.

Walter Scott, d'abord.

Le premier roman que je lus signé du *barde écossais*, c'est ainsi que cela se disait à cette époque, fut *Ivanhoe*. Habitué aux doucereuses intrigues de madame Cottin, ou aux gaietés excentriques des *Barons de Felsheim* et de *l'Enfant du Car-*

naval, j'eus quelque peine à m'habituer au rude naturel de Gurth, le gardien de pourceaux, et aux drôlatiques facéties de Wamba, le fou de Cédric. Mais, lorsque l'auteur m'eut introduit dans la salle à manger romane du vieux Saxon; quand j'eus vu la lueur du foyer, alimenté par un chêne tout entier, se refléter sur le capuchon et sur la robe du pèlerin méconnu; quand j'eus vu toute la famille du *thane* prendre place à la longue table de chêne, depuis le chef du château, le roi de sa terre, jusqu'au dernier serviteur; quand j'eus vu apparaître le juif Isaac avec son bonnet jaune, sa fille Rébecca avec son corsage d'or; quand le tournoi d'Ashby m'eut donné cet avant-goût des grands coups d'épée et des rudes coups de lance que je devais retrouver dans Froissart, oh! alors, peu à peu, les nuages qui bornaient ma vue se soulevèrent, et je commençai à apercevoir d'autres horizons encore plus reculés que les premiers qui m'étaient apparus, quand Adolphe de Leuven avait opéré dans ma vie de province les changements à vue dont j'ai parlé.

Puis vint Cooper avec ses grands bois, ses prairies immenses, ses océans infinis, ses *Pionniers,* sa *Prairie,* son *Corsaire rouge*, trois chefs-d'œuvre de description, où l'absence du fond est si bien dissimulée par la richesse de la forme, qu'on traverse tout le roman en marchant, comme l'apôtre, sur un terrain toujours prêt à vous engloutir, et où, cependant, l'on est soutenu, non point par la foi, mais par la poésie, de la première à la dernière page.

Puis Byron, — Byron, qui mourait à Missolonghi, juste au moment où je commençais à l'étudier à Paris comme poëte lyrique et comme poëte dramatique.

On s'était énormément occupé de lord Byron depuis quelque temps; la gloire du poëte s'était ravivée à la flamme du bivac des Grecs; son nom était désormais mêlé aux noms des Hellènes illustres; non-seulement on disait Byron comme on disait Walter Scott et Chateaubriand, mais encore on disait Byron comme on disait Mavrocordato, Odyssée et Canaris.

Un jour, avant que l'on sût même la maladie de l'illustre poëte, on lut dans les journaux :

« Missolonghi, 20 avril.

» Notre ville présente le spectacle le plus touchant; nous sommes tous vêtus de deuil; notre illustre bienfaiteur est mort, hier 19, à six heures du soir. »

Byron était mort, comme Raphaël, à trente-sept ans; il était mort pendant les solennités de Pâques, et trente-sept coups de canon, nombre égal à celui de ses années, répétés de ville en ville, annoncèrent sa mort de la Thrace au Pirée, et de l'Épire aux côtes d'Asie.

Pendant trois jours, les cours de justice, les administrations et les magasins furent fermés; pendant trois jours, les danses, les amusements publics et les sons des instruments furent interdits; enfin, un deuil général dura vingt et un jours.

Pauvre Byron! il ne désirait qu'une chose, combattre et remporter une victoire, ou, vaincu, mourir les armes à la main. Nommé général, il s'était fait une joie de conduire lui-même les Souliotes au siége de Lépante; — Lépante, la terre de don Juan et de Charles-Quint, lui paraissait un beau nom à associer à son nom; c'était une noble terre pour s'y coucher mourant et ensanglanté.

Il n'eut pas cette joie, et mourut à Missolonghi. Ce fut lui qui illustra une terre inconnue, au lieu de recevoir son lustre d'une terre célèbre; on ne dit pas : « Byron mourut à Missolonghi, » on dit : « Missolonghi, où mourut Byron. »

Il ne se doutait pas, le grand homme, en mourant pour les Grecs, qu'il mourait pour que l'Europe, comme me le disait un jour le duc d'Orléans, eût le plaisir de voir manger de la choucroute au pied du Parthénon!

Pauvre poëte immortel, qui mourais avec l'espérance que la nouvelle de ta mort allait retentir dans tous les cœurs, qu'eusses-tu dit, si, lorsque, désespéré, le journal funèbre à la main, j'entrai dans un de nos bureaux en criant : « Byron est mort! » qu'eusses-tu dit, si tu eusses pu entendre un de nos sous-chefs de bureau demander :

— Qu'est-ce que c'est que cela, Byron?

Ah! cette question me fit peine et plaisir à la fois : j'avais donc trouvé un homme encore plus ignorant que moi, et cet homme était un sous-chef de bureau.

Si c'eût été un simple expéditionnaire, je ne m'en fusse pas consolé.

Quant à moi, cette mort inattendue d'un des plus grands poëtes de l'époque m'avait profondément frappé; je sentais instinctivement qu'il y avait dans Byron plus qu'un poëte, qu'il y avait un de ces apôtres dont la bouche inspirée jette, dans le silence des nuits et dans l'obscurité de l'art, de ces grands cris qui sont entendus de toutes les nations, de ces puissantes lueurs qui éclairent tout un monde. Ces hommes-là, en général, sont, non-seulement des prophètes, mais encore des martyrs; c'est à leurs propres douleurs qu'ils puisent les profondes inspirations qui frappent les esprits; c'est au spectacle de leurs propres tortures qu'ils poussent les grandes lamentations qui saisissent le cœur. Supposez Prométhée et Napoléon poëtes, et faites-vous une idée des vers que chacun d'eux eût gravés sur son rocher!

Essayons de raconter ce qu'avait souffert cet homme, qui, chassé de son pays, comme un autre Barrabas, alla mourir pour les Grecs comme un autre Jésus.

Il lui fallut la mort pour arriver à la transfiguration.

XCV

Enfance de Byron. — Son désespoir d'être boiteux. — Marie Duff. — La sorcière du Malvern. — Comment Byron et Robert Peel firent connaissance. — Miss Parker. — Miss Chaworth. — Mistress Muster. — Lady Morgan. — *Les Poëtes anglais et les Critiques écossais.* — Lettres de Byron à sa mère. — Son entrée à la chambre des lords.

Byron était né, le 22 janvier 1788, d'une famille si antique et si illustre, qu'elle eût pu marcher sur le même rang que beaucoup de familles royales.

Au moment de sa naissance, l'enfant prédestiné eut le pied disloqué sans que l'on s'en aperçût. Cet accident le rendit boiteux.

Nous verrons l'influence que cette infirmité eut sur sa vie.

Quatre hommes célèbres, au reste, ont enjambé, boiteux, le passage qui sépare le XVIIIe du XIXe siècle :

Le maréchal Soult, M. de Talleyrand, Walter Scott et lord Byron.

Une femme a écrit :

« Byron eût donné la moitié de sa gloire pour pouvoir dire de ses pieds ce qu'il disait de ses mains. »

Le paon, l'oiseau de Junon, oubliant son riche plumage, jette, assure-t-on, un cri de douleur chaque fois qu'il regarde ses pieds.

Byron, qui avait bien quelque chose du paon, n'était pas plus philosophe, roi des poëtes, que ne l'est le roi des oiseaux.

— Que voilà un charmant enfant! disait une personne qui regardait Byron âgé de trois ans, tenant un fouet, et jouant aux genoux de sa nourrice; mais quel malheur qu'il soit estropié!

L'enfant se redressa, leva son fouet, et, en frappant cette personne aussi vigoureusement qu'il put :

— Ne parle pas de cela! dit-il.

Lady Byron, qui ne comprenait pas l'orgueil de son enfant, — chose singulière! Byron fut incompris des deux êtres qui, lorsqu'ils comprennent l'homme, répandent le bonheur sur sa vie : de sa mère et de sa femme; — lady Byron, disons-nous, qui ne comprenait pas l'orgueil de son enfant, l'appelait *mon petit boiteux*.

Byron entra à l'école d'Aberdeen à cinq ans. On payait pour lui cinq schellings par trimestre. — Je n'eusse pas cru qu'un enfant eût été élevé à meilleur marché que moi; je me trompais. Salut, Byron! accepte-moi pour frère, en pauvreté du moins.

Pendant un an que le futur poëte passa dans cette école, ce

fut à peine, dit un de ses biographes, s'il parvint à apprendre à épeler ses lettres.

J'eus encore cet avantage sur toi, Byron, c'est que ce fut ma mère qui m'apprit à lire; Dieu me donna au moins la moitié de ce qu'il te refusa, une bonne mère.

De l'école d'Aberdeen, Byron passa au gymnase de la même ville. Hélas! Byron en fut un des plus mauvais écoliers : il était toujours le dernier de ses camarades, et l'on y garde le souvenir des plaisanteries dont ses maîtres l'accablaient.

En 1798, le vieux lord Byron mourut. C'était un noble roué qui avait eu force amours et force duels. Dans un de ces duels, il avait tué son ami Chaworth, événement qui devait avoir aussi son influence sur la vie de son fils.

Deux ans auparavant, le jeune Byron avait fait un voyage dans la haute Écosse : de là son amour pour les hauts sommets, cette prédilection des aigles et des poëtes, qui lui fit célébrer plus tard les Alpes, les Apennins et le Parnasse.

Pendant ce voyage, le Dante futur trouva sa Béatrix : celle-là s'appelait Marie Duff, et n'avait que huit ans.

Le vieux lord Byron mourut donc à l'abbaye de Newstead.

Byron était son héritier. Il quitta Aberdeen avec sa mère; on vendit le mobilier soixante et quinze livres sterling, autre ressemblance avec moi, — qu'on me pardonne les comparaisons, je n'aurai pas l'orgueil de les pousser plus loin, — et l'on arriva Newstead.

Là, on donna un charlatan au jeune homme; il s'agissait de lui redresser le pied; c'était la plus grande préoccupation de sa vie, on se le rappelle, que cette infirmité. — Ce charlatan s'appelait Lavandre.

Comme on vit que, malgré le traitement indiqué par ce malheureux, le jeune lord ne boitait ni plus ni moins, on l'envoya à Londres, où il fut confié — physiquement aux soins du docteur Baillie, — et moralement à ceux du docteur Glennie.

Là, les deux docteurs eurent quelque succès. Le docteur Glennie vit son élève porté, par-dessus toute chose, vers l'histoire et la poésie, et le poussa dans ces deux voies.

Le docteur Baillie lui redressa le pied, au point qu'il pu'

porter une chaussure ordinaire, et que sa claudication ne fut plus qu'une légère hésitation dans la marche.

L'orgueilleux jeune homme en ressentit une grande joie, et il fit part de son bonheur à sa nourrice, qu'il aimait beaucoup.

En 1801, c'est-à-dire à l'âge de treize ans, Byron suivit sa mère à Cheltenham. La vue des montagnes du Malvern, qui lui rappelaient son premier voyage dans les Highlands, produisait, surtout le soir et le matin, une profonde impression sur lui. Dans une course que Byron faisait avec sa mère, on parla à celle-ci d'une sorcière fort renommée parmi les gens du pays. Alors, l'envie prit à lady Byron de la consulter ; elle fit cacher le jeune homme, et se présenta à la devineresse comme fille, et non comme femme.

Mais la sorcière secoua la tête.

— Vous n'êtes pas une jeune fille, dit-elle ; vous êtes femme ; vous êtes veuve ; vous avez un fils qui sera en danger d'être empoisonné avant d'avoir atteint sa majorité, qui se mariera deux fois, et, la seconde fois, avec une étrangère.

Nous verrons tout à l'heure que, s'il ne fut point empoisonné, il craignit de l'être, et l'on sait que, s'il ne se maria point une seconde fois, tout au moins trouva-t-il une noble et belle Vénitienne qui lui fit, sauf la douleur, oublier son premier mariage.

De l'école du docteur Glennie, Byron passa à celle d'Harrow, tenue par M. Drury, lequel paraît être le premier qui, sans voir bien clair dans l'avenir du poëte, ait surpris quelques lueurs de ce qu'il serait un jour.

« Je fis là, dit Byron, mes premiers vers, qui furent reçus froidement ; mais, en revanche, je me battais d'une manière glorieuse à Harrow ; je ne perdis qu'une bataille sur sept ! »

Ce fut à Harrow qu'il se trouva le condisciple de sir Robert Peel. La manière dont ils firent connaissance et nouèrent amitié donne une idée du caractère de Byron.

Un de leurs camarades plus grand et plus fort qu'eux, et

contre lequel, par conséquent, il n'y avait rien à faire, assommait de coups de poing le pauvre Peel.

Byron s'approcha de lui.

— Combien de coups comptes-tu encore donner à Robert? lui demanda-t-il.

— Que t'importe? répondit le battant, et pourquoi me fais-tu cette question?

— C'est que, s'il te plaît, monsieur le bourreau, je prendrai la moitié des coups que tu comptes lui donner, quitte à te les rendre plus tard, bien entendu, et quand je serai plus fort.

Ce fut alors que, pour achever son éducation, le jeune homme entra au collège de Cambridge; mais, toujours insoucieux du travail régulier comme il l'était des plaisirs ordinaires, sa seule étude fut d'apprendre à nager, sa seule distraction fut de dresser un ours.

En 1806, c'est-à-dire à l'âge de dix-huit ans, il vint rejoindre sa mère à Newstead. Les relations du fils et de la mère n'étaient point très-tendres; presque toujours, au contraire, ils étaient en querelle. Une de ces querelles fut même poussée si loin, qu'un jour, à cinq minutes de distance, la mère et le fils entrèrent, chacun à son tour, chez un pharmacien pour lui demander si l'on n'était point venu lui acheter du poison, et, sur sa réponse négative, pour le prier de n'en pas donner.

Outre la petite Marie Duff, dont il était devenu amoureux à l'âge de neuf ans, Byron, à douze, devint amoureux de sa cousine Parker, pour laquelle il fit ses premiers vers, vers qui ont été perdus, et dont le poëte ne se souvenait pas lui-même.

Miss Parker mourut, et céda la place à miss Chaworth, la fille même de celui qui avait été tué par le vieux lord Byron.

Mais, cette fois, ce fut un véritable amour d'adolescent, tendre, profond, et laissant sa trace dans toute la vie. Miss Chaworth était belle, gracieuse et riche.

« Hélas! dit Byron, notre union eût effacé entre nos deux familles les souvenirs du sang versé par nos pères; elle aurait réuni deux riches patrimoines et deux êtres qui se convenaient assez, et alors, alors... Eh bien, Dieu sait ce qui fût arrivé. »

Mais Byron boitait; mais Byron fuyait tous les exercices où cette difformité pouvait être mise à jour, et, par conséquent, la danse; miss Chaworth, au contraire, aimait fort à danser. Byron, les bras croisés, le sourcil froncé, la lèvre crispée par la colère, restait debout appuyé à l'angle de quelque porte ou au chambranle de quelque cheminée, tandis que la musique emportait loin de lui celle qu'il aimait, et que conduisait, à travers les figures de la contredanse ou les nœuds de la valse, un danseur ou un valseur plus heureux que lui... Un jour même qu'on disait à Marie Chaworth :

— Savez-vous que Byron paraît fort amoureux de vous?
— Que m'importe! répondit Marie.
— Comment! que vous importe?
— Eh! oui, croyez-vous donc que je m'occupe de cet enfant boiteux?

Byron entendit les questions et les réponses. Ce fut pour lui, il le dit lui-même, comme un coup de poignard au plus profond de son cœur. Il était minuit lorsque ces paroles furent prononcées; il s'élança hors de la maison comme un fou, et courut sans s'arrêter jusqu'à Newstead, où il tomba presque évanoui en arrivant.

Un an après, miss Chaworth se maria.

— Tirez votre mouchoir, mon fils, dit un jour, en rentrant chez elle, au jeune homme, lady Byron.
— Et pourquoi, ma mère?
— Mais parce que j'ai une mauvaise nouvelle à vous apprendre.
— Laquelle?
— Miss Chaworth est mariée.

Byron tira son mouchoir de sa poche, se moucha, et, avec cette expression de sarcasme que savait si bien prendre son visage en certains moments :

— Est-ce tout? dit-il.
— Mais n'est-ce point assez? demanda lady Byron, qui sen-

tait bien ce qu'il y avait de douleur réelle cachée sous cette froideur apparente.

— Assez, pour me faire pleurer? Oh! non!

Et Byron remit son mouchoir dans sa poche.

Lorsque lady Byron eut annoncé à son fils, par une si cruelle raillerie, le mariage de cette Marie adorée, lorsque Byron, en apparence insensible à cette nouvelle, eut, en souriant, remis dans sa poche le mouchoir qu'aucune larme n'avait mouillé, il rentra dans sa chambre, le pauvre jeune homme au cœur saignant, et, le portrait de l'infidèle à la main, le poëte essaya de consoler l'amant, en l'invitant, en l'excitant à se plaindre.

De là les stances, douloureux gémissement d'une âme brisée, adressées par lui *à mistress Muster.*

Hélas! miss Chaworth, devenue mistress Muster, ne devait pas être plus heureuse en mariage que celui qu'elle avait abandonné.

Au mois d'août 1805, elle avait épousé John Muster, écuyer; elle vécut tristement jusqu'en 1832; et, en 1832, elle mourut tristement comme elle avait vécu.

Une bande d'insurgés de Nottingham vint brûler Colwick-Hall, qu'habitait mistress Muster. D'une santé chancelante déjà, elle se réfugia avec sa fille dans une pépinière où le froid la surprit.

A la suite de ce refroidissement, elle tomba malade, et mourut, on pourrait dire de la même maladie dont était mort Byron, huit ans auparavant.

Ce fut à la suite de sa rupture avec miss Chaworth que Byron parut exclusivement occupé de femmes, de chevaux, de jeu, de chiens, de natation, d'escrime et de tir au pistolet.

Cependant, au milieu de ces exercices et de ces débauches, il avait trouvé moyen d'écrire un livre intitulé *Heures de loisir.*

Il venait de publier ce livre, lorsque lady Morgan, que je devais connaître à mon tour, trente ans après, le rencontra pour la première fois dans le monde.

Voici ce qu'elle en dit :

« Mes regards éblouis s'arrêtèrent tout à coup sur un très-beau jeune homme dont l'air taciturne tenait le milieu entre le dédain et la timidité. Il était solitaire, les bras croisés sur sa poitrine, dans un coin près de la porte, et l'on sentait que, quoiqu'il fût au milieu d'une foule animée et brillante, il ne faisait point partie de cette foule.

» — Comment vous portez-vous, lord Byron? lui demanda une jolie petite créature fort à la mode à cette époque.

» Lord Byron! à ces mots, tous les braves Byron de la chevalerie anglaise et française se présentèrent à mon esprit; mais j'ignorais, alors, que le beau jeune homme qui en avait hérité fût destiné à donner à ce nom de plus grands droits à l'admiration de la postérité que les plus vaillants preux de la France et les plus loyaux chevaliers de l'Angleterre qui avaient porté ce nom avant lui. C'est qu'en effet la renommée n'avance que lentement dans notre baronnie de Tirerag, et, quoique lord Byron eût déjà *fait le premier pas* dans la carrière qui se termine par le triomphe de son admirable génie, l'injustice et l'ingratitude de ses concitoyens, je n'en étais encore, quand j'entendis prononcer le mot *Byron*, qu'au *Pends-toi Byron*, de Henri IV. »

Pauvre lady Morgan! elle n'était pas heureuse dans ses citations historiques; mais bah! elle n'y regardait pas de si près.

C'est à Biron, sans *y*, que Henri IV fit trancher la tête; et c'est à Crillon qu'il écrivit : « Pends-toi! »

Mais cette célébrité littéraire qui manquait à Byron, la critique allait la lui donner. La *Revue d'Édimbourg* attaqua violemment le jeune poëte; l'article était de M. Brougham, devenu depuis lord Brougham.

La vie de lord Byron devait être une lutte. Né boiteux, il était arrivé à être le premier nageur, le premier tireur d'armes, le premier dompteur de chevaux de son époque.

On lui nia le génie : il décida qu'il serait le premier poëte de son temps.

La réponse à l'article de la *Revue d'Édimbourg* fut cette terrible satire qu'il renvoya aux critiques sous le titre de : *les*

Poëtes anglais et les Critiques écossais, avec cette double épigraphe, tirée, l'une de Shakspeare, et l'autre de Pope :

« ...J'aimerais mieux devenir chat et miauler, que d'être un de ces marchands de ballades rimées... »

« ...Tels sont nos poëtes sans vergogne ; mais, il faut le dire, nous avons des critiques non moins insensés, non moins misérables que nos poëtes... »

Cette satire lancée, il n'y avait plus moyen de reculer. Byron appartenait corps et âme à la poésie, cette robe de Nessus qui dévore, mais qui immortalise.

Et, cependant, un instant il balança : sa naissance lui donnait un siége à la chambre des lords ; il résolut d'aller occuper ce siége. Si ses aristocrates collègues le recevaient bien, qui sait? peut-être allait-il tout abandonner, même l'idée de son voyage en Perse, avec son ami Hobhouse, pour suivre son condisciple Robert Peel dans la carrière politique. Tout cela va dépendre d'un sourire, d'un serrement de main ; pour ce sourire, pour ce serrement de main, il jettera cette plume qui a écrit les *Heures de loisir* et *les Poëtes anglais et les Critiques écossais*; il dira adieu au jeu, aux paris, aux courses, à l'ivresse, et se séparera de cette folle jeunesse que lui a faite l'oubli de miss Chaworth ; il quittera tout, jusqu'à cette femme qui l'a suivi en homme à Brighton, et dont la présence scandaleuse a soulevé d'indignation la pudique aristocratie anglaise!

C'est alors qu'il écrit à sa mère cette lettre qui indique à quel degré de froideur en est le fils avec la mère :

A l'honorable lady Byron.

« Newstead-Abbey, 7 octobre 1808.

» Chère madame,

» Je n'ai pas de lits pour les H***, ni pour qui que ce soit à présent; d'ailleurs, les H*** couchent à Mansfield. Je ne sache point que je ressemble, comme vous voulez bien le dire, à Jean-Jacques Rousseau ; je n'ai aucune ambition de ressembler à un aussi illustre fou ; mais, ce que je sais, c'est que je vivrai à ma manière et aussi seul que possible. Quand mes appartements seront achevés, je serai fort heureux de vous voir ; mais, dans l'état où est la maison, ce serait inconvenant et incommode pour tous deux. Vous ne pouvez guère avoir d'objection à ce que je rende ma maison habitable, malgré mon départ pour la Perse, départ qui aura lieu au mois de mars ou au mois de mai au plus tard. Puisque vous occuperez cette maison jusqu'à mon retour, en cas d'accident, — car j'ai déjà pris toutes mes dispositions pour faire dresser mon testament, dès que j'aurai atteint vingt et un ans, — j'ai eu la précaution de vous assurer la jouissance de la maison et des dépendances pour votre vie. Vous voyez donc que mes arrangements ne sont pas entièrement égoïstes.

» Adieu.

» Croyez-moi votre bien sincèrement dévoué

» BYRON. »

Dans une autre lettre, en date du 6 mars 1809, toujours adressée à sa mère, il ajoute :

« Ce que vous dites est très-vrai : quoi qu'il arrive, Newstead-Abbey et moi devons rester debout tous deux, ou tomber ensemble. J'ai, maintenant, vécu sur les lieux, et mon cœur y est attaché. Aucune gêne présente, aucune misère à venir, ne me fera abandonner ce dernier débris de notre patrimoine. J'ai en moi-même, soyez tranquille, l'orgueil qui me fera supporter toutes les difficultés. Je sais aujourd'hui ce que c'est que les privations : je m'y suis fait, et, quand on me proposerait en échange de Newstead la plus belle fortune du pays, je rejetterais bien loin de moi la proposition ; soyez donc tranquille sur ce point. M. H*** parle, à cet égard, en homme d'affaires, et, moi, je sens en homme d'honneur, et, je vous le répète, je ne vendrai pas Newstead-Abbey. *Je prendrai séance* *parmi les pairs*, à l'arrivée des pièces nécessaires de Carhaix en Cornouailles, et *je tâcherai de faire bientôt quelque figure dans la Chambre. Il me faut un éclat, ou tout est perdu.* Ma satire doit rester secrète pendant un mois encore ; après quoi, vous pourrez en dire ce que bon vous semblera. Lord C*** s'est conduit envers moi d'une manière infâme, et a refusé de donner aucun témoignage sur ma famille au lord chancelier. Je l'ai, en remercîment, rudement châtié dans mes vers, et il regrettera, j'en suis sûr, de ne pas s'être montré plus facile envers moi. On me dit que ma satire aura du succès ; je l'espère, car le libraire a convenablement agi envers moi, — bien entendu comme libraire.

» Croyez-moi votre sincèrement dévoué

» BYRON.

» *P.-S.* Vous aurez hypothèque sur une des fermes. »

Mais Byron était condamné d'avance. Avec grand'peine il obtint les papiers dont il avait besoin pour constater ses titres à la pairie, et, trois jours après qu'il eut écrit la lettre qu'on vient de lire, c'est-à-dire le 9 mars 1809, six semaines après sa majorité accomplie, il se présenta à la chambre des pairs.

De cette épreuve, avons-nous dit, allait dépendre toute sa vie. Comme il l'avait écrit à sa mère, sa satire devait rester secrète un mois encore. S'il était bien reçu par ses illustres collègues, la satire restait inédite et le poëte inconnu.

Dieu voulut qu'on fût injuste envers un jeune homme, envers un enfant, et même plus qu'injuste, cruel.

Il entra seul à la Chambre, calme en apparence, mais le visage couvert d'une pâleur mortelle ; pas un coup d'œil de bienveillance ne l'encouragea, pas une main ne se tendit vers la sienne ; il chercha un regard ami dans toute l'illustre assemblée, et les regards de l'assemblée se détournèrent de lui.

Alors, sa résolution fut prise dans son cœur. Lord Byron allait se refaire une seconde noblesse pour la postérité, puisque la sienne était insuffisante à ses contemporains.

Il publia sa satire et partit avec M. Hobhouse, au mois de juin de cette même année 1809.

XCVI

Byron à Lisbonne. — Comment il s'est brouillé avec les Anglaises. — Son poëme de *Childe Harold*. — Ses folies et ses ennuis. — Il se marie. — Ses démêlés conjugaux. — Il quitte de nouveau l'Angleterre. — Ses adieux à sa femme et à sa fille. — Sa vie et ses amours à Venise. — Il part pour la Grèce. — Son arrivée à Missolonghi. — Sa maladie et sa mort.

Les premières nouvelles qu'on reçut du poëte voyageur était datées de Lisbonne, et portaient l'empreinte de cette raillerie douloureuse qui, poussée à l'extrême, devint du génie.

La lettre était adressée à M. Hodgson, et commençait par ces mots :

« Hourra ! mon cher Hodgson, me voilà parti, et même arrivé à Lisbonne. Je suis très-heureux ici. J'aime les oranges, et il y en a à foison. De plus, je parle avec les moines un exécrable latin qu'ils comprennent comme leur langue naturelle. Je vais dans le monde avec mes pistolets dans ma poche. Je traverse le Tage à la nage, et je galope sur un âne ou sur une mule. Je jure en portugais, comme un Allemand, et, par-dessus le marché, j'ai la foire, et les cousins me dévorent.

» Mais qu'importe tout cela ? Il ne faut pas que les gens qui courent après le plaisir tiennent tant au confortable... »

Il est vrai qu'à côté de cette raillerie, il devait écrire ces douloureuses lignes de *Childe Harold :*

Personne ne l'aimait, quoiqu'il eût fait du château de ses pères le rendez-vous des débauchés de tous les pays. Il est vrai que, les jours de festin, ils lui prodiguaient toutes les flatteries ; mais il les connaissait, lui, pour des parasites sans cœur. Non, personne ne l'aimait, pas même ses chères courtisanes : les femmes ne recherchent que la richesse et la puissance ; elles sont pareilles aux papillons, la lumière les attire ; et le diable réussit là où eussent échoué les anges.

Le jeune Harold avait une mère : il ne l'avait point oubliée ; mais il évita de lui faire ses adieux. Il avait une sœur chérie ; mais il ne chercha point à la voir au moment de commencer son long pèlerinage. S'il avait des amis, il n'en embrassa aucun, et, cependant, il aurait tort, celui qui se hâterait de dire que le jeune Harold avait un cœur d'acier. Ô vous qui savez ce que c'est qu'aimer, vous éprouverez cruellement que les adieux brisent le cœur qui comptait sur eux pour calmer ses regrets !

Son château, ses domaines, les charmantes femmes qui avaient doré sa jeunesse, et dont les yeux azurés, la chevelure ondoyante et les mains de neige eussent ébranlé la sainteté d'un anachorète, sa coupe remplie des vins les plus rares, enfin tout ce qui pouvait séduire les sens, il abandonna tout, sans pousser un soupir, tout, pour franchir les mers, visiter les rivages musulmans, et passer de l'autre côté de cette ligne qui indique le centre de la terre.

Ce fut ainsi qu'il commença son premier voyage, ce fut ainsi qu'il quitta l'Angleterre, et, quand par hasard, on demandait, dans le monde aristocrate, quel était ce jeune lord Byron qui venait de se faire inscrire au registre de la pairie, les mieux renseignés répondaient :
— C'est un jeune fou, petit-neveu de ce vieux Byron qui a tué M. Chaworth en duel ; il possède une vieille abbaye tombant en ruine, une fortune morcelée et perdue. Quand il était au collége, où il n'a jamais rien voulu faire, il vivait avec un ours ; depuis qu'il en est sorti, il vit avec des filles et des escrocs, s'enivre en buvant dans un crâne humain, et, quand il est ivre, il fait des vers.

Byron était parti brouillé avec les hommes. Une strophe du premier chant du poëme qu'il rapportait devait le brouiller avec les femmes, ce qui est bien pis :

Les joues de la fille de l'Espagne portent une fossette creusée par le doigt arrondi de l'Amour ; sa bouche, nid de baisers toujours prêts à s'envoler, dit à son amant : « Mérite-nous par ton courage, et nous sommes à toi. » Que la fierté de son regard est pleine de charmes! Le soleil n'a pu dépouiller son teint de sa fraîcheur et de son doux coloris, que ses rayons rendent encore plus séduisant! Qui donc, vous ayant vues, belles filles de l'Ibérie, pourrait aller chercher dans le Nord des beautés plus pâles? Hélas! que, près des vôtres, leurs formes semblent pauvres, frêles et languissantes!

Un tel anathème lancé par le poëte sur cette Angleterre, que Shakspeare a comparée à un nid de cygnes au milieu d'un vaste étang, devait avoir un long retentissement, car le poëme dont Byron rapportait le premier chant, écrit dans ses voyages, devait avoir un immense succès.

Ce poëme, c'était le *Pèlerinage de Childe Harold*.

Byron avait visité le Portugal, le midi de l'Espagne, la Sardaigne et la Sicile ; puis il avait traversé l'Albanie et l'Illyrie, parcouru la Morée, et s'était arrêté à Thèbes, à Athènes, à Delphes et à Constantinople.

Le retour était pour lui une triste chose, s'il faut en croire ce qu'il en dit lui-même :

« L'avenir qui m'attend en Angleterre n'est rien moins que riant : embarrassé dans ma fortune, indifférent à mes compatriotes, vivant solitaire, n'éprouvant aucun besoin de voir le monde, l'esprit plein de force, mais le corps miné par la fièvre, je rentre dans mon pays sans joie, sans espérance, sans dessein. Le premier individu que je rencontrerai sera un homme de loi, le second un créancier ; puis viendront les fermiers, les gardiens, et toute cette aimable engeance qui grouille sur une propriété contestée. En somme, je suis dégoûté, triste et malade, et, quand j'aurai un peu réparé mes irréparables affaires, je me remettrai immédiatement en route, et retournerai en Espagne ou en Orient ; car, là, du moins, m'attend un ciel sans nuages, et, éloigné de l'Angleterre, je serai en même temps éloigné de toutes les choses qui m'importunent. »

Et celui qui parlait ainsi avait vingt-quatre ans à peine! il portait un des plus beaux noms des trois royaumes! il était pair d'Angleterre, et allait devenir le premier poëte de son époque!

Il est vrai que c'était son premier chant du *Jeune Harold* qui allait lui révéler cette dernière qualité.

Il vendit son poëme deux cents livres sterling.

Deux mois après le retour du poëte, sa mère mourut; — c'était en 1811, en Écosse; — elle mourut subitement.

« Un jour, dit lord Byron, j'appris qu'elle était malade; le lendemain, j'appris qu'elle était morte. »

Ce ne fut pas tout. Presque dans le même temps, MM. Wingfield et Mathews, ses deux meilleurs amis, moururent aussi.

« Il y a, écrit lord Byron à M. Davies, une fatalité qui pèse sur moi. Ma mère est morte; mes deux amis sont morts!... Que puis-je dire ou faire?... Viens à moi; je suis désolé, et seul au monde! »

La trace de cette douleur se retrouve à la fin du dernier chant du *Jeune Harold*.

Cruelle Mort! dit le poëte, tu m'as ravi tout ce que tu pouvais me ravir : une mère, des amis, et, enfin, celle qu'un sentiment plus doux que l'amitié unissait à mon sort... Dis, à quel homme tes traits furent-ils plus funestes? Chaque jour, de nouvelles infortunes ont empoisonné, les unes après les autres, les sources de mon bonheur...

Quel est le plus sombre des malheurs qui affligent la vieillesse? quel est celui qui creuse la plus profonde ride sur un front soucieux? N'est-ce pas de voir tout ce que l'on a aimé en ce monde rayé du livre de la vie? n'est-ce pas de demeurer seul et isolé sur la terre comme je le suis déjà? Je fléchis le genou devant le Seigneur, dont le bras a pesé sur moi, a brisé tous les liens de mon existence, et détruit toutes les espérances de mon cœur. Écoulez-vous donc rapidement, jours inutiles, vous n'avez plus de chagrins à m'apporter, puisque le temps a privé mon âme de tout ce qui faisait la joie de mon âme, et a répandu sur mes jeunes années toutes les douleurs de la vieillesse!

Ce dut être un grand triomphe pour Byron que l'immense

succès qui salua l'apparition du premier chant de son poëme d'*Harold;* le second avait été fait depuis son retour en Angleterre, comme le prouve la strophe consacrée à la mort de sa mère.

Il n'y eut pas jusqu'à la *Revue d'Édimbourg* qui ne fît amende honorable, avouant qu'elle s'était trompée en refusant la vocation à l'auteur des *Heures de loisir.*

« Lord Byron, disent cette fois les critiques écossais, a singulièrement profité depuis sa dernière comparution à notre tribunal; voici un volume plein d'originalité et de talent; non-seulement l'auteur y expie les péchés littéraires de sa minorité, mais encore il promet davantage. »

Les deux chants réunis de *Childe Harold* furent payés à lord Byron six cents livres sterling, et eurent un tel succès, que le troisième lui fut payé quinze cent soixante et quinze livres, et le quatrième deux mille cent livres.

Ce fut alors que l'on dit avec raison qu'il vendait ses poëmes une guinée le vers.

Avec le succès vint la mode : chacun voulut voir et avoir ce poëte qui apparaissait tout à coup, brillant météore, enflammant le ciel là où régnait la plus profonde obscurité. On le regarda au visage, et l'on vit qu'il était beau; on prononça son nom, et l'on se rappela que, par son père, il était de naissance illustre, que, par sa mère, descendante de Jane Stuart, fille de Jacques II d'Écosse, il était de naissance royale. Il disait, dans son poëme, qu'il avait tout vu, tout épuisé, qu'il avait passé par toutes les erreurs et même par le crime; il disait — chose bien plus extraordinaire pour un poëte de vingt-cinq ans! — qu'il ne voulait plus aimer les plus belles femmes de Londres. Ces *frêles et languissantes fleurs du Nord*, comme il les appelait, jurèrent à leur tour de le faire manquer à son serment.

Ce n'était pas chose difficile pour qui connaissait lord Byron; beaucoup réussirent sans trop de peine; celle qui réussit avec le plus de bruit fut lady Caroline Lamb.

C'était la fille du comte de Bemborough; elle avait épousé, en 1805, Williams Lamb, second fils de lord Melbourne.

Byron l'aima follement; il lui offrit de l'enlever.

Elle refusa.

Quelle cause amena entre eux une rupture si amère, que lady Lamb fit contre son ancien amant le roman de *Glenarvon*, et que celui-ci la traita avec tant de dédain pendant le reste de sa vie? C'est ce que nous eussent certainement appris les Mémoires de lord Byron, brûlés par sir Thomas Moore, — et brûlés, qui sait? peut-être à cause de cet épisode.

Ce fut après cette brouille que Byron se fit la réputation de dandy, qu'il devint l'homme indispensable des eaux, des raouts. Puis cette vie eut l'issue qu'elle devait avoir : le poëte tomba dans l'ennui et dans le dégoût. Aussi, le 17 février 1814, écrivait-il :

« Me voilà seul ici, quand je devrais être chez H***, qui m'avait invité à dîner; mais je m'ennuie si profondément, que je ne me surprends nulle envie d'aller en quelque lieu que ce soit; Hobhouse prétend que je suis un loup-garou, un revenant solitaire, c'est vrai. »

Une singulière idée vint, alors, au misanthrope, à l'homme blasé, au poëte à bout d'inspirations : ce fut celle de se marier.

Il a usé toute la première phase de sa vie; il aspire à quelque chose d'inconnu, fût-ce dans la douleur.

Ce quelque chose d'inconnu dans la douleur, en effet, lady Byron le lui garde.

Mais ce qu'il y a de curieux en lui, c'est qu'il veut se marier, voilà tout; se marier pour le mariage, et non pour la femme. Lui qui a parié cinquante livres sterling avec M. Hay qu'il ne se mariera jamais, il est si pressé de se marier, que peu lui importe qui il épousera.

Il causait de ce projet avec lady Melbourne; lady Melbourne proposait une jeune fille que ne connaissait pas Byron; Byron proposait miss Milbanke.

— Vous avez tort, dit lady Melbourne, et tort par deux raisons : d'abord, parce que vous avez besoin d'argent, et que miss Milbanke ne vous apporterait en mariage que dix mille livres sterling ; ensuite, parce que vous avez besoin d'une femme qui vous admire, et que miss Milbanke n'admire qu'elle.

— Eh bien, donc, dit lord Byron, comment s'appelle votre jeune fille, à vous ?

Lady Melbourne lui dit son nom.

Byron écrivit à l'instant même aux parents, qui répondirent par un refus.

— Bon ! dit Byron, vous voyez bien que c'est miss Milbanke que je dois épouser.

Et il se mit à table, et écrivit à miss Milbanke pour lui faire part de son désir.

Mais lady Melbourne ne comptait point se rendre ainsi ; la lettre de Byron achevée, elle la lui arracha des mains, et alla la lire près d'une fenêtre, tandis que Byron restait tranquille à sa place.

La lettre lue :

— Voilà, en vérité, une charmante lettre, dit lady Melbourne, et il serait fâcheux qu'elle ne parvînt point à son adresse.

— Alors, dit Byron, rendez-la-moi, que je la cachette et que je l'envoie.

Lady Melbourne rendit la lettre à Byron, qui la cacheta et la fit parvenir à son adresse.

Le 2 janvier 1815, il se maria dans la maison de sir Ralph Milbanke.

Le même jour, il envoya les cinquante livres sterling à M. Hay, sans attendre que celui-ci les lui demandât.

Un mois après, jour pour jour, il écrivait :

« La lune de miel est passée ; je m'éveille et je me trouve marié ! Swift dit que l'homme sage restera garçon ; mais, moi, je dis que, pour un fou, le mariage est le plus délicieux état possible. »

La lune de miel s'était passée chez sir Noël Milbanke; après quoi, les jeunes époux allèrent dans leur maison de Piccadilly. Mais, là, commencèrent les tourments du ménage. Les dix mille livres sterling de dot de miss Milbanke n'avaient fait qu'irriter les créanciers de lord Byron; c'est une race qui arrive parfois à s'endormir, quand on ne lui donne rien du tout, car, alors, elle désespère; mais les à-compte la réveillent et la rendent féroce. Alléchés par les deux cent quarante mille francs qu'ils avaient touchés, les créanciers ne laissèrent plus aux mariés un moment de repos; au fur et à mesure que ces tracasseries augmentaient, les relations des deux époux devenaient plus rares et plus froides. Enfin, au moment où son mari était le plus malheureux, où son titre seul de pair le sauvait de la prison, lady Byron quitta Londres, sous le prétexte de visiter son père. Les adieux furent convenables, affectueux même; les deux époux devaient se réunir un mois après. Pendant le voyage, lady Byron écrivit une lettre fort tendre à son mari; puis, un matin, lord Byron apprit, par son beau-père, sir Ralph Milbanke, qu'il lui fallait renoncer à l'espoir de jamais revoir sa femme et sa fille.

D'où vint cette triste rupture, qui, malgré les prières de Byron, se termina par un divorce? Le poëte l'attribua à l'influence de mistress Charlment, gouvernante de lady Byron, et il fit contre elle cette satire terrible qui a pour titre : *Esquisse d'une vie privée.*

Alors, de tous côtés, s'éleva contre celui qui, à force de génie, avait déjà vaincu ce que l'on pourrait appeler une première coalition, une clameur immense venant à la fois du monde et des journaux. Il y a, comme cela, dans la vie des hommes haut placés, et, par conséquent, placés en vue de tous, de ces tempêtes inattendues dont on ne soupçonne pas l'existence au moment même où elles s'amassent sur la tête menacée. Pareilles à des trombes, elles s'abattent, alors, sur le poëte, qu'il se nomme Schiller ou Dante, Ovide ou Byron, se prennent à tout, mordent au corps et au cœur, tordent sa renommée, renversent sa réputation, déracinent son honneur; ces tempêtes sont composées des inimitiés, des haines, des jalousies que son génie lui a faites; hyènes qui l'escortent dans sa route nocturne, qui n'osent point l'attaquer, s'il reste ferme et debout, mais qui s'élancent sur lui, du moment où il chancelle, mais qui le dévorent, du moment où il tombe.

Byron comprit qu'il lui fallait céder la place à ses ennemis, quitter l'Angleterre, et aller chercher de la force contre ses concitoyens dans l'impartialité de l'étranger.

Le 25 avril 1816, il partit. Pendant les six ans qu'il venait de passer à Londres, il avait publié les deux premiers chants de *Childe Harold*, *le Giaour*, *la Fiancée d'Abydos*, *le Siége de Corinthe*, *Lara* et *le Corsaire*.

Il partit, et ses adieux les plus tristes furent pour sa femme, qui l'exilait; pour sa fille, qu'il avait à peine entrevue, et qu'il ne devait pas revoir.

Adieu! et, si c'est pour toujours, eh bien, soit! pour toujours, adieu! C'est en vain que tu refuses de me pardonner; jamais mon cœur ne se révoltera contre toi.

Hélas! que ne peut-il s'ouvrir à tes yeux, ce cœur sur lequel tu as si souvent reposé ta tête, alors que tu dormais de ce paisible sommeil dont tu ne dormiras plus! Que ne peux-tu connaître ses plus secrètes pensées! alors tu avouerais que tu es injuste en le méprisant ainsi.

Ainsi donc, nous allons vivre éloignés; ainsi donc, chaque matin nous réveillera sur une couche veuve et solitaire! Quand tu chercheras à te consoler en te rapprochant de ta fille, quand ses premiers mots frapperont ton oreille, ces premiers mots que tu lui apprendras à balbutier seront-ils ceux-ci : « Mon père... » son père! dont elle ne recevra jamais les caresses? Quand ses petites mains te serreront contre elle, quand ses lèvres iront chercher les tiennes, pense à celui qui fera éternellement des vœux pour ton bonheur, et, si les traits de notre enfant ressemblent à celui que tu ne dois plus revoir, eh bien, peut-être à leur vue ton cœur, se souvenant de moi, palpitera-t-il encore pour moi!

Voilà pour la mère, et, maintenant, voici pour la fille :

Ressembleras-tu à ta mère, ô mon cher enfant, mon Ada, seule fille de mon cœur, seule espérance de ma maison? Lorsque je contemplai pour la dernière fois l'azur de tes yeux célestes, je reçus to doux sourire, et te dis : « Au revoir ! » Et, voilà que, cette fois, je m'éloigne bien réellement de toi ; voilà qu'aujourd'hui, je te quitte sans espérance, et que je te dis : « Adieu ! »

O ma fille, ce chant commence par ton nom, c'est encore par ton nom que je l'achèverai ; je ne puis ni te voir ni t'entendre ; mais jamais père ne s'identifia comme moi avec sa fille. Tu seras l'amie qui consolera mon ombre, quand auront fui les années que je dois vivre. Tu ne dois pas connaître les traits de mon visage ; mais ma voix retentira dans tes rêves, et ma voix paternelle, sortant de la tombe pour te parler de mon amour, parviendra jusqu'à ton cœur, quand le mien sera déjà glacé par la mort.

Veiller sur ta jeune intelligence ; attendre ton premier sourire ; suivre en toi les progrès de la vie ; te voir comprendre peu à peu les objets qui te semblent encore des merveilles ; te bercer doucement sur mes genoux ; poser sur tes lèvres le baiser paternel ; hélas ! ces tendres soins n'étaient pas faits pour moi ; ils eussent, cependant, endormi mon cœur, que je sens en proie à une émotion vague et indéfinissable, qui n'est autre chose que ce besoin paternel de voir et de caresser mon enfant.

Oh ! n'est-ce pas que tu m'aimeras, quand même la haine te serait présentée comme un devoir ? N'est-ce pas que, te fût-il défendu de prononcer mon nom, comme si mon nom était un de ces mots sinistres, présage de malheur et de honte, n'est-ce pas que tu m'aimeras, même lorsque la mort nous aura séparés ? N'est-ce pas que, lorsqu'on voudrait faire sortir de tes veines tout le sang que tu tiens de ton père, n'est-ce pas que, tant qu'une goutte de ce sang demeurera dans tes veines, c'est-ce pas que tu ne saurais cesser de m'aimer ?

Enfant de l'amour, tu naquis, cependant, au milieu des angoisses de la douleur, et tu fus nourrie d'amertume. Hélas ! tels furent les éléments qui formèrent le cœur de ton père, tels sont ceux qui ont formé le tien. Mais, au moins, toi, le feu qui consumera ta vie sera moins dévorant, et il te restera l'espérance pour embellir tes jours. Paix au berceau où ton enfance sommeille ! et, moi, des plaines de la mer, moi, du sommet des monts qui vont être tour à tour ma demeure, je renverrai sur toi toutes les bénédictions que ton amour enfantin eût appelées sur ma tête, si je n'eusse point été forcé de te quitter !...

— Ah! dit madame de Staël, — cette pauvre exilée qui, en face du lac Léman, regrettait son ruisseau de la rue du Bac, — ah! j'aurais voulu être malheureuse comme lady Byron, et inspirer à mon mari de pareils vers!

Soit; mais c'eût été un singulier ménage que celui qu'eussent fait lord Byron et madame de Staël.

Cette fois, Byron ne s'éloignait pas si rapidement; on eût dit qu'il pouvait distendre, mais non briser le double lien qui l'attachait à l'Angleterre.

Il aborda en Belgique, visita le champ de bataille de Waterloo, encore humide du sang de trois peuples, descendit le Rhin, et alla se fixer aux bords du lac de Genève. — Ce fut là qu'il connut madame de Staël, à peu près aussi exilée sous la Restauration que sous l'Empire.

« Au milieu des magnifiques tableaux du lac Léman, dit Byron, mon plus grand bonheur fut d'arrêter mes yeux sur l'auteur de *Corinne*. »

Ce fut à Deodati que Byron, pour renouveler son exploit d'Abydos, traversa le lac de Genève sur une largeur de quatre lieues.

Ce fut à Deodati qu'il écrivit le troisième chant de *Childe Harold*, le *Prisonnier de Chillon* et *Manfred*; — *Manfred*, dont Gœthe, dans un journal allemand, réclama l'idée originale, comme si *Manfred* ne descendait pas de Satan aussi directement que *Faust* descend de Polichinelle!

O pauvre grand homme! qui, avec ta renommée européenne et ta réputation gigantesque, réclames la feuille qu'un poëte, ton frère, a le malheur d'arracher en passant à ton laurier touffu.

Ne semble-t-il pas entendre d'Alembert dire de l'auteur de *Zaïre* et du *Dictionnaire philosophique* :

— Cet homme est incompréhensible! il a de la gloire pour un million, et il en veut encore pour un sou!

Byron se vengea en dédiant à Gœthe je ne sais plus lequel de ses poëmes.

Au mois d'octobre, Byron partit pour l'Italie, fit une halte à Milan, où il visita la bibliothèque Ambrosienne; une autre à Vérone, où il visita le tombeau de Juliette; puis il s'installa à Venise, où il est passé à l'état de tradition.

Venise n'avait jamais possédé de chevaux, à part les quatre chevaux de bronze qui figurèrent pendant douze ans sur l'arc de triomphe du Carrousel.

Byron, qui ne sortait jamais à pied, fit le premier piaffer des chevaux vivants sur la place Saint-Marc, sur le quai des Esclavons, sur les bords de la Brenta.

Ce fut là que se développa le véritable roman de sa vie; là, il vécut un instant entre trois amours qui représentaient les trois classes de la société vénitienne : Marguerite, Marianne et...

Hélas! la plus infidèle des trois, celle que je ne nomme point, ce fut la grande dame.

Ce fut celle qu'il aima le plus peut-être, plus que miss Chaworth, plus que Caroline Lamb.

Cette femme, chose singulière! est encore aujourd'hui, trente-trois ans après l'époque que nous citons, une charmante femme.

Je l'ai connue à Rome dans tout l'éclat de sa beauté, et, alors, elle était presque aussi merveilleuse à entendre qu'à regarder, à écouter qu'à voir.

Elle ne vivait, en réalité, que du souvenir du grand poëte qu'elle avait aimé. On eût dit que le temps qu'avait duré cet amour était la seule partie lumineuse de sa vie, et qu'en se retournant, elle dédaignait de regarder dans l'obscurité du reste de son existence.

Alors, si j'eusse parlé d'elle, je l'eusse nommée; alors, j'eusse raconté nos promenades, au clair de la lune, au Forum et au Colisée; j'eusse répété ce qu'elle me disait à l'ombre de ces ruines immenses, où elle ne savait parler que de l'illustre mort qui avait foulé avec elle les mêmes pierres que nous foulions, qui, avec elle, s'était assis où nous étions assis.

Oh! madame! madame! pourquoi avez-vous été infidèle au

souvenir du poëte, quand ce souvenir grandissant avait, aidé de la mort, fait de l'amant un dieu?

Dites, avoir été la maîtresse de Byron, n'était-ce donc pas un titre aussi beau que le titre, quel qu'il fût, qu'un nouvel époux pouvait vous donner?

Oh! si j'osais dire ce que Déjazet disait un jour à Georges, à propos de Napoléon!

Il est vrai que Byron, avec toutes ses fantaisies, toutes ses excentricités, toutes ses manies, ne devait pas être un amant bien agréable. Mais, alors, c'était à Byron vivant qu'il fallait être infidèle, et non à Byron mort.

On a pardonné à Joséphine, impératrice, ses infidélités des Tuileries; on n'a point pardonné à Marie-Louise, veuve, son infidélité de Parme.

N'en parlons plus, madame, et ne nous souvenons plus que de ce que Byron écrivit à Venise.

C'est à Venise qu'il composa *Marino Faliero, les Deux Foscari, Sardanapale, Caïn, la Prophétie de Dante*, et le troisième et le quatrième chant de *Don Juan*.

Il était là, en 1820 et 1821, lorsque Naples se souleva. Il écrivit aux Napolitains, et proposa au gouvernement sa bourse et son épée.

Aussi, lorsqu'arriva la réaction, lorsque, pour la seconde fois, Ferdinand revint de Sicile, lorsque les listes de proscription parcoururent l'Italie, craignit-on que Byron ne fût exilé comme les autres.

Les pauvres de Ravenne adressèrent, alors, une pétition au cardinal pour qu'il lui fût permis de rester.

C'est que cet homme, qui, tout haut et en plein jour, offrait mille louis aux Napolitains, c'est que cet homme était, pour les pauvres de Venise et des environs, une source inépuisable de pitié; jamais un pauvre ne tendit la main vers lui et ne la retira vide, même au moment de sa plus grande géne, et plus d'une fois il emprunta pour donner.

Il savait bien cela quand il disait :

« Ceux qui m'ont si longtemps et si cruellement persécuté

triompheront, et justice ne me sera rendue que quand cette main sera aussi froide que leur cœur. »

Aussi, partout où il passa laissa-t-il la trace que laisse le feu : il éblouit, réchauffa ou brûla.

En 1821, Byron quitta Venise, — Venise, dans les rues de laquelle personne ne l'avait jamais vu marcher; la Brenta, sur les rives de laquelle personne ne l'avait jamais vu se promener; cette place Saint-Marc, dont il n'avait, disait-on, jamais contemplé les merveilles que du haut d'une fenêtre, tant il craignait de révéler aux beautés de Venise la légère difformité de sa jambe, que ne pouvait parvenir à dissimuler la largeur de son pantalon.

De Venise, il se rendit à Pise. Là, deux nouvelles douleurs l'attendaient : la mort d'une fille naturelle qu'il avait eue d'une Anglaise, et dont il envoya le corps en Angleterre, et la mort de son ami Shelley, qui se noya en allant de Livourne à Lerici.

Pour épargner au cadavre les discussions que n'eussent pas manqué de soulever les prêtres italiens, il fut résolu qu'on le brûlerait à la manière antique.

Trélauney, le hardi pirate, était là : il raconte ces étranges funérailles, comme il raconte sa chasse au lion, son combat avec le prince malais. Digne compagnon du noble poëte et poëte lui-même, son livre est une source de tableaux merveilleux, d'autant plus merveilleux qu'ils sont toujours vrais, quoique toujours incroyables.

« Nous étions sur le rivage, dit Trélauney; devant nous étaient la mer avec ses îles, derrière nous les Apennins, et, à côté de nous, un immense bûcher dont la flamme, fouettée par le vent de mer, prenait mille formes plus fantastiques les unes que les autres. Le temps était très-beau; les vagues assoupies de la Méditerranée baisaient mollement le rivage; le sable, d'un jaune d'or, contrastait avec l'azur profond du ciel; les montagnes dressaient jusqu'aux nues leurs cimes de glace, et la flamme du bûcher continuait de monter hardiment dans les airs... »

De Pise, Byron se rendit à Gênes. Ce fut dans cette ville, reine déchue de la Méditerranée, qu'il conçut l'idée d'aller en Grèce, et de faire pour cette *Niobé des nations*, comme il l'appela, ce que Naples n'avait point été digne qu'il fît pour elle. Jusque-là, Byron ne s'était dévoué qu'à des individus ; il lui restait à se dévouer pour un peuple.

Au mois d'avril 1823, il entra en communication avec le comité grec, et, vers la fin de juillet, il quitta l'Italie.

Sa réputation avait grandi d'une façon immense, non-seulement en France, non-seulement en Allemagne, mais encore en Angleterre.

Un fait donnera une idée de la hauteur à laquelle cette réputation était parvenue.

Une sédition avait éclaté en Écosse, dans le comté où était situé l'héritage de la mère du poëte. Les rebelles devaient traverser les propriétés de lady Byron pour atteindre le but de leur course. Sur la limite de ces propriétés, ils convinrent de ne passer qu'un à un, afin de ne tracer dans l'herbe que l'espace étroit d'un sentier.

Cette précaution contrastait singulièrement avec leur conduite sur les propriétés voisines, qu'ils avaient complétement dévastées.

Byron citait souvent ce trait avec orgueil.

— Voilà, disait-il, qui me venge de la haine de mes ennemis.

Avant de quitter l'Italie, il écrivit sur la marge d'un livre qu'on lui avait prêté :

« Si tout ce que l'on dit de moi est vrai, je suis indign   c revoir l'Angleterre ; si tout ce que l'on dit de moi est faux, l'Angleterre est indigne de me revoir. »

Au reste, ses pressentiments lui disaient qu'il l'avait quittée pour toujours, et lady Blessington m'a raconté, à moi-même, que, se trouvant à Gênes avec Byron, qui s'embarquait le lendemain, Byron lui avait dit :

— Nous voici réunis, c'est vrai ; mais, demain, nous allons être séparés, et qui sait pour combien de temps ? Quant à moi, j'ai quelque chose là — et il posa la main sur son cœur — qui me dit que nous nous voyons pour la dernière fois ; je vais en Grèce, je n'en reviendrai pas !

Vers la fin de décembre, Byron débarqua en Morée, et, quelques jours après, malgré la flotte turque qui assiégeait Missolonghi, il pénétra dans la place, au milieu des cris enthousiastes de la population, qui le conduisit en triomphe à la maison qu'on lui avait préparée.

Une fois là, Byron n'eut plus qu'une espérance : voir triompher la cause à laquelle il s'était dévoué, ou mourir en défendant de nouvelles Thermopyles.

Ni l'une ni l'autre de ces deux faveurs ne devait lui être accordée.

Le 15 février 1824, il fut saisi d'un accès de fièvre qui, tout en s'évanouissant rapidement, le fit cruellement souffrir, et l'affaiblit beaucoup.

Cependant, aussitôt remis, il reprit ses courses à cheval, qui étaient ses grandes distractions de chaque jour.

Le 9 avril, il fut très-mouillé dans sa promenade, et, à son retour, quoiqu'il eût complétement changé d'habits, il se sentit indisposé. En effet, il était resté plus de deux heures dans des vêtements humides.

Pendant la nuit, il eut un peu de fièvre, et cependant dormit assez bien ; mais, le 10, vers onze heures du matin, il se plaignit d'un violent mal de tête, et de douleurs dans les bras et dans les jambes.

L'après-midi, il n'en monta pas moins à cheval.

Son vieux domestique, Fletcher, au récit duquel nous empruntons ces derniers détails, l'attendait au retour.

— Eh bien, lui demanda-t-il, comment se trouve milord ?

— La selle n'était point sèche, répondit Byron, et je crains bien que cette humidité ne m'ait rendu malade.

En effet, le lendemain, il fut facile de voir que l'indisposition devenait plus sérieuse : Byron avait eu la fièvre toute la nuit et paraissait très-affaissé.

Fletcher lui prépara un peu d'arrow-root; il en prit deux ou trois cuillerées; puis, rendant le breuvage au vieux serviteur :

— C'est excellent, dit-il; mais je n'en puis boire davantage.

Le troisième jour, Fletcher commença d'être sérieusement inquiet; jamais, dans les rhumes précédents, son maître n'avait perdu le sommeil, et, cette fois, il ne pouvait absolument dormir.

Il alla donc chez les deux médecins de la ville, les docteurs Bruno et Millingen, et leur fit plusieurs questions sur la maladie dont ils croyaient lord Byron atteint.

Tous deux affirmèrent au vieux valet de chambre qu'il n'avait rien à craindre, que son maître ne courait aucun danger. Ils ne demandaient que deux ou trois jours pour le remettre sur pied, et, alors, disaient-ils, il n'y paraîtrait plus.

Cela se passait le 13.

Le 14, malgré l'assurance des deux docteurs, voyant que la fièvre ne quittait pas son maître, et que le malade ne dormait point, Fletcher supplia Byron de lui permettre d'envoyer chercher le médecin Thomas, de Zante.

— Consultez là-dessus les deux docteurs, répondit le malade, et faites ce qu'ils vous diront.

Fletcher obéit. Les deux docteurs répondirent que l'adjonction d'un troisième médecin leur paraissait tout à fait inutile. Fletcher vint apporter cette réponse à son maître, qui secoua la tête et dit :

— J'ai bien peur qu'ils n'entendent rien à ma maladie.

— Mais, en ce cas, insista Fletcher, faites venir un autre médecin, milord.

— Ils me disent, continua Byron sans répondre directement à Fletcher, ils me disent que c'est un rhume comme ceux que j'ai déjà eus.

— Et, moi, répondit le valet de chambre, je suis sûr, milord, que vous n'en avez jamais eu de si sérieux.

— Moi aussi, reprit Byron.

Et il tomba dans une rêverie dont aucune instance ne put le tirer.

Le 15, Fletcher, qui, avec la prescience du dévouement, devinait la position de son maître, fit de nouvelles instances pour qu'on lui permît d'aller chercher le docteur Thomas. Mais les médecins de Missolonghi continuèrent d'affirmer qu'il n'y avait rien à craindre.

Jusque-là, on avait traité le malade avec des purgatifs qui paraissaient d'autant plus violents que Byron, n'ayant rien pris depuis huit jours, qu'une ou deux tasses de bouillon, ne pouvait rien rendre; les efforts et la fatigue étaient donc extrêmes, et redoublaient la faiblesse qu'entraînait la privation de sommeil.

Le 15, au soir, cependant, les médecins commencèrent à s'inquiéter et parlèrent de saigner le malade; mais lui s'y opposa vigoureusement, demandant au docteur Millingen s'il regardait cette saignée comme urgente. Le docteur répondit qu'il croyait pouvoir, sans inconvénient, attendre au lendemain. En conséquence, ce ne fut que le 16, au soir, que Byron fut saigné au bras droit.

On lui tira seize onces de sang.

Le sang était très-enflammé.

Le docteur Bruno regarda ce sang, et secoua la tête.

— Je lui avais toujours dit qu'il avait besoin d'être saigné, murmura-t-il; mais jamais il n'a voulu se laisser faire.

Alors, il s'éleva entre les médecins une grande dispute sur le temps perdu.

Fletcher proposa de nouveau d'envoyer à Zante chercher le docteur Thomas; mais les médecins lui répondirent:

— C'est inutile; avant son arrivée, ton maître sera hors de danger ou n'existera plus.

Et cependant le mal continuait d'empirer. Le docteur Bruno fut d'avis de pratiquer une seconde saignée.

Ce fut Fletcher qui annonça à son maître que les deux médecins regardaient cette saignée comme indispensable. Cette fois, lord Byron ne fit aucune difficulté; il tendit le bras et dit:

— Voici mon bras; qu'ils fassent ce qu'ils voudront.

Puis il ajouta :

— Quand je te disais, Fletcher, qu'ils n'entendaient rien à ma maladie.

Byron s'affaiblissait de plus en plus. Le 17, au matin, il fut saigné une fois; le même jour, dans l'après-dînée, il fut saigné deux fois.

Chacune de ces saignées fut suivie d'un évanouissement.

Ce jour-là, Byron commença de perdre l'espoir.

— Je ne puis pas dormir, dit-il à Fletcher, et vous savez que, depuis une semaine, je n'ai point dormi; or, il est connu qu'un homme ne peut rester sans dormir qu'un certain temps; ce temps écoulé, il devient fou, sans qu'on puisse le sauver. Aussi, j'aimerais mieux me brûler dix fois la cervelle que de devenir fou. Je ne crains pas la mort, et je la verrai venir avec plus de calme qu'on ne croit.

Le 18, Byron eut tout à fait la certitude de sa fin prochaine.

— Je crains, dit-il à Fletcher, que Tita et vous ne tombiez malades en me veillant ainsi nuit et jour.

Mais tous deux refusèrent de prendre du repos.

Dès le 16, Fletcher, voyant que la fièvre de son maître amenait le délire, avait eu soin de mettre hors de sa portée son stylet et ses pistolets.

Le 18, il répéta plusieurs fois que les médecins de Missolonghi ne connaissaient rien à sa maladie.

— Mais, alors, observa pour la dixième fois Fletcher, permettez-moi donc d'aller chercher le docteur Thomas à Zante.

— Non, n'y allez pas... Envoyez-y, Fletcher; mais alors dépêchez-vous.

Fletcher ne perdit pas une seconde, et envoya un messager. Le messager parti, il annonça aux deux médecins qu'il venait d'envoyer chercher le docteur Thomas.

— Vous avez très-bien fait, dirent ceux-ci; car nous commençons nous-mêmes à être fort inquiets.

Fletcher rentra dans la chambre de son maître.

— Eh bien, demanda celui-ci, avez-vous envoyé?

— Oui, milord.

— Tant mieux! je désire savoir ce que j'ai.

Quelques instants après, un nouvel accès de délire le prit.

À la fin de cet accès, et, en revenant à lui :

— Je commence à croire, dit-il, que je suis sérieusement malade. Si je mourais plus vite que je ne le crois, je désire vous donner quelques instructions. Vous auriez soin de les faire exécuter, n'est-ce pas?

— Oh! milord, vous pouvez être certain de mon dévouement, répondit le valet de chambre; mais vous vivrez assez longtemps, je l'espère, pour faire exécuter vous-même vos volontés.

— Non, dit Byron en secouant la tête, non, c'en est fait... Il faut donc que je vous dise tout, Fletcher, et cela, sans perdre un moment.

— Milord, demanda le valet de chambre, irai-je chercher une plume, de l'encre et du papier?

— Oh! non, nous perdrions trop de temps, et nous n'en avons pas à perdre. Faites attention.

— J'écoute, milord.

— Votre sort est assuré.

— Ah! milord, s'écria le pauvre valet de chambre fondant en larmes, je vous supplie de vous occuper de choses plus importantes.

— Oh! mon enfant, murmura le moribond, ma chère fille, ma pauvre Ada, si j'avais pu la voir! Vous lui porterez ma bénédiction, Fletcher; vous la porterez aussi à ma sœur Augusta et à ses enfants... Vous irez également chez lady Byron... Dites-lui... dites-lui tout!... Vous êtes bien dans son esprit...

La voix manqua au malade; quoiqu'il fît des efforts pour continuer de parler, le valet de chambre ne pouvait plus saisir que des mots entrecoupés, au milieu desquels, avec grand'-peine, il saisit ceux-ci :

— Fletcher!... si vous n'exécutez point... les ordres que je vous ai donnés..., je vous tourmenterai... si Dieu me le permet...

— Mais, monseigneur! s'écria celui-ci au désespoir, je n'ai pas entendu une parole de ce que vous m'avez dit.

— Oh! mon Dieu! mon Dieu! fit-il alors; mais il est trop tard maintenant... Est-il donc possible que vous ne m'ayez pas entendu?

— Non, milord; mais essayez encore une fois de me faire connaître vos volontés.

— Impossible!... impossible!... murmura le malade; il est trop tard... tout est fini!... Et cependant... approche... approche... Fletcher!... je vais essayer...

Et il redoubla d'efforts, mais tout fut inutile, et il ne prononça plus que des mots entrecoupés, comme : « Ma femme!... mon enfant!... ma sœur!... Vous savez tout... vous direz tout... vous connaissez mes intentions... » Le reste était inintelligible.

On était au 18, et il était midi.

Les médecins eurent une nouvelle consultation, et décidèrent de donner au malade du quinquina dans du vin.

Il n'avait pris, depuis huit jours, comme je l'ai dit, qu'un peu de bouillon et deux cuillerées d'arrow-root.

Il prit son quinquina, et manifesta l'intention de dormir, par signes; il ne parlait plus sans être interrogé.

— Voulez-vous que j'aille chercher M. Parry? lui demanda Fletcher.

— Oui, allez le chercher, répondit-il.

Un instant après, le valet de chambre revint avec lui.

M. Parry se pencha sur son lit; Byron le reconnut et s'agita.

— Tranquillisez-vous, lui dit M. Parry.

Le malade versa quelques larmes, et parut s'endormir.

C'était le commencement d'une léthargie qui dura près de vingt-quatre heures.

Cependant, vers les huit heures du soir, il s'agita, et Fletcher entendit ces mots, les derniers que prononça Byron :

— Et, maintenant, il faut dormir...

Puis sa tête retomba immobile sur l'oreiller.

Pendant près de vingt-quatre heures, il ne fit pas un seul mouvement; seulement, par moments, il avait des suffocations et une espèce de râle.

Fletcher appela alors Tita pour qu'elle l'aidât à soulever la tête du malade, qui paraissait tout à fait engourdi ; chaque fois que le râle revenait, les deux serviteurs lui soulevaient la tête.

Cela dura ainsi jusqu'au lendemain 19, à six heures du soir.

Alors, Byron ouvrit et referma les yeux sans aucun symptôme de douleur, ni sans faire le moindre mouvement d'aucune partie du corps.

— Ah! mon Dieu! s'écria Fletcher, je crois que milord vient de rendre le dernier soupir!

Les médecins s'approchèrent, lui tâtèrent le pouls, et dirent :

— Vous avez raison, il est mort!...

Le 22 avril, les restes de Byron furent transférés dans l'église où reposaient Marcos Botzaris et le général Normann. Le corps était renfermé dans un grossier cercueil de bois ; un manteau noir le recouvrait, et, sur le manteau, on avait posé un casque, une épée et une couronne de lauriers.

Byron avait manifesté le désir que son corps fût rapporté dans sa patrie ; mais les Grecs demandèrent à garder son cœur, et ceux-là qui avaient tant fait saigner ce cœur de son vivant l'abandonnèrent mort.

Sa fille Ada, que j'ai vue depuis à Florence, fut déclarée fille adoptive de la Grèce. — Le roi Othon Ier s'est-il souvenu de cette adoption? Je n'en sais rien.

XCVII

Les réputations usurpées. — M. Lemercier et ses œuvres. — La levrette blanche de Racan. — Le *Fiesque* de M. Ancelot. — Les peintres romantiques. — Scheffer. — Delacroix. — Sigalon. — Schnetz. — Coigniet. — Boulanger. — Géricault. — *La Méduse* dans l'atelier de l'artiste. — Obsèques de lord Byron en Angleterre. — Une prise de corps contre Sheridan.

Pendant que l'on transportait le corps de lord Byron de Missolonghi en Angleterre, le mouvement littéraire de la

France allait son train, et M. Liadière et M. Lemercier, s'accrochant de leur mieux à Shakspeare et à Rowe, faisaient jouer chacun une *Jane Shore* : M. Liadière à l'Odéon, et M. Lemercier au Théâtre-Français : M. Lemercier, le 1ᵉʳ avril, et M. Liadière, le 2.

La pièce de M. Liadière réussit à peu près.

Celle de M. Lemercier tomba, malgré Talma, qui y jouait deux rôles : celui de Glocester, et celui d'un mendiant.

Talma avait été merveilleux dans cet ouvrage plus que médiocre.

Il hasardait une grande chose à cette époque : lui, Talma, l'homme de la forme, de l'élégance, de la poésie, de l'âme et de la diction, il jouait Glocester, c'est-à-dire un bossu et un manchot.

La façon dont il fit passer son épaule droite plus haute que la gauche, et son bras paralysé, fut un miracle d'adresse. La scène d'accusation fut un miracle de talent.

Mais rien ne pouvait soutenir une pareille misère. — Il est cependant bien temps que l'on remette à leur place toutes ces réputations usurpées, toutes ces gloires de coterie, tous ces académiciens de cabale et d'escobarderie.

L'auteur d'*Agamemnon* et de *Pinto*...

Eh bien, oui! l'auteur d'*Agamemnon* et de *Pinto* ne méritait pas le quart de la réputation qu'on lui a faite. *Agamemnon* est une pièce froide, médiocre, pauvre de poésie, pauvre de rime, pauvre de style, qui ne va pas à la cheville de l'*Orestie* d'Eschyle. *Pinto* est un drame de l'école de Beaumarchais, la pire école de drame que je connaisse, et l'œuvre serait morte de sa belle mort, au bout de huit ou dix représentations, si la censure impériale n'avait pas fait la bêtise de vouloir l'étrangler... La persécution fit à *Pinto* une espèce de renommée ; mais qu'on essaye de jouer tout cela aujourd'hui, et l'on verra la valeur réelle de cette copie d'Eschyle, de Sénèque, et de cette prétendue création originale.

Et, cependant, ce sont là les deux chefs-d'œuvre de leur auteur.

Mais les autres tragédies, les autres drames, les autres

poëmes qui sont tombés, écrasés sous les sifflets, sous les rires, sous les huées, essayez de les lire !

Essayez de lire *Méléagre;* essayez de lire *Lovelace;* essayez de lire *le Lévite d'Éphraïm;* puis, quand vous aurez jeté de côté ces trois premiers ouvrages de l'auteur, quand vous vous serez reposé longuement, quand vous aurez repris haleine à votre aise, remettez-vous à la besogne, et essayez de lire *Ophis, Plaute ou la Comédie latine, Baudouin, Christophe Colomb, Charlemagne, Saint Louis, la Démence de Charles VI, Frédégonde et Brunehaut...* puis, quoi encore ? Attendez... on se perd sur le champ de bataille où ceux qui tombent, tombent non pas même blessés, mais roides morts ; puis *Camille,* puis *le Masque de poix,* puis *Cahin-Caha,* puis *la Panhypocrisiade :* après la médiocrité, la folie ; après le galimatias simple, le galimatias double.

Et encore, si, tout meurtri de ces échecs, tout disloqué de ses chutes, M. Lemercier s'était tenu tranquille dans son fauteuil du palais Mazarin, comme font ses collègues, M. Droz, M. Briffaut, M. Lebrun, essayant, celui-ci de faire oublier qu'il a écrit un petit volume sur le *Bonheur;* celui-là, qu'il a commis une tragédie de *Ninus II;* le troisième, qu'il a raté *le Cid d'Andalousie,* et estropié la *Marie Stuart* de Schiller, — il n'y aurait rien à dire, et on le laisserait dormir aussi tranquillement dans son tombeau que les spectateurs eussent dormi à la représentation de ses œuvres, si les sifflets n'eussent pas été inventés. Mais point ! M. Lemercier criait au sacrilége, au mauvais goût, au scandale, en voyant se produire le mouvement littéraire de 1829 ; M. Lemercier signait des pétitions au roi pour qu'on empêchât la représentation d'*Henri III* et de *Marion Delorme;* M. Lemercier se mettait eu travers de la porte de l'Académie, quand Lamartine et Hugo voulaient y entrer ; M. Lemercier poussait l'archevêque de Paris contre l'un, inventait M. Flourens pour écarter l'autre ; retrouvait ses jambes pour courir quêter des voix contre eux, sa main droite pour pousser les verrous. Dieu merci j'ai peu connu ce méchant petit homme, et n'ai jamais rien eu, pour mon compte, à démêler avec lui, n'ayant jamais rien eu à démêler avec l'Académie; mais, comme il faut que quelqu'un commence à donner l'exemple des justices rendues, je réclame la priorité

Le jour où M. Flourens fut nommé à l'exclusion d'Hugo, je traversais le foyer du Théâtre-Français. On jouait je ne sais quelle pièce nouvelle. M. Lemercier continuait là, contre l'auteur de *Notre-Dame de Paris*, de *Marion Delorme* et des *Orientales*, l'opposition qu'il avait silencieusement faite dans la journée à l'Académie.

J'écoutai un instant sa diatribe.

Puis, secouant la tête :

— Monsieur Lemercier, lui dis-je, vous avez refusé votre voix à Victor Hugo; mais il y a une chose que vous serez obligé de lui donner, un jour ou l'autre, c'est votre place. Prenez garde qu'en échange du mal que vous dites ici de lui, il ne soit obligé de dire du bien de vous à l'Académie.

Et l'événement arriva comme je l'avais prédit. Ce n'était pas un éloge facile à faire que celui de Lemercier; Hugo s'en tira en parlant de l'époque au lieu de parler de l'homme, en parlant de l'empereur au lieu de parler du poëte.

— Avez-vous lu mon discours? me demanda Hugo, le lendemain du jour où il l'avait prononcé.

— Oui.

— Eh bien, qu'en dites-vous?

— Je dis que vous avez bien plus l'air de succéder à Bonaparte, membre de l'Institut, qu'à M. Lemercier, membre de l'Académie.

— Parbleu! j'aurais bien voulu vous voir à ma place! Comment vous en seriez-vous tiré?

— Comme Racan, en disant que ma grande levrette blanche avait mangé mon discours.

On sait que Racan se présenta un jour à l'Académie avec les bribes d'un discours qu'il comptait lire.

— Messieurs, dit-il, j'avais un discours fort beau, et qui n'eût pas manqué de réunir tous les suffrages; mais, ce matin, ma grande levrette blanche l'a mangé... Je vous en apporte les restes; tâchez de vous y reconnaître, si vous pouvez!

De même que la *Jane Shore* de Lemercier avait été faite en vue de Talma, de même la *Jane Shore* de M. Liadière avait été faite en vue de mademoiselle Georges.

Ce fut, du reste, le premier essai que mademoiselle Georges fit du drame shakspearien : elle préludait à *Christine* et à *Lucrèce Borgia*.

C'était l'époque des imitations; personne ne se sentait la force d'inventer. On allait chercher du nouveau de l'autre côté de la frontière; on entrait au théâtre appuyé sur Rowe ou sur Schiller; si on réussissait, on mettait tranquillement l'auteur allemand ou l'auteur anglais à la porte; si l'on tombait, on tombait sur lui, — c'était plus doux.

Après la *Jane Shore* de M. Liadière, l'Odéon donna le *Fiesque* de M. Ancelot.

Mais M. Ancelot était un puriste. Il n'avait point pensé que le *Fiesque* de Schiller pût être représenté avec tous les personnages de la pièce allemande : aussi avait-il proprement et classiquement supprimé le More.

Comprenez-vous *Fiesque* sans le More! sans le More, la cheville ouvrière du drame! sans le More, pour lequel Schiller a fait son *Fiesque*, à lui!

Quand donc y aura-t-il une loi qui permettra de traduire, mais qui défendra de mutiler?

Les Italiens n'ont pas une loi sur les traducteurs; mais ils ont un proverbe aussi court qu'expressif, aussi concis que vrai : *Traduttore, traditore*.

Au reste, l'envahissement romantique, timide encore au théâtre et dans la littérature, se présentait hardiment au combat dans les autres branches de l'art.

En histoire, M. Thiers publiait sa *Révolution française*, et Botta son *Histoire d'Italie*; M. de Barante mettait au jour son excellente *Chronique des ducs de Bourgogne*, ouvrage plein de science et de coloris, qui, cette fois, par hasard, ouvrit à juste titre les portes de l'Académie à son auteur.

Mais c'était surtout en peinture que la lutte était remarquable.

A David mort, et à Girodet, qui venait de mourir, succédaient Scheffer, Delacroix, Sigalon, Schnetz, Coigniet, Boulanger et Géricault.

Toute cette pléiade d'artistes jeunes et hardis illuminait le Salon de 1824.

Scheffer avec sa *Mort de Gaston de Foix,* un de ses premiers tableaux, un peu miroitant de couleur, mais où se détache d'une façon si remarquable la figure du guerrier agenouillé à la tête de Gaston; Scheffer, le peintre poète, le meilleur traducteur de Gœthe que je connaisse; Scheffer, qui a fait revivre tout un monde de personnages allemands, depuis Mignon jusqu'au roi de Thulé, depuis Faust jusqu'à Marguerite; Scheffer, qui, après Dante, a écrit avec le pinceau cette grande et belle page de *Françoise de Rimini,* devant laquelle ont échoué tous les poëtes dramatiques; Scheffer, qui avait trouvé du temps pour être de toutes les conspirations, avec Dermoncourt, avec Caron, avec la Fayette, et pour donner à la France un des premiers peintres qu'elle ait eus.

Delacroix avec son *Massacre de Scio,* autour duquel se groupaient, pour discuter, les peintres de tous les partis; Delacroix, qui, en peinture, comme Hugo en littérature, ne devait avoir que des fanatiques aveugles ou des détracteurs obstinés; Delacroix, qui était déjà connu par son *Dante traversant le Styx,* et qui devait toute sa vie conserver ce privilége, rare pour un artiste, de réveiller, à chaque œuvre nouvelle, les haines et les admirations; Delacroix, l'homme d'esprit, de science et d'imagination, qui n'a qu'un travers, celui de vouloir obstinément être le collègue de M. Picot et de M. Abel de Pujol, et qui, par bonheur, nous l'espérons, ne le sera pas.

Sigalon, rude et puissante nature méridionale, qui apparaissait avec sa *Locuste faisant sur un esclave l'essai de ses poisons.* Ce tableau, recommandé à M. Laffitte, avait été acheté par le banquier protecteur, sans qu'il le vît probablement; car, une fois dans son salon, le tableau effraya les courtiers de la Banque et les loups-cerviers de la Bourse. Tout le monde se réunit pour demander au futur ministre comment il avait pu faire l'acquisition d'une pareille horreur, et pourquoi il n'avait pas plutôt acheté un des petits chefs-d'œuvre de madame Haudebourg-Lescaut ou de mademoiselle d'Hervilly ; si bien que M. Laffitte fit venir Sigalon, et le pria de reprendre sa *Locuste*, qui risquait de faire avorter les dames du haut commerce, le priant de lui donner toute autre chose à la place.

Sigalon reprit sa *Locuste*, mais j'ignore ce qu'il donna en échange.

Hélas ! Sigalon était encore de ceux qui sont marqués d'avance pour une mort prématurée. Envoyé à Rome afin d'y copier *le Jugement dernier* de Michel-Ange, il n'eut que le temps de léguer à la France cette page immense, d'étendre ses bras vers la patrie, et de mourir.

Schnetz, de son côté, exposait trois tableaux au Salon de 1824 : deux grandes toiles qui pouvaient aussi bien être de tout le monde que de lui, et un de ces tableaux de genre où il est inimitable.

Ce tableau de genre était un *Sixte-Quint enfant*, auquel une bohémienne prédit qu'il sera pape. On sait avec quelle vérité Schnetz réunit, dans un cadre de six pieds de haut sur quatre de large, une vieille sorcière, un pâtre, et une jeune fille romaine : le *Sixte-Quint* était un chef-d'œuvre.

Le Massacre des Innocents, de Coigniet, placé en face la porte, saisissait en entrant. Une femme accroupie, échevelée par une longue course, la terreur dans les yeux, la pâleur sur le visage, se cachait ou plutôt cachait son enfant dans l'angle d'une muraille en ruine, tandis qu'au loin s'exécutait le carnage. C'était une belle œuvre, dont, après vingt-cinq ans, je revois encore tous les détails, bien pensée, bien exécutée, bien peinte.

Boulanger avait emprunté le sujet de son tableau à l'illustre poëte qui venait de mourir. Mazeppa, surpris, était lié sur un cheval fougueux qui devait l'emporter déchiré, mourant, évanoui, dans ces nouvelles contrées où une royauté l'attendait à son réveil ! La lutte que tentait, en roidissant tous ses membres, ce corps jeune et vigoureux contre les bourreaux qui l'attachaient sur le cheval sauvage, offrait un merveilleux contraste, non-seulement d'anatomie, — ce qui serait bien quelque chose déjà, — mais encore de douleur physique et morale, que faisait ressortir la puissante impassibilité des exécuteurs.

Enfin, on parlait de Géricault, absent, presque autant que de tous ceux qui étaient présents.

C'est qu'en effet, l'école nouvelle, qui attendait un chef, sentait que ce chef était en lui; et, cependant, Géricault n'avait encore guère fait que des études. Il venait d'achever *le Hussard* et *le Cuirassier,* — que le Musée a racheté dernièrement à la succession du roi Louis-Philippe, — et il était en train de finir sa *Méduse*.

Pauvre Géricault! lui aussi, sa *Méduse* achevée, il devait mourir, et mourir douloureusement.

Huit jours avant sa mort, je le vis.

Comment avais-je connu Géricault?

Comme j'ai connu Béranger et Manuel.

Dans mes dîners hebdomadaires chez M. Arnault, j'avais bien souvent rencontré le colonel Bro, bon et brave soldat, à qui tout souvenir de l'armée était cher, et qui m'avait pris en amitié, par cela seulement que j'étais le fils d'un général de la Révolution.

Il va sans dire que Bro faisait de l'opposition au gouvernement bourbonien.

Bro avait une maison rue des Martyrs, n° 23, et, dans cette maison, logeaient, selon leurs fortunes diverses, Manuel, le député expulsé de la Chambre, Béranger le poëte, et Géricault.

Un jour qu'on avait parlé de Géricault, qui s'en allait mourant, Bro me dit:

— Venez donc voir son tableau de *la Méduse*, et le voir lui-même, afin que, s'il meurt, vous ayez vu au moins un des plus grands peintres qui aient jamais existé.

Je n'eus garde de refuser, comme on comprend bien. Rendez-vous fut pris pour le lendemain.

De quoi mourait Géricault?

Écoutez, et voyez combien, parfois, l'homme a un signe fatal gravé à côté de son nom.

Géricault possédait quelque fortune, une douzaine de mille livres de rente; Géricault aimait les chevaux, qu'il peignait si bien. Un jour, au moment de monter à cheval, il s'aperçoit que la boucle de ceinture de son pantalon manque : il lie les deux pattes, et part au galop; son cheval le jette à terre : il tombe sur le nœud, et le nœud froisse deux vertèbres de l'épine dorsale. Une maladie dont Géricault était en train de se traiter en ce moment vient faire de cette contusion une plaie, et Géricault, l'espérance de tout un siècle, meurt d'une carie des vertèbres, — c'est-à-dire d'une des maladies les plus longues et les plus douloureuses qu'il y ait !

Quand nous entrâmes chez lui, il était occupé à dessiner sa main gauche avec sa main droite.

— Que diable faites-vous donc là, Géricault? lui demanda le colonel.

— Vous le voyez, mon cher, dit le mourant; je m'utilise. Jamais ma main droite ne trouvera une étude d'anatomie pareille à celle que lui offre ma main gauche, et l'égoïste en profite.

En effet, Géricault était arrivé à un tel degré de maigreur, qu'à travers la peau, on voyait les os et les muscles de sa main, comme on les voit sur ces plâtres écorchés que l'on donne pour modèle aux élèves.

— Eh bien, mon cher ami, lui demanda Bro, comment avez-vous supporté l'opération d'hier?

— Très-bien... C'était très-curieux. Imaginez-vous que ces bourreaux-là m'ont charcuté pendant dix minutes.

— Vous avez dû souffrir horriblement?

— Pas trop... je pensais à autre chose.

— A quoi pensiez-vous?

— A un tableau.

— Comment cela ?

— C'est bien simple. J'avais fait tourner la tête de mon lit en face de la glace, de sorte que, pendant qu'ils travaillaient sur mes reins, je les regardais faire en me soulevant sur mes coudes. Ah ! si j'en reviens, je vous réponds que je ferai un fier pendant à l'étude d'anatomie d'André Vésale ! seulement, mon étude d'anatomie, à moi, sera faite sur un homme vivant.

C'était la même scène que devait, deux ans plus tard, donner Talma, dans son bain, à Adolphe et à moi.

Bro demanda au malade la permission de me montrer sa *Méduse*.

— Faites, dit Géricault, vous êtes chez vous.

Et il continua de dessiner sa main.

Je restai longtemps en face de ce merveilleux tableau, quoique je fusse bien loin, à cette époque, ignorant en art comme je l'étais, de l'estimer à sa juste valeur.

En sortant, je marchai sur l'envers d'une toile; je ramassai cette toile, et, la regardant à l'endroit, j'aperçus une merveilleuse tête d'ange déchu.

Je la donnai à Bro.

— Voyez donc, lui dis-je, voici ce que je trouve sous mon pied?

Bro revint au malade.

— Ah çà! êtes-vous fou, mon cher, lui dit-il, de laisser traîner de pareilles choses?

— Savez-vous ce que c'est que cette tête? demanda Géricault en riant.

— Non.

— Eh bien, mon cher, c'est le fils de votre portier. Il est entré, l'autre jour, dans mon atelier, et j'ai été étonné du parti qu'on pouvait tirer de sa tête. Je l'ai fait asseoir, et, en dix minutes, j'ai fait cette étude d'après lui... La voulez-vous? Prenez-la.

— Mais, si c'est une étude, vous l'avez faite dans un but?

— Oui, dans le but d'étudier.

— Elle peut vous être utile un jour?

— Un jour, mon cher Bro, c'est bien loin, et, d'ici là, il passera beaucoup d'eau sous le pont, et beaucoup de morts par la porte du cimetière Montmartre.

— Eh bien! eh bien! fit Bro.

— Prenez-la toujours, mon ami, dit Géricault; si j'en ai jamais besoin, je la retrouverai chez vous.

Puis il nous fit de la tête un signe d'adieu, et nous sortîmes.

Bro emporta sa tête d'ange.

Huit jours après, Géricault était mort, et de Dreux-d'Orcy, l'ami intime de Géricault, et son exécuteur testamentaire, vendait avec grand'peine, six mille francs à l'administration des beaux-arts, *la Méduse*, cette toile aujourd'hui l'une des plus précieuses du Musée.

Encore, le gouvernement ne l'achetait-il que pour en faire couper cinq ou six têtes, dont il comptait faire des têtes d'étude pour les élèves.

De Dreux-d'Orcy obtint heureusement que ce sacrilége restât à l'état de projet.

Je m'aperçois que je n'ai parlé ni d'Horace Vernet, ni de M. Ingres, ni de Delaroche. Mais chacun des trois hommes que nous venons de nommer mérite bien qu'on s'occupe de lui séparément.

Chacun d'eux aura donc son tour.

En attendant, un dernier mot sur lord Byron.

Le 5 juillet, le corps du noble lord arrivait de Missolonghi à Londres. Il était dans un cercueil percé de trous nombreux, et trempant dans un tonneau rempli d'esprit-de-vin. En débarquant, le capitaine de *la Florida*, sur lequel le cadavre avait fait la traversée, voulut faire jeter le liquide à la mer; mais, une fois mort, lord Byron avait des admirateurs, même en son pays, et ces admirateurs demandèrent au capitaine que l'esprit-de-vin dans lequel avait été conservé lord Byron leur fût livré, moyennant un louis la pinte.

Le marché fut accepté par le capitaine, qui tira ainsi, de chaque pinte de liqueur, le prix que le poëte, dit-on, tirait de chacun de ses vers.

Le surlendemain de l'arrivée du corps, on procéda à l'autopsie : les médecins, qui doivent absolument reconnaître quelque chose, reconnurent que lord Byron était mort pour avoir refusé de se laisser saigner.

Lord Byron fut exposé; mais on ne fut admis à le voir qu'avec des billets de son exécuteur testamentaire, et, cependant, malgré cette précaution, la foule était si grande, qu'il fallut, pour maintenir l'ordre, requérir la force armée.

L'esprit-de-vin avait assez bien conservé la chair, et le poëte était encore reconnaissable : ses mains, surtout, étaient demeurées belles et presque vivantes ; — ses mains, dont il prenait un si grand soin, ce sublime maniaque, qu'il portait des gants même pour nager !

Ses beaux cheveux, dont il était si fier, étaient devenus presque gris, quoiqu'il n'eût que trente-sept ans.

C'est que chaque cheveu du poëte qui blanchit peut raconter une douleur.

Il avait été un instant question — c'était la clameur publique qui demandait cela — d'enterrer lord Byron à Westminster ; mais on craignit quelque refus de l'autorité, et la famille déclara que le cadavre, autour duquel se continuaient les bruits de la vie, serait enterré dans la sépulture de ses aïeux, à Newstead-Abbey.

Le 12, dès le point du jour, une foule immense encombrait les rues par lesquelles le convoi devait passer. Le colonel Leigh, beau-frère du mort, était à la tête du deuil. Dans six voitures de suite, venaient les membres les plus fameux de l'opposition : MM. Hobhouse, Douglas, Kinnair, sir Francis Burdett, O'Meara, le chirurgien de l'empereur.

Puis suivaient, dans leurs voitures particulières, le duc de Sussex, frère du roi, le marquis de Lansdown, le comte Grey, lord Holland, etc.

Deux députés grecs fermaient la marche.

A Hampstead-Road, le convoi prit le trot ; il devait passer la nuit à Walwyn, en repartir le lendemain mardi de bonne heure, pour arriver le soir à Higgham-Ferrer, le mercredi à Oackham, le jeudi à Nottingham, et le vendredi à Newstead-Abbey.

Ce programme fut ponctuellement suivi, et, le vendredi 17 août, le corps fut déposé dans la sépulture des ancêtres.

Byron, exilé par sa femme, chassé par sa famille, repoussé par ses contemporains, avait, enfin, le droit de rentrer en triomphe dans sa patrie et sa maison.

Il était mort !

Et, cependant, il eût pu lui arriver ce qui arriva au cadavre de Sheridan, du pauvre Sheridan, qui buvait tant de rhum d'eau-de-vie et d'absinthe, que lord Byron lui dit, un jour, dans une orgie :

— Sheridan ! Sheridan ! tu boiras tant d'alcool, que tu brûleras jusqu'au gilet de flanelle que tu portes sur ta poitrine.

La prophétie s'était réalisée; Sheridan avait tant bu, que son gilet de flanelle avait été brûlé.

Sheridan était mort; mort en laissant chez lui tout vide, bouteilles et poches.

Cela n'empêchait pas que la meilleure société de Londres ne fût réunie dans ce domicile, où tout était saisi, pour lui rendre les derniers devoirs.

Des amis qui, la veille, ne lui eussent peut-être pas prêté dix guinées, lui faisaient des funérailles royales.

On allait soulever le cercueil pour le mettre dans le corbillard, quand un monsieur vêtu tout de noir des pieds à la tête, et qui paraissait fort attristé, entra dans le salon, où se trouvait ce qu'il y avait de mieux dans les trois royaumes, et, s'avançant vers le cercueil, demanda par grâce singulière qu'il lui fût permis de fixer une dernière fois encore ses regards sur les traits de son malheureux ami.

D'abord, on refusa; mais les instances furent si vives, la voix si émue, les sanglots étouffaient si tristement cette voix, que l'on ne crut rien pouvoir refuser à une pareille douleur. On dévissa le dessus du cercueil, et le corps de Sheridan fut mis à découvert.

Mais, alors, l'expression du visage du monsieur vêtu de noir changea complètement : il tira de sa poche un mandat de prise de corps et saisit le cadavre.

C'était un recors.

M. Canning et lord Sydmouth sortirent, alors, avec l'homme au mandat et payèrent la lettre de change.

Elle était de douze mille cinq cents francs.

XCVIII

Ma mère vient se fixer près de moi. — Mon duc de Chartres. — Chateaubriand et M. de Villèle. — Laconisme épistolaire. — Rétablissement de la censure. — Un roi de France ne doit jamais être malade. — Bulletins de la santé de Louis XVIII. — Ses derniers moments et sa mort. — Ode de Victor Hugo. — Le tombeau de Napoléon et M. Torbet. — Voyage de la Fayette en Amérique. — Honneurs qui lui sont rendus.

Conformément à la lettre que je lui avais écrite, ma mère, qui s'ennuyait autant de moi, au moins, que je m'ennuyais d'elle, avait traité de son bureau de tabac, puis mis en vente une partie de nos pauvres meubles, et m'annonçait qu'elle arrivait à Paris avec son lit, une commode, une table, deux fauteuils, quatre chaises et cent louis de numéraire.

Cent louis ! c'était juste le double d'une année de mes appointements : cela nous faisait deux ans à deux mille quatre cents francs par an. D'ici à deux ans, on aviserait.

Au reste, il était d'autant plus important d'aviser, que, le 29 juillet 1824, tandis que le duc de Montpensier venait au monde au Palais-Royal, il me naissait, à moi, un duc de Chartres, place des Italiens, n° 1.

C'était une des raisons qui, jointe à l'exiguïté de la chambre jaune, où il m'était impossible d'installer ma mère, me forçaient à chercher un nouveau logement.

La recherche de ce nouveau logement était chose grave : trop près du Palais-Royal, les logements étaient bien chers; trop loin du Palais-Royal, les quatre courses que j'avais à y faire par jour amèneraient une grave détérioration de bottes et de souliers.

Toute dépense est lourde à un homme qui gagne quatre francs cinq sous par jour.

J'avais bien deux ou trois pièces en train avec de Leuven; mais j'étais forcé de m'avouer que probablement de Leuven, qui n'arrivait pas avec Soulié, — reconnu pour être le plus fort de nous tous, — n'arriverait pas davantage avec moi.

Son *Bon Vieillard* avait été refusé au Gymnase; sa *Pauvre Fille* avait été refusée au Vaudeville, et son *Château de Kenilworth* n'avait pas même été lu, — mademoiselle Lévêque n'ayant pas le temps, « en ce moment *ici,* » de s'occuper d'un nouveau rôle, comme elle avait si élégamment répondu, et la Porte-Saint-Martin ayant reçu un mélodrame sur le même sujet.

Il fallait donc, ainsi que je l'ai dit, pourvoir, en attendant, à un logement qui ne fût pas trop éloigné, et qui ne montât point à un prix trop élevé.

Je me mis en quête, et je trouvai cela faubourg Saint-Denis, n° 53, dans la maison attenante à celle du *Lion d'argent.*

Nous avions, au second, sur la rue, un appartement composé de deux chambres, dont une à cabinet, d'une salle à manger et d'une cuisine.

Nous payions tout cela trois cent cinquante francs, ce qui — nous ne tardâmes pas à nous en apercevoir — était encore fort cher.

Enfin, toutes choses arrêtées, ma mère mit ses meubles au roulage, et arriva, combinant leur arrivée avec la sienne.

Ce fut une grande joie pour nous deux que de nous trouver réunis; cette joie de sa part n'était pas exempte d'une certaine inquiétude; elle ne pouvait croire à tous mes projets, espérer toutes mes espérances; elle avait derrière elle l'épreuve d'une longue et triste vie, passée toute en déceptions et en douleurs.

Je la rassurai de mon mieux, et, pendant les quatre ou cinq premiers jours, pour lui faire Paris plus doux, j'employai toute mon influence sur M. Oudard, sur M. Arnault et sur Adolphe de Leuven, pour lui procurer des billets de spectacle.

Au bout d'une semaine, nous étions établis dans notre coin, et aussi accoutumés à notre nouvelle vie que si nous ne nous étions jamais quittés. — Au même étage que nous, mais de l'autre côté du palier, logeait un brave garçon d'une quarantaine d'années, employé dans un ministère : on le nommait Després. C'était un des membres les plus assidus du Caveau; il faisait des chansons de l'école de Brazier et d'Armand Gouffé;

il avait eu une ou deux pièces jouées à des théâtres inférieurs.

Il s'en allait mourant de la poitrine.

Comme, après le payement de deux termes, nous nous étions aperçus déjà que notre logement était trop cher pour nous :

— Attendez que je sois mort, nous dit-il, cela ne peut tarder bien longtemps; vous prendrez le mien, qui est de deux cent trente francs, et qui est très-commode.

Effectivement, six semaines après, il mourut avec cette douce tranquillité et cette calme philosophie que j'ai trouvées chez presque tous les hommes dont la vie avait été entée sur le XVIIIe siècle.

Ainsi qu'il l'avait dit, son logement étant resté vacant, nous le prîmes, et nous nous trouvâmes installés selon nos moyens.

Cependant les affaires politiques marchaient leur train; M. de Villèle, — que mon ami Méry devait rendre célèbre, et qui, de son côté, devait rendre célèbre mon ami Méry, — M. de Villèle partageait l'influence politique avec M. de Chateaubriand, et l'on voyait, depuis deux ans, cette alliance étrange des chiffres avec la poésie. Une pareille alliance, on le comprend bien, ne pouvait durer longtemps, la brouille se mit entre les deux ministres à propos de deux lois.

M. de Chateaubriand croyait affermir la monarchie avec la loi de septennalité.

M. de Villèle croyait enrichir l'État avec la loi sur la conversion des rentes.

La loi sur la conversion des rentes fut repoussée par la chambre des pairs, à la majorité de cent vingt-huit voix contre quatre-vingt-quatorze.

On remarqua que M. de Chateaubriand, qui paraissait contraire à la loi, ne monta point à la tribune pour la défendre. On assure même qu'il vota contre.

Cette opposition contre le président du conseil fut punie avec la brutale grossièreté particulière aux hommes d'argent.

Le matin de la Pentecôte, au moment où M. de Chateaubriand se rendait au château pour assister à la messe, il reçut l'avis qu'un paquet très pressé l'attendait à son ministère. Il s'y rendit aussitôt, et y trouva, en effet, une lettre du président du conseil, ainsi conçue :

« Monsieur le vicomte,

» J'obéis aux ordres du roi, et je vous transmets l'ordonnance ci-jointe. »

L'ordonnance jointe était un congé en bonne forme.
Dix minutes après, M. de Villèle avait, de son côté, reçu la réponse de M. de Chateaubriand.
La lettre du ministre des affaires étrangères ne le cédait point en laconisme à la lettre du ministre des finances.
La voici :

« Monsieur le comte,

» J'ai quitté l'hôtel des affaires étrangères; le département est à vos ordres. »

Il y avait juste quinze mots dans la lettre, quinze mots dans la réponse.
C'était la faute des mots, et non celle de M. de Chateaubriand, si la réponse contenait quatre lettres de plus.
Ce renvoi fut profondément amer à l'auteur du *Génie du christianisme*, et ce fut à cette occasion qu'il dit le mot que nous croyons avoir déjà rappelé :
— Je n'avais cependant pas volé la montre du roi sur sa cheminée !
L'ordonnance avait été écrite par M. de Renneville, ce secrétaire qui, au dire de Méry et de Barthélemy, — auxquels nous allons venir tout à l'heure, — était *cousu au pan de l'habit* de M. de Villèle.
« ... M. de Renneville, dit Chateaubriand dans ses Mémoires, M. de Renneville, qui est assez bon pour paraître encore embarrassé devant moi ! Eh ! mon Dieu ! est-ce que je connais M. de Renneville ? est-ce que j'ai jamais songé à lui ? Je le rencontre assez souvent; s'est-il, une fois ou l'autre, aperçu que

je savais que l'ordonnance qui m'avait rayé de la liste des ministres était écrite de sa main?... »

Il y avait, sous l'Empire, des hommes assez lâches pour se couper l'index, afin de ne point être soldat.

Il devrait y avoir des hommes assez braves pour se couper la main, et ne pas écrire.

Pendant ce temps, au reste, Dieu signait une ordonnance qui prescrivait à Louis XVIII de sortir de ce monde, presque aussi brusquement que M. de Chateaubriand était sorti du ministère.

Déjà, à la fête de la Saint-Louis, le roi étant souffrant, on l'engageait à ne point recevoir, à cause de la fatigue qui pourrait en résulter pour lui; mais, toujours sentencieux, le roi répondit :

— Un roi de France peut mourir; il ne doit jamais être malade.

Comme s'il eût voulu rendre la route facile à son successeur, Louis XVIII, à propos du rejet du pourvoi du ministère public dans l'affaire de *l'Aristarque,* venait de remettre en vigueur la loi du 31 mars 1820 et celle du 26 juillet 1821, — c'est-à-dire que la censure était rétablie.

Il est curieux de voir combien, lorsque les rois en arrivent là, ils sont près de leur mort ou de leur chute.

Le rétablissement de la censure produisit une sensation terrible; aucun homme de lettres — ce qui fait honneur aux hommes de lettres de l'époque — n'osa accepter et exercer publiquement les fonctions de censeur; on fut obligé d'organiser une commission secrète placée sous la présidence du conseiller d'État directeur général de la police.

M. de Chateaubriand se jeta, alors, publiquement dans l'opposition, et fit paraître ses *Lettres sur la censure.*

Pendant quelques jours, les feuilles de l'opposition libérale et royaliste n'offrirent que des colonnes blanches à leurs abonnés.

Ce fut le surlendemain du jour où Louis XVIII avait dit: « Un roi de France peut mourir; il ne doit jamais être malade, » c'est-à-dire les 27 et 28 août, dans ses deux dernières promenades à Choisy, que Louis XVIII s'aperçut qu'il lui fallait sérieusement songer à la mort. Cependant, il continua de donner des audiences, de présider le conseil, et de diriger le travail des ministres avec un courage que l'on ne peut s'empêcher d'admirer, quand on pense à ce qu'il dut souffrir de la décomposition de ses jambes, dont les tissus cellulaires, musculeux et même osseux, étaient confondus; le pied droit surtout et le bas de la jambe, jusqu'à la hauteur du mollet, étaient sphacélés : les os en étaient ramollis, et quatre orteils en étaient détachés.

Ce ne fut que le 12 septembre, après une consultation de médecins tenue le soir, qu'il fut décidé que l'on ne pouvait cacher plus longtemps à la France l'état de son roi.

Jusque-là, Louis XVIII, fidèle aux principes émis par lui, s'y était refusé.

— Vous ne savez pas, disait-il, ce que c'est que d'annoncer à un peuple la maladie d'un roi. Il faut, alors, fermer les bourses et les spectacles; mon agonie sera longue, et je ne veux pas faire souffrir si longtemps les intérêts publics.

Enfin, le 13 septembre, au matin, parurent à la fois dans *le Moniteur* deux bulletins signés des médecins et du premier gentilhomme de la chambre.

Ils annonçaient la maladie du roi et laissaient bien voir que cette maladie était sans remède.

A la suite du second bulletin venait cette ordonnance que Louis XVIII craignait tant sur la fermeture de la Bourse et des théâtres.

C'étaient les premiers bulletins que la France eût lus depuis un demi-siècle, c'est-à-dire depuis la mort de Louis XV.

C'étaient les derniers qu'elle devait lire.

Premier bulletin de la santé du roi.

« Aux Tuileries, le 12 septembre, à six heures du matin.

» Les infirmités anciennes et permanentes du roi ayant augmenté sensiblement depuis quelque temps, sa santé a paru plus profondément altérée, et est devenue l'objet de consultations plus rapprochées.

» La constitution de Sa Majesté, et les soins qui lui sont donnés, ont entretenu longtemps l'espérance de voir sa santé se rétablir dans son état habituel; mais on ne peut se dissimuler aujourd'hui que ses forces n'aient considérablement diminué, et que l'espoir que l'on avait conçu ne doive aussi s'affaiblir.

» *Signé :* Portal, Alibert, Montaigu, Distel, Dupuytren, Thévenot.

» Le premier gentilhomme de la chambre du roi.

» Comte de DAMAS. »

Deuxième bulletin.

« Neuf heures du soir.

» La fièvre a augmenté pendant cette journée. Il est survenu un grand froid dans les extrémités : la faiblesse s'est accrue ainsi que l'assoupissement ; le pouls a constamment été faible et irrégulier.

» *Signé :* Portal, Alibert, Montaigu, Distel, Dupuytren, Thévenot.

» Le premier gentilhomme de la chambre du roi.

» Comte de DAMAS.

» Vu l'état de la santé du roi, tous les théâtres et lieux de divertissements publics, ainsi que la Bourse, seront fermés jusqu'à nouvel ordre, et des prières publiques seront faites dans toutes les paroisses. »

Le 16, à quatre heures du matin, Louis XVIII rendait le dernier soupir.

La veille, il avait fait venir les deux enfants de France et les avait bénis.

Puis, se retournant vers son frère, qui allait échanger son titre de comte d'Artois contre celui de Charles X, et lui montrant le duc de Bordeaux :

— Mon frère, lui avait-il dit, ménagez bien la couronne de cet enfant.

Cette terreur pour l'avenir de son neveu était-elle un pressentiment que Dieu envoyait au moribond à son moment suprême ?

Il avait rassemblé toutes ses forces pour prononcer ces dernières paroles.

Bientôt la respiration devint râleuse et le pouls intermittent ; puis il se déclara une crise à la suite de laquelle le roi retomba dans un calme effrayant. A deux heures du matin, le battement du pouls était presque insensible, et la voix complétement éteinte, quoique le malade fît comprendre, par des signes d'yeux, à son confesseur, qu'il continuait d'entendre ses exhortations. Enfin, à quatre heures du matin, en voyant le dernier signe de vie qui venait de s'échapper de ce corps désormais immobile pour l'éternité, M. Alibert dit, en tirant une des mains de Louis XVIII hors du lit :

— Le roi est mort !

A ces mots, le comte d'Artois, qui, depuis deux jours, n'avait point quitté son frère, s'agenouilla devant son lit, et lui baisa la main. Madame la duchesse d'Angoulême et Mademoiselle en firent autant ; puis, toutes deux, se jetant dans les bras du comte d'Artois, y demeurèrent pendant quelques secondes fondant en larmes.

Lorsque le nouveau roi sortit de la chambre du mort pour se rendre dans ses appartements, un héraut d'armes fit entendre trois fois ce cri :

— Le roi est mort, messieurs ! Vive le roi !

A partir de ce moment, le roi de France s'appelait Charles X.

Le 23 septembre, nous vîmes passer sous nos fenêtres le cortége du dernier roi que l'on devait conduire à Saint-Denis.

Ce fut à propos de cette mort que Chateaubriand publia

le Roi est mort! vive le roi! c'est-à-dire un des écrits les plus faibles qui soient sortis de sa plume.

Ce fut à propos de cette mort aussi que Victor Hugo publia *les Funérailles de Louis XVIII,* c'est-à-dire une de ses plus belles odes.

Nous n'avons pas besoin de demander la permission à nos lecteurs pour en citer quelques strophes.

. . . .
Un autre avait dit : « De ma race
Ce grand tombeau sera le port ;
Je veux, aux rois que je remplace,
Succéder jusque dans la mort.
Ma dépouille ici doit descendre !
C'est pour faire place à ma cendre
Qu'on dépeupla ces noirs caveaux ;
Il faut un nouveau maître au monde ;
A ce sépulcre que je fonde
Il faut des ossements nouveaux !

» Je promets ma poussière à ces voûtes funestes.
A cet insigne honneur ce temple a seul des droits ;
Car je veux que le ver qui rongera mes restes
    Ait déjà dévoré des rois.
Et, lorsque mes neveux, dans leur fortune altière,
    Domineront l'Europe entière,
    Du Kremlin à l'Escurial,
Ils viendront tour à tour dormir dans ces lieux sombres,
Afin que je sommeille, escorté de leurs ombres,
    Dans mon linceul impérial ! »

Celui qui disait ces paroles
Croyait, soldat audacieux,
Voir, en magnifiques symboles,
Sa destinée écrite aux cieux.
Dans ses étreintes foudroyantes,
Son aigle, aux serres flamboyantes,
Eût étouffé l'aigle romain ;
La victoire était sa compagne,
Et le globe de Charlemagne
Était trop léger pour sa main !

Eh bien, des potentats ce formidable maître
Dans l'espoir de sa mort par le ciel fut trompé.
De ses ambitions, c'est la seule peut-être
    Dont le but lui soit échappé.
En vain tout secondait sa marche meurtrière;
    En vain sa gloire incendiaire
    En tous lieux portait son flambeau;
Tout chargé de faisceaux, de sceptres, de couronnes,
Ce vaste ravisseur d'empires et de trônes
    Ne put usurper un tombeau!

    Tombé sous la main qui châtie,
    L'Europe le fit prisonnier.
    Premier roi de sa dynastie,
    Il en fut aussi le dernier.
    Une île où grondent les tempêtes
    Reçut ce géant des conquêtes,
    Tyran que nul n'osait juger,
    Vieux guerrier qui, dans sa misère,
    Dut l'obole de Bélisaire
    A la pitié de l'étranger.

Loin du sacré tombeau qu'il s'arrangeait naguère,
C'est là que, dépouillé du royal appareil,
Il dort enveloppé de son manteau de guerre,
    Sans compagnon de son sommeil.
Et, tandis qu'il n'a plus, de l'empire du monde,
    Qu'un noir rocher battu de l'onde,
    Qu'un vieux saule battu du vent,
Un roi longtemps banni, qui fit nos jours prospères,
Descend au lit de mort où reposaient ses pères,
    Sous la garde du Dieu vivant!
    . . . .

Et le poëte accordait encore trop à Napoléon en lui accordant *ce vieux saule battu du vent;* car, juste en ce moment, les autorités de Saint-Hélène ayant aboli le péage qui avait été établi d'abord, et que devaient subir ceux qui visitaient la tombe de Napoléon, M. Trobet, propriétaire du terrain sur lequel avait été enterré l'empereur, demanda, puisque ce corps ne lui rapportait plus rien, qu'il fût exhumé et transporté ailleurs. La contestation fut longue, et Torbet menaçait de déterrer lui-même le cadavre de cet homme qui avait tout usurpé, quoi qu'en ait dit le poëte, — même son tombeau, — et de jeter ses restes sur le chemin, lorsque le gouvernement décida que ce terrain serait acheté par la Compagnie des Indes cinq cents livres sterling à son propriétaire.

Moyennant ce dédommagement accordé à M. Torbet, il fut arrêté que l'on visiterait désormais gratis la tombe de Napoléon.

Nous avons déjà dit trois fois que cet homme s'appelait M. Torbet.

Disons-le une quatrième fois, pour qu'on ne l'oublie pas.

Si quelque chose pouvait consoler d'une pareille honte l'humanité, à laquelle M. Torbet se vantait d'appartenir, c'était l'accueil qu'après quarante ans, recevait la Fayette en Amérique, où le transportait, comme hôte de la nation, *le Cadmus*, magnifique bâtiment de l'Union.

C'était, en effet, un beau spectacle que celui d'une nation tout entière se levant et battant des mains pour recevoir un des fondateurs de sa liberté.

Dès le 12 janvier, sur la simple nouvelle d'un voyage de la Fayette aux États-Unis, une résolution ainsi conçue avait été prise par les deux Chambres, sur la motion de M. Mitchell :

« Attendu que l'illustre champion de notre liberté et le héros de notre révolution, l'ami et le compagnon de Washington, le marquis de la Fayette, officier général volontaire dans la guerre de notre indépendance, a exprimé le vif désir de visiter notre pays, à la liberté duquel sa valeur, son sang et ses richesses ont tant contribué ;

» Il est résolu que le président sera requis de transmettre au marquis de la Fayette l'expression des sentiments de respect, de gratitude et d'attachement affectueux que nourrissent pour lui le gouvernement et le peuple américains, et de l'assurer que l'accomplissement du désir et de l'intention qu'il a de visiter ce pays sera accueilli par le peuple et le gouvernement avec une joie et un orgueil patriotiques.

» Il est, en outre, résolu que le président s'informera de l'époque où il peut être plus agréable au marquis de la Fayette de faire sa visite, et qu'il lui offrira un moyen de transport dans ce pays sur un bâtiment de la nation. »

C'est en vertu de cette offre que la Fayette s'était embarqué au Havre, le 13 juillet, à bord du *Cadmus*, et, après une traversée de trente-deux jours, avait débarqué à New-York, le 15 août.

Jamais fête nationale n'eut un plus beau et un plus saint caractère. L'Amérique du Nord, que la Fayette avait laissée peuplée de trois millions d'hommes à peine, l'acclamait à son passage avec dix-sept millions de voix. Tout était transformé ; les forêts étaient devenues des plaines, les plaines étaient devenues des villes, et des milliers de bateaux à vapeur, dont le premier — au refus de la France — avait été lancé, en 1808, par Fulton, sillonnaient ces fleuves, grands comme des lacs, ces lacs grands comme des océans.

Ce n'étaient point là ces villes factices que Potemkine bâtissait sur la route de Catherine traversant la Crimée ; non, c'était la civilisation moderne enjambant l'Atlantique comme un ruisseau, et posant, pour la première fois, son pied sur le nouveau monde.

Après quatre mois de fêtes données et d'honneurs rendus à l'ami de Washington, le 20 décembre, un comité spécial proposa un bill ainsi conçu :

« Qu'il soit ordonné que la somme de deux cent mille dollars soit offerte au major général la Fayette en récompense de ses importants services, et en indemnité de ses dépenses dans la révolution américaine, et qu'il soit affecté une portion de terres suffisante pour l'établissement d'une commune au major général la Fayette, sur les terres non vendues, et que l'acte lui en soit délivré par le président des États-Unis. »

Ce bill fut adopté par acclamation, le 22 décembre, à la chambre des représentants, et, le 23, au sénat.

Constatons, avant de prendre congé de l'année 1824, que, le 2 décembre de la susdite année, M. Droz et M. de Lamartine étant sur les rangs pour entrer à l'Académie, ce fut M. Droz qui fut élu et M. de Lamartine repoussé.

XCIX

Tallancourt et Betz. — L'estaminet Hollandais. — Mon manteau à la Quiroga. — Premier cartel. — Une leçon de tir. — La veille du combat. — Analyse de mes sensations. — Mon adversaire manque au rendez-vous. — Les témoins le relancent. — Duel. — Tallancourt et le chien enragé.

Le 3 janvier 1825, un de nos amis, nommé Tallancourt, étant passé de son bureau à la bibliothèque du duc d'Orléans, sur la demande de Vatout, il nous donna, à un autre de nos camarades, nommé Betz, et à moi, un dîner au Palais-Royal.

Tous deux étaient anciens militaires.

Tallancourt s'était trouvé à Waterloo. Au moment de la déroute, frappant sur ses poches et sentant qu'elles étaient vides, frappant sur son estomac et sentant qu'il était creux, il avait avisé une pièce de quatre démontée, et, doué qu'il était d'une force herculéenne, il l'avait chargée sur son épaule, et, deux lieues plus loin, il l'avait vendue dix francs à un fondeur.

Grâce à ces dix francs, il avait fait une retraite assez confortable, et il était revenu à Semur, son pays natal, où Vatout l'avait pris pour le faire entrer dans les bureaux du duc d'Orléans, et, enfin, des bureaux à la bibliothèque.

Après le dîner, ces messieurs, qui, en qualité de vieux soldats, — vieux soldats de trente-deux à trente-cinq ans, bien entendu, — étaient des fumeurs enragés, proposèrent d'aller fumer un cigare à l'estaminet Hollandais. Je ne voulus pas les abandonner, malgré ma répugnance à l'endroit du tabac et des estaminets, et, pour la première et dernière fois de ma vie, à ce que j'ai le droit d'espérer, je franchis le seuil de cet illustre établissement, décoré à l'extérieur d'un simulacre de vaisseau.

J'avais un grand manteau à la Quiroga (comme on disai poétiquement à cette époque), manteau que j'avais aussi ardemment ambitionné que mes fameuses bottes, et que j'avais fini par me donner avec non moins de peine; il paraît que la manière dont je me drapais déplut à l'un des habitués qui, pour le moment, jouait au billard ; il échangea avec son partenaire quelques mots précédés d'un coup d'œil jeté de mon côté, et suivis d'un éclat de rire.

Il n'en fallut pas davantage pour me mettre l'éperon aux reins ; je pris une queue, et, brouillant les billes :

— Qui veut faire une partie de billard avec moi ? demandai-je.

— Mais, me fit observer Tallancourt, le billard appartient à ces messieurs.

— Eh bien, dis-je en regardant celui des deux joueurs auquel je désirais particulièrement avoir affaire, nous renverrons ces messieurs, et, moi, ajoutai-je en m'avançant vers mon homme, je me charge de celui-ci !

La provocation était trop bruyante et trop directe pour ne pas faire scandale.

Betz et Tallancourt s'élancèrent des premiers. Ils me connaissaient trop pour ne pas savoir que je n'eusse point fait, sans un motif quelconque, une pareille incartade ; le principal était pour nous qu'une querelle d'estaminet ne s'ébruitât point. Nous échangeâmes nos noms, mon adversaire et moi, et nous prîmes rendez-vous pour le surlendemain, à neuf heures du matin, au café formant le rez-de-chaussée de cette grande maison isolée qui demeura si longtemps debout au milieu de la place du Carrousel, et que l'on nommait l'hôtel de *Nantes*.

Tallancourt et Betz se trouvèrent tout naturellement être mes témoins.

Ils n'étaient pas sans une certaine inquiétude sur leur charge.

D'abord, j'étais très-jeune, et c'était ma première affaire; ensuite, j'arrivais de province, et ils ignoraient jusqu'à quel point je savais manier les armes.

Ils avaient pris avec les témoins de mon adversaire, M. Charles B***, rendez-vous pour le lendemain, à quatre heures de l'après-midi, dans le jardin du Palais-Royal, en face de la Rotonde, ce qui leur laissait tout le temps de s'occuper de moi.

Ils m'invitèrent à leur donner des explications sur la cause de la querelle; je m'empressai de le faire; puis, comme ils étaient chargés de la discussion des armes, ils me demandèrent quelle arme je préférais.

Je leur répondis que les armes m'étaient indifférentes, et que, du moment où je leur avais confié mes intérêts, cela les regardait, eux, et non plus moi.

Cette assurance les tranquillisa un peu; mais Tallancourt ne m'en donna pas moins rendez-vous, pour le lendemain à neuf heures du matin, au tir Gosset.

Je n'avais pas mis le pied dans un tir depuis que j'étais à Paris; mais on se rappelle nos familiarités avec les *kukenreiter* de M. de Leuven, et nos ardoises cassées, nos grenouilles coupées en deux, nos cartes tenues à la main, chez de la Ponce.

Tallancourt demanda douze balles.

— Est-ce à la *poupée* ou à la *mouche* que monsieur veut tirer? dit le garçon en s'adressant à moi.

Comme je ne connaissais pas parfaitement les termes et les habitudes des tirs parisiens, je me tournai vers Tallancourt, qui demanda une poupée.

Le garçon plaça sur la broche une poupée de plâtre : c'était sans doute la plus grosse de l'établissement; ce garçon, nommé Philippe, — on se rappelle les moindres détails de ces sortes d'événements, — ce garçon, voyant ma parfaite ignorance des habitudes du tir, m'avait pris pour un écolier.

Tallancourt lui-même, la chose était visible, partageait l'opinion du garçon à mon égard.

J'avoue que cette unanimité me piqua.

— Dites donc, demandai-je à Tallancourt, combien coûte une machine de plâtre comme celle-là?

— Quatre sous, me dit-il.

— Et combien avez-vous demandé de balles?

— Douze.

— Eh bien, comme je ne suis pas assez riche pour me passer le luxe de casser douze poupées, je vais faire un cadre à celle-ci avec les onze premières balles, et je la casserai avec la douzième.

— Hein? fit Tallancourt.

— Vous allez voir comment cela se pratique à Villers-Cotterets, mon cher Tallancourt.

J'allai à la plaque, je traçai un cercle autour de la poupée, et je commençai mon opération.

Elle réussit dans les conditions que j'avais indiquées. Je venais de faire ce que j'avais fait vingt fois avec de Leuven et de la Ponce; mais, comme je le faisais pour la première fois avec Tallancourt, il fut assez émerveillé de l'expérience.

— Voilà qui va bien pour le pistolet, et je suis assez tranquille, si vous tirez le premier, me dit-il; mais s'ils choisissent l'épée?...

— Eh bien, que voulez-vous, mon cher! s'ils choisissent l'épée, nous nous battrons à l'épée.

— Et vous vous défendrez?

— Je l'espère.

— Je vous dis cela, ajouta Tallancourt, parce que je n'aime pas le pistolet.

— Vous avez raison, c'est une vilaine arme.

— Et je ne l'accepterai qu'à la dernière extrémité.

— Et vous ferez bien.

— C'est donc votre avis?

— Parfaitement!

— Eh bien, tant mieux! Donnez vingt-quatre sous au garçon, et allons déjeuner.

Par bonheur, nous étions au 4 du mois, et je pouvais encore disposer de vingt-quatre sous.

Nous déjeunâmes et rentrâmes au bureau. Betz nous y attendait. Il prit Tallancourt à part, sans doute pour l'interroger sur mes aptitudes; j'ai tout lieu de croire que Tallancourt le rassura.

A cinq heures, Betz et Tallancourt vinrent me dire que mon adversaire avait choisi l'épée.

Le rendez-vous tenait toujours, pour le lendemain neuf heures à l'hôtel de *Nantes*.

Je rentrai à la maison le visage souriant, quoique le cœur assez serré. Voici, en fait de courage, les observations que j'ai faites sur moi-même.

D'un tempérament sanguin, je me jette facilement au-devant du danger; si le danger est présent, si je puis l'attaquer à l'instant même, mon courage ne faiblit point, soutenu qu'il est par l'agitation du sang.

Si, au contraire, il me faut l'attendre quelques heures, il y a affaiblissement dans le système nerveux, et je me repens de m'être exposé.

Mais peu à peu le côté moral s'empare, par la réflexion, du côté physique, et lui commande énergiquement de se bien conduire.

Arrivé sur le terrain, il y a toujours constriction intérieure, mais il n'y a plus trace extérieure d'émotion.

En 1834, j'eus un duel, et j'avais pour témoin Bixio, qui étudiait la médecine, à cette époque-là; il me tâta le pouls au moment où je tenais déjà le pistolet à la main : le pouls ne donna que soixante-neuf pulsations à la minute, deux de plus que dans l'état ordinaire.

Plus j'attends, plus je suis calme.

Au reste, je crois que tout homme, à moins d'une organisation particulière, craint naturellement le danger, et, abandonné à ses propres instincts, ferait tout ce qu'il pourrait pour y échapper; c'est la force morale seule, l'orgueil humain uniquement, qui le fait s'exposer souriant à une blessure ou à la mort.

Une preuve de ce que j'avance, c'est que je crois l'homme brave en état de veille, poltron en rêve, parce que, en rêve, l'âme est absente, la bête vit isolée; et, en l'absence de sa force, de sa volonté, de son orgueil, la bête a peur.

Je rentrai donc dans la maison sans rien dire de ce qui s'était passé; seulement, je ne quittai point ma mère.

C'était en plein hiver, je n'avais donc pas à *faire le portefeuille*.

Le lendemain, je me levai à huit heures; je prétextai je ne sais quelle obligation, j'embrassai ma mère, je mis l'épée de mon père sous mon manteau, et je sortis.

Tallancourt, s'était chargé de trouver une seconde épée.

J'étais à l'hôtel de *Nantes* à neuf heures moins dix minutes.

Nous y trouvâmes les deux témoins de mon adversaire.

Je n'avais pas déjeuné. Thibaut, qui nous accompagnait, m'avait recommandé de ne point manger, afin qu'en cas de besoin, une saignée fût possible.

Nous attendîmes.

Neuf heures et demie, dix heures et onze heures sonnèrent.

Betz et Tallancourt étaient fort impatients; le retard de mon adversaire leur faisait manquer leur bureau.

J'avoue que, pour mon compte, j'étais enchanté. J'espérais que l'affaire finirait par des excuses, et j'aimais autant cela.

A onze heures, les parrains de mon adversaire s'ennuyèrent. Ils proposèrent aux miens de venir avec eux chez leur filleul; il demeurait rue Coquillière, je crois.

Quant à moi, on me renvoya au bureau. Je devais, en cas de gronderie, avouer franchement à Oudard ce qui s'était passé, et lui expliquer la cause de notre retard.

Oudard avait été mandé par madame la duchesse d'Orléans, de sorte qu'il n'y eut rien à avouer.

Une demi-heure après, Betz et Tallancourt revinrent : ils avaient trouvé mon adversaire dans son lit.

Sur l'observation qu'ils lui avaient faite que ce n'était point là qu'ils devaient le trouver, M. Charles B*** avait répondu qu'ayant été patiner toute la journée de la veille sur le canal, il s'était senti, vers les sept heures du matin, pris d'une telle courbature, qu'il n'avait pas eu la force de se lever.

L'excuse avait paru si mauvaise aux deux témoins de mon

adversaire, qu'ils lui avaient signifié de ne plus compter sur eux, si l'affaire avait des suites.

Sur quoi, ils s'étaient retirés.

Mais Betz et Tallancourt, beaucoup plus entêtés que je ne l'eusse voulu au fond du cœur, étaient restés, eux, et avaient insisté près de M. Charles B***, pour savoir sur quoi ils devaient compter pour le lendemain.

M. Charles B*** leur promit d'être le lendemain à neuf heures, avec deux nouveaux témoins, à la barrière Rochechouart.

On se battrait dans une des carrières de Montmartre.

Ainsi, ce n'était qu'une partie remise.

Je remerciai beaucoup mes deux témoins. Je leur dis qu'ils avaient parfaitement fait, et j'attendis.

La journée s'écoula fort calme. J'arrivai même à oublier, soit en causant, soit en travaillant, que je dusse me battre le lendemain. Cependant, de temps en temps, un léger serrement de cœur amenait un spasme, et le spasme un bâillement.

Je rentrai de bonne heure comme la veille, et je restai près de ma mère. C'était le lendemain le jour des Rois, et on nous avait apporté une galette à la fève.

Ma mère fut reine. Je l'embrassai, et me souhaitai de l'embrasser trente ans encore, à la même heure, le même jour, et de la même façon.

Je savais bien ce que je faisais en faisant ce souhait.

Je dormis parfaitement pendant les quatre ou cinq premières heures de la nuit; assez mal pendant les deux ou trois autres. Je quittai ma mère, comme la veille, à huit heures et demie. Cette fois, je n'avais pas d'épée à prendre; Tallancourt les avait gardées toutes deux.

A neuf heures moins dix minutes, nous étions à la barrière Rochechouart; à neuf heures sonnantes, un fiacre nous amena notre homme et ses deux nouveaux témoins.

On descendit, on se salua, on traversa silencieusement le boulevard extérieur, et l'on gagna les rampes de la montagne.

Un des témoins de mon adversaire qui est devenu

mon camarade, comme la plupart de ceux qui, sans me connaître, ont commencé par être mes ennemis, s'approcha de moi, et, me prenant pour un simple témoin, engagea la conversation avec moi.

On marcha une demi-heure à peu près sans trouver une place convenable. Il faisait froid, et il avait neigé toute la nuit; il neigeait encore; il en résultait que presque toutes les carrières étaient habitées.

Comme il n'est pas naturel de voir se promener par un pareil temps, et à dix heures du matin, six personnes à travers champs, les gens qui habitaient les carrières se doutaient de la cause de notre promenade, et nous suivaient.

Nous avions déjà une suite assez nombreuse; il était probable que, plus nous voyagerions ainsi, plus notre suite s'augmenterait; il était donc urgent de s'arrêter au premier endroit qui paraîtrait, je ne dirai pas convenable, mais possible.

Cette promenade m'eût paru fort longue, je l'avoue, si je n'eusse pas causé, pendant tout ce temps, avec le témoin de mon adversaire.

Enfin, on trouva une espèce de plateau de dix pas de large sur vingt pas de long; c'était tout ce qu'il fallait.

On s'arrêta. Tallancourt tira les épées de dessous son manteau et les donna à examiner aux témoins.

Celle qu'il avait apportée était de deux pouces plus longue que l'autre. Tallancourt n'avait pas eu le choix; il avait pris la première venue; il proposa de tirer au sort à qui aurait la plus longue.

Je terminai le débat en déclarant que je prendrais la plus courte.

La plus courte était celle de mon père, et je préférais de beaucoup perdre deux pouces de fer plutôt que de voir se tourner vers ma poitrine cette épée qui avait été la sienne.

Ce fut alors seulement que le témoin de mon adversaire qui avait causé avec moi pendant tout le chemin sut que c'était moi qui me battais.

Le terrain choisi, les épées distribuées, il n'y avait pas de temps à perdre; il faisait un froid horrible, et notre galerie de spectateurs s'accroissait de seconde en seconde.

Je jetai bas mon habit, et je me mis en garde.

Mais, alors, mon adversaire m'invita, outre mon habit, à mettre bas encore mon gilet et ma chemise.

La demande me parut exorbitante; mais, comme il insistait, je piquai mon épée dans la neige, et je jetai mon gilet et ma chemise sur mon habit.

Puis, comme je ne voulais pas même garder mes bretelles, et que, comme ce pauvre Géricault, j'avais perdu la boucle de mon pantalon, je fis un nœud aux deux pattes pour me sangler les flancs.

Tous ces préparatifs prirent une minute ou deux pendant lesquelles mon épée resta fichée dans la neige.

Puis je repris mon épée, et me remis en garde d'assez mauvaise humeur.

Toutes ces injonctions m'avaient été faites très-crânement de la part de mon adversaire. En outre, comme l'épée était l'arme choisie par lui, je m'attendais à avoir affaire à un homme d'une certaine force.

Je m'engageai donc avec précaution.

Mais, à mon grand étonnement, je vis un homme mal en garde, et découvert en tierce.

Il est vrai que cette mauvaise garde pouvait n'être qu'une feinte pour que je m'abandonnasse de mon côté, et qu'il profitât de mon imprudence.

Je fis un pas en arrière, et, abaissant mon épée :

— Allons, monsieur, lui dis-je, couvrez-vous donc!

— Mais, me répondit mon adversaire, s'il me convient de ne pas me couvrir, moi?

— Alors, c'est autre chose... seulement, vous avez là un singulier goût.

Je retombai en garde. J'attaquai l'épée en quarte, et, sans me fendre, pour tâter mon homme, j'allongeai un simple dégagement en tierce.

Il fit un bond en arrière, rencontra un cep de vigne, et tomba à la renverse.

— Oh! oh! me dit Tallancourt, est-ce que vous l'avez tué comme cela, du premier coup, par hasard?

— Non, répondis-je, je ne crois pas. Je ne me suis pas même fendu, et c'est à peine si je l'ai touché.

Pendant ce temps, les témoins opposés avaient couru à M. B***, qui se relevait.

La pointe de mon épée avait pénétré dans l'épaule, et, comme sa station dans la neige en avait glacé le fer, la sensation avait été telle, que mon adversaire, si légèrement qu'il fût blessé, était tombé à la renverse.

Par bonheur, je ne m'étais pas fendu; sans quoi, je l'embrochais de part en part.

Le pauvre garçon n'avait jamais tenu une épée.

D'après cet aveu qu'il fit, et en conséquence de la blessure qu'il avait reçue, il fut convenu que le combat s'arrêterait là.

Je remis mon épée au fourreau; je repassai ma chemise, mon gilet et ma redingote; je me redrapai dans mon quiroga, et je redescendis les buttes Montmartre, bien plus léger de cœur que je ne les avais montées.

Telle fut la cause, telles furent les sensations, telle fut l'issue de mon premier duel.

Que sont devenus les deux hommes qui m'y assistèrent?

J'ai perdu Betz de vue. Il avait obtenu une place de receveur particulier en province; quelque chose comme un bruit vague m'a dit, depuis, qu'il était mort.

Quant à Tallancourt, pauvre garçon! je l'ai vu mourir bien tristement, bien malheureusement, bien douloureusement.

Le duc d'Orléans l'avait pris en amitié; c'était une de ces machines vigoureuses, comme le prince les aimait, pas trop intelligentes; d'ailleurs, Tallancourt avait une grande qualité : parfaitement intelligent, il savait cacher son intelligence.

Le duc d'Orléans, devenu roi, avait appelé Tallancourt près de lui, et ne pouvait plus s'en passer. Si sa fortune n'était pas faite, — on ne faisait pas ainsi sa fortune près du roi, — au moins sa position était-elle assurée.

Tallancourt, qui n'avait pas quitté le duc d'Orléans pendant les 27, 28 et 29 juillet, savait bon nombre de choses secrètes sur la révolution de 1830.

Quand le roi était à Neuilly, à tout propos il envoyait Tallancourt à Paris, et l'hercule, mal à l'aise sur son fauteuil, devant son bureau, dans son cabinet, faisait la route à pied pour respirer le grand air, et distendre un peu ses larges poumons.

Un jour, du fossé de la grande route, dont il suivait le bord, un énorme chien enragé s'élança sur lui. Tallancourt, par un mouvement naturel, réunit ses deux mains pour garantir son visage, et, avec un bonheur inouï, ses deux mains saisirent le chien par le cou.

Pris dans ces deux puissantes tenailles, le chien eut beau se débattre, les tenailles se serrèrent de plus en plus; au bout de cinq minutes, le molosse était étouffé sans avoir fait une égratignure au géant.

Mais ces cinq minutes de lutte, ces cinq minutes de danger mortel avaient frappé le cerveau de Tallancourt d'une commotion terrible.

Cinq ou six mois après, un ramollissement du cerveau se déclara.

Pendant un an, je vis le pauvre Tallancourt s'affaiblissant à vue d'œil, moralement et physiquement, perdant ses forces et son intelligence, le geste et la voix.

Puis, enfin, mort peu à peu, après dix-huit mois de souffrances, il acheva de mourir.

C

Le duc d'Orléans est nommé *altesse royale.* — Sacre de Charles X. — Relation de la cérémonie par madame la duchesse d'Orléans. — Mort de Ferdinand de Naples. — De Laville de Miremont. — *Le Cid d'Andalousie.* — M. Pierre Lebrun. — Une lecture au camp de Compiègne. — M. Taylor est nommé commissaire royal près le Théâtre-Français. — Le curé Bergeron. — M. Viennet. — Deux lettres de lui. — Pichat et son *Léonidas.*

Ma mère n'avait rien su de toute cette histoire de duel, qui l'eût fait mourir de chagrin, si elle l'eût seulement soupçonnée.

Comme nous ne fûmes de retour au bureau que vers une heure, il fallut tout dire à Oudard, qui, du reste, parut assez satisfait du rapport de Betz et de Tallancourt sur la façon dont son employé s'était conduit.

D'ailleurs, depuis l'avénement au trône de Sa Majesté Charles X, tout était en fête au Palais-Royal. Le duc d'Orléans venait d'obtenir du nouveau roi ce qu'il avait inutilement sollicité de Louis XVIII : il venait d'être nommé altesse royale.

Louis XVIII, comme nous l'avons déjà dit, avait constamment refusé tous ceux qui sollicitaient de lui cette faveur pour M. le duc d'Orléans.

— Il sera toujours assez près du trône, répondait-il.

Au reste, Charles X se présentait sous les aspects les plus populaires. Pour faire pendant à son mot : « Il n'y a rien de changé en France, il n'y a qu'un Français de plus, » il avait dit celui-ci, beaucoup plus simple, mais non moins apprécié : « Mes amis, plus de censure! » et, au milieu de l'allégresse générale, son sacre se préparait avec une pompe merveilleuse.

Les derniers sacres avaient porté malheur.

On sait que Louis XVI, à Reims, ayant vivement ôté la couronne de dessus sa tête

— Qu'avez-vous, sire? lui demanda l'archevêque.
— Cette couronne me blesse, répondit Louis XVI.

Et, vingt ans plus tard, il était mort sur l'échafaud!

Napoléon avait voulu, pour le sacrer, plus qu'un archevêque : il avait voulu un pape, et avait fait venir Pie VII de Rome à Paris, du Vatican à Notre-Dame.

> Il fallut presqu'un dieu pour consacrer cet homme!
>   Le prêtre, monarque de Rome,
>   Vint sacrer son front menaçant;
> Car sans doute, en secret effrayé de lui-même,
> Il voulut recevoir son sanglant diadème
>   Des mains d'où le pardon descend!

Quinze ans plus tard, Napoléon mourut à Sainte-Hélène!

Enfin, c'était le tour de Charles X.

Tous les souverains de la chrétienté, informés de cette cérémonie solennelle, devaient y être représentés par des ambassadeurs extraordinaires. Ces ambassadeurs extraordinaires étaient :

Pour l'Autriche, le prince d'Esterhazy; pour l'Espagne, le duc de Villa-Hermosa; pour la Grande-Bretagne, le duc de Northumberland; pour la Prusse, le général de Zastrow, et, pour la Russie, le prince de Volkonsky.

Le 24 mai, à onze heures et demie du matin, le roi et le dauphin partirent des Tuileries, et se rendirent à Compiègne.

Tout alla bien jusqu'à Fismes. Mais il fallait qu'un accident vînt apporter son mauvais présage à ce règne de six ans, qui devait, lui aussi, aller se perdre dans l'exil.

A la descente de Fismes, les batteries de la garde royale, placées dans un vallon à gauche de la route, firent feu pour saluer le roi.

La détonation, répétée par l'écho, fut terrible!

Au bruit de cette détonation, les chevaux de la voiture où étaient les ducs d'Aumont et de Damas, et les comtes de Cossé et Curial, s'emportèrent; la voiture versa et se brisa sur le pavé.

Sur les quatre personnes qu'elle contenait, deux furent grièvement blessées.

Ce furent MM. le duc de Damas et le comte Curial.

Le comte Curial surtout : il eut la clavicule brisée.

Le roi lui-même n'échappa à un accident pareil que par la force et la présence d'esprit de son cocher. Ses chevaux s'emportèrent; mais le cocher eut la présence d'esprit de ne point essayer de les arrêter, et la force de les maintenir sur le milieu du pavé.

Au bout de dix minutes d'une course effrénée, ils se calmèrent d'eux-mêmes.

Puis, arrivé au village de Tinqueux, le roi trouva le duc d'Orléans et le duc de Bourbon qui l'attendaient. La pluie, qui n'avait pas discontinué de tomber depuis le matin, cessa; le soleil, qui n'avait point paru encore, se montra radieux. Le roi monta dans la voiture du sacre avec M. le dauphin, M. le duc d'Orléans et M. le duc de Bourbon; « et la route jusqu'à Reims, dit la *Relation du sacre*, ne fut plus qu'un arc de triomphe. »

En sortant des vêpres du sacre, Charles X signa l'amnistie accordée aux déserteurs de la marine et aux condamnés politiques.

Ce fut cette amnistie qui ramena Carrel en France.

Treize ans après, Charles X mourait à Goritz.

Madame la duchesse d'Orléans avait assisté au sacre, et en avait fait, sur son album particulier, une relation en italien. De retour à Paris, elle voulut avoir une traduction française de cette relation, et chargea Oudard de la lui faire. Oudard, fort embarrassé, me donna l'album, deux jours de congé, et mission de traduire la relation en son lieu et place.

Cet album était celui où madame la duchesse d'Orléans écrivait ses plus secrètes pensées, et relatait ses plus secrètes actions.

On ne m'avait aucunement recommandé de ne pas lire, et je lus.

Au reste, sur cet album, qui renfermait les actions et les pensées de la duchesse d'Orléans depuis dix ans; sur cet album, qui était destiné à ne pas sortir de ses mains, à ne pas même passer dans celles du duc d'Orléans, puisque c'était pour le duc d'Orléans que la traduction était faite, il n'y avait pas un mot que pût désavouer la chasteté d'un ange.

Au milieu de tout ce que je lus, une chose me frappa : c'était la profonde reconnaissance de madame la duchesse d'Orléans pour les faveurs que prodiguait au prince son mari le nouveau roi Charles X, et pour les bontés dont faisait, chaque jour, preuve pour elle et pour sa famille madame la duchesse de Berry.

Hélas! hélas! en voyant le roi Charles X à Gratz, et madame la duchesse de Berry à Blaye, combien de fois le souvenir de cet album ne se présenta-t-il pas à mon esprit, et ne me fit-il pas frissonner à l'idée de ce qu'avait dû souffrir le cœur profondément religieux de Marie-Amélie, quand ce que les princes appellent des nécessités politiques brisa entre les mains de son époux la couronne de l'un et l'honneur de l'autre!

Puis une autre page arrêta encore mes regards, et fixa long temps mes yeux.

C'était celle où madame la duchesse d'Orléans racontait comment son mari, entre deux caresses, lui avait, avec tous les ménagements possibles, appris la mort de son père, Ferdinand Ier.

En effet, Ferdinand Ier, celui-là même qui avait retenu dix-huit mois mon père dans les prisons de Naples; celui qui avait permis qu'on tentât trois fois de l'empoisonner, une fois de l'assassiner, celui-là venait d'être appelé à rendre compte — pasteur qui avait égorgé son troupeau — des terribles années 1798 et 1799.

N'était-ce pas étrange que moi, fils d'une des victimes de ce roi, je tinsse entre mes mains cet album, où, le cœur plein de larmes, une fille déplorait la mort de ce roi?

Bizarre rapprochement des fortunes et des destinées!

Au reste, il était mort comme aurait pu mourir un juste, cet homme qui avait vu pendre devant ses yeux, brûler sous ses fenêtres, éventrer et mettre en morceaux en sa présence ceux qu'il avait appelés ses amis; ceux qu'une capitulation trahie lui avait livrés; ceux qui, sous un autre règne, eussent été l'honneur du roi et la gloire du pays!...

Le 3 janvier 1825, il s'était endormi tranquillement à deux heures du matin. On l'avait entendu tousser plusieurs fois; puis, enfin, à huit heures, comme il n'avait point appelé selon sa coutume, les officiers de la chambre, suivis des médecins, étaient entrés dans son appartement, et l'avaient trouvé mort d'une attaque d'apoplexie.

Ferdinand Ier venait de régner soixante-cinq ans.

Il était mort à l'âge de soixante-quatorze ans.

Oudard eut sa traduction, qu'il recopia de sa main, et qu'il donna à la duchesse d'Orléans comme de lui. Il est vrai qu'il me rapporta fidèlement les compliments qu'il avait reçus à ce sujet, et qu'il ajouta — chose dont je lui fus bien autrement reconnaissant — deux billets du Théâtre-Français pour la première représentation du *Roman*, comédie estimable, en cinq actes, en vers, de Laville de Mirémont, déjà connu, je dirai, non pas par sa bonne pièce, mais par sa bonne action du *Folliculaire*.

J'ai beaucoup connu de Laville; une accusation de Lemercier l'avait fort tourmenté: Lemercier reprochait à de Laville, qui avait été censeur, d'avoir arrêté sa pièce de *Charles VI*; à lui, Lemercier, et d'en avoir fait une ensuite sur le même sujet et avec les mêmes idées.

Mais, d'abord, de Laville avait prouvé, par *le Folliculaire* et par *le Roman*, qu'il n'avait pas besoin des pièces des autres pour faire les siennes; et, en outre, il était parfaitement incapable d'une pareille action.

Il y avait dans *le Roman* une création charmante: celle d'un père ami et presque compagnon des folies d'un fils qu'il a eu à l'âge de vingt ans. Rien n'était plus vrai que cette situation que de Laville appliqua le premier au théâtre.

Grâce à Talma, j'avais vu, quelque temps auparavant, la représentation du *Cid d'Andalousie*. L'exemple de Casimir Delavigne avait été contagieux: Talma jouant un rôle dans la comédie, mademoiselle Mars s'était demandé pourquoi elle n'en jouerait pas un dans la tragédie. De là cette nouvelle réunion des deux artistes dans *le Cid d'Andalousie.*

Mai. M. Pierre Lebrun, auteur d'un *Ulysse* qui n'avait pas été joué, ou qui avait été joué une ou deux fois, ce qui était bien tant pis, M. Lebrun n'était point Casimir Delavigne. N'ayant plus là, comme il avait eu, en 1820, pour le soutenir dans *Marie Stuart*, la robuste ossature de Schiller; réduit aux romanceros espagnols, c'est-à-dire à de simples indications de scène, tout lui manqua : force, originalité, style, et, malgré cet appui inusité de Talma et de mademoiselle Mars, qui avaient doublé la force de l'homme fort, et qui ne purent dissimuler la faiblesse de l'homme médiocre, *le Cid d'Andalousie* tomba à la première représentation, se releva à la seconde à force de claqueurs, pour se traîner agonisant pendant six ou sept représentations, puis disparut enfin de l'affiche.

Cette chute fut le commencement de la fortune de M. Pierre Lebrun, académicien, pair de France, et directeur de l'imprimerie royale.

O Médiocrité! vénérable déesse! toi qui possèdes le secret de cette précieuse essence que Vénus donna à Phaon pour assurer la réussite dans le monde! toi qui as si longtemps repoussé Hugo, Lamartine et Charles Nodier! toi qui as laissé mourir Soulié et Balzac, sans faire pour eux le tiers de ce que tu as fait pour M. Pierre Lebrun! toi qui détournes tes regards d'Alfred de Musset, et qui fais bien, car toute originalité, toute puissance, toute verve, fait cligner à sa lumière ton œil de hibou! toi dont la statue, haute de cent coudées, devrait être fondue en zinc, afin qu'elle couvrît de son ombre le pont des Arts et le respectable monument auquel il conduit! ô Médiocrité! seule divinité qui n'ait, en France, ni 21 janvier, ni 29 juillet, ni 24 février! toi, la chose que je méprise par-dessus toute chose, sans te haïr, car je ne hais rien au monde! sois toujours rebelle à moi et douce à mes ennemis, c'est la seule grâce que je te demande, et, à cette condition, demeure la maîtresse de l'avenir, comme tu l'as été du passé!

Or, remarquez-le bien, cette chute du *Cid d'Andalousie* avait lieu en 1825.

On pouvait donc espérer que, treize ans après, c'est-à-dire en 1838, ce malheureux *Cid* serait oublié de tout le monde, même de son auteur.

Point.

C'était à Compiègne, — au camp. M. le duc d'Orléans faisait, pendant la journée, les honneurs de la forêt aux chasseurs; le soir, les honneurs des salons aux joueurs, aux causeurs et aux danseurs.

Au milieu d'une de ces soirées, il passe une idée fatale dans l'esprit du malheureux prince. Il se tourne vers quelques poëtes qui l'entouraient :

— Messieurs, dit-il, voyons, lequel d'entre vous a quelques vers à nous lire?

Chacun se tait, comme on comprend bien, et fait un pas en arrière.

M. Pierre Lebrun, lui, fait un pas en avant :

— Moi, monseigneur, dit-il.

Et il s'assied, et il tire de sa poche un manuscrit, — un manuscrit, entendez-vous bien! — et, au milieu du silence général, il lit le titre :

— Messieurs, *le Cid d'Andalousie.*

Chacun se regarda; mais il n'y avait plus à y revenir, on était pris, et M. le duc d'Orléans tout le premier.

La chose eut, par ma foi, un grand succès.

La lecture terminée, les compliments faits :

— Dumas, me dit le duc d'Orléans, expliquez-moi donc quel est ce bruit que j'ai entendu du côté de la fenêtre, et qui a interrompu M. Lebrun, vers le commencement du troisième acte.

— Monseigneur, répondis-je, c'est A***, qui s'était tapi derrière les rideaux pour dormir plus à son aise; mais il paraît qu'en dormant, il a eu le cauchemar; il a donné un coup de poing sur un guéridon, et il a cassé un cabaret de porcelaine de Sèvres, ce qui le rend fort triste.

— S'il est triste, il a tort, me dit le duc d'Orléans; dites-lui qu'il était dans son droit, et que je prends le cabaret sur mon compte.

C'était un prince sage comme Salomon, et juste comme saint Louis, que ce pauvre duc!...

Le Théâtre-Français, au reste, n'était pas en veine. Après avoir joué *le Cid d'Andalousie* de M. Lebrun, il joua la *Judith* de M. de Comberousse, et le *Bélisaire* de M. de Jouy.

Un important changement venait de se faire au théâtre de la rue de Richelieu. Sur la recommandation de MM. Lemercier, Viennet et Alexandre Duval, M. le baron Taylor avait été nommé commissaire royal, en remplacement de M. Choron.

Au moment où Charles X rentrait à Paris, après le sacre, et comme monseigneur l'évêque d'Orléans avait ordonné des prières en actions de grâces de la cérémonie qui venait de s'accomplir, M. Bergeron, curé de la commune de Saint-Sulpice, canton de Blois, après avoir donné en chaire lecture du mandement de son évêque, ajouta ces simples paroles:

— Mes très-chers frères, comme Charles X n'est point chrétien; qu'il veut maintenir la Charte, qui est un acte contre la religion, nous ne devons pas prier pour lui, pas plus que pour Louis XVIII, qui a été le fondateur de cette Charte : ils sont damnés tous deux ; que ceux qui sont de mon avis se lèvent.

Et trois cents auditeurs, sur quatre cents, se levèrent, manifestant, par cet acte d'adhésion, qu'ils étaient absolument du même avis que leur curé.

Hélas! si l'Académie eût su quel homme c'était, que ce baron Taylor, que l'ordonnance de Charles X introduisait dans le sanctuaire de la Comédie-Française; si elle eût pu deviner qu'il en ouvrirait les portes à MM. Alexandre Dumas, Victor Hugo et de Vigny (1), comme elle eût, à l'exemple du curé Bergeron, excommunié le roi Charles X!

Mais elle n'en savait rien.

---

(1) Je place, on le comprend bien, mon nom et celui de mes deux honorables confrères, selon l'ordre chronologique des représentations de *Henri III*, de *Marion Delorme* et d'*Othello*.

Le premier mauvais tour que fit le nouveau commissaire du roi à ses protecteurs fut de faire jouer le *Sigismond de Bourgogne*, de M. Viennet, et le *Camille*, de M. Lemercier.

Il va sans dire que ces deux pièces tombèrent à plat.

Cela ne découragea point M. Lemercier. Il résolut de changer de genre, et commença un mélodrame intitulé *le Masque de poix*.

Cela exalta M. Viennet, qui, au lieu de changer de genre, comme son honorable confrère, et résolu, au contraire, à faire triompher le sien, se mit à lire, dans les salons, un *Achille* fait depuis vingt ans, et reçu depuis dix.

— N'est-ce pas que mon Achille est bien colère? disait-il à M. Arnault après une de ces lectures.

— Oui, colère comme un dindon! répondit M. Arnault.

Au reste, peu d'hommes faisaient plus beau jeu à la riposte que M. Viennet. C'était une véritable quintaine, à l'exception qu'il ne rendait pas le coup quand on le manquait. Il est vrai qu'il offrait une belle surface, et qu'on le manquait rarement.

Un jour, chez Nodier, il s'approche de Michaud.

— Dites donc, Michaud, fit-il avec cet air qui n'appartient qu'à lui, je viens de finir un poëme de trente mille vers. Que dites-vous de cela?

— Je dis qu'il faudra quinze mille hommes pour le lire, répondit Michaud.

Un autre jour, dans un dîner, M. Viennet attaquait Lamartine.

— Un fat, disait-il, qui se croit le premier homme politique de son époque, et qui n'en est pas même le premier poëte!

— En tout cas, répondit madame Gay de l'autre bout de la table, il n'en est pas non plus le dernier, la place est prise.

— M. Viennet, outre tout ce qu'il a écrit en vers, — fables, comédies, tragédies, épîtres, poëmes épiques, — a écrit en prose deux lettres qui sont deux modèles.

Nous les citons entières et textuellement; l'analyse n'en donnerait pas une idée.

L'une se rapporte à la nomination d'Hugo comme officier de de la Légion d'honneur; l'autre, à la propre nomination de M. Viennet à la pairie.

Car M. Viennet fut député et pair de France; car M. Viennet est encore commandeur de la Légion d'honneur et académicien.

Voici la première lettre de M. Viennet.

« Monsieur,

» Je n'ai pas dit que je ne voulais plus porter la croix d'officier de la Légion d'honneur, depuis qu'on l'avait donnée au chef de l'école romantique.

» En ôtant mon ruban de la boutonnière où l'empereur l'avait placé, j'ai suivi seulement l'exemple de la plupart des généraux de la vieille armée, qui trouvaient plus facile de se faire remarquer en paraissant dans les rues sans décoration. Il ne s'agissait ici ni de romantiques ni de classiques.

» Il est tout naturel qu'un ministre romantique décore ses amis; il serait cependant plus juste de donner la croix de chevalier à ceux qui auraient eu le courage de lire jusqu'au bout les vers ou la prose de ces messieurs, et la croix d'officier à ceux qui les auraient compris. Je désire, en outre, qu'on n'en donne que douze par an aux écrivains qui font des libelles contre les grands pouvoirs de l'État, les ministres et les députés : il faut de la mesure dans les encouragements.

» Agréez, etc.

» VIENNET. »

Voici maintenant la lettre de M. Viennet, à propos de sa nomination comme pair de France.

« Monsieur,

» Sur la foi d'un journal judiciaire que je ne connais pas, vous publiez, que, dès vendredi dernier, je me suis empressé d'écrire à M. Védel, pour mettre opposition à la représentation des *Serments*, et vous accompagnez cette annonce d'une fort jolie épigramme contre cette comédie. L'épigramme me touche fort peu, elle sort peut-être de la même plume qui avait loué l'ouvrage quand l'auteur avait cessé d'être un homme politique. Je ne prétends pas l'empêcher de continuer, mais le fait n'est pas vrai et je me récrie. Il n'y a eu de ma part ni possibilité ni volonté de faire ce qu'on m'impute. Je suis parti vendredi de la campagne, et je suis arrivé chez moi, à Paris, vers les sept heures, sans me douter de ce que *le Moniteur* avait publié, le matin, d'honorable pour moi. C'est mon portier qui m'a salué du titre de pair, attendu qu'il avait expédié, le matin même, pour mon village, une lettre officielle qui portait ce titre, et comme cette lettre ne m'est pas encore revenue, j'ignore à quel ministre je suis redevable de ce premier avis. Quant à ma volonté, elle n existe point, elle n'existera jamais! c'est m'insulter que de me croire capable d'abjurer les travaux et les honneurs littéraires, pour un honneur politique. La Charte n'a pas établi d'incompatibilité entre le poëte dramatique et le pair de France; si elle l'eût fait, j'aurais refusé la pairie. Les lettres et les succès de théâtre honorent ceux qui cultivent les unes et qui obtiennent les autres sans intrigue et sans bassesse. Au lieu d'y renoncer, je sollicite, au contraire, avec plus d'instance la représentation des *Serments*, la mise en scène d'une de mes tragédies et la lecture d'une comédie en cinq actes. Si vous avez quelque crédit auprès de M. le directeur du Théâtre-Français, veuillez l'employer en ma faveur. Les épigrammes dont on m'a poursuivi comme député sont bien usées; vous devez désirer qu'on en renouvelle la matière, et une nouvelle comédie, une nouvelle tragédie de moi, seraient de merveilleux aliments pour la verve satirique de mes adversaires. Rendons-nous mutuellement ce service; je vous en serai très-reconnaissant pour mon compte, et je vous prie d'agréer d'avance les remercîments de votre très-humble serviteur.

» Viennet. »

Revenons au baron Taylor et au changement que sa présence allait apporter dans la direction du Théâtre-Français.

Taylor avait fait, au Panorama-Dramatique, *Ismaël et Maryam*, tout seul; *Bertram*, en collaboration avec Nodier, et *Ali-Pacha*, en collaboration avec Pichat.

Pichat, jeune homme de vingt-huit ans, à cette époque, avait, depuis deux ou trois ans, un *Léonidas* reçu au Théâtre-Français.

Taylor tira *Léonidas* du Pandémonium où il se trouvait, et le mit en répétition.

Talma devait jouer le rôle de Léonidas; — non point que Talma, cette suprême intelligence, se trompât sur la portée du rôle qui, dramatiquement parlant, était nulle; mais, du côté plastique, il y avait quelque chose de nouveau à faire, et le pauvre Talma fut, jusqu'à sa mort, à la recherche de ce monde perdu que, moins heureux que Vasco de Gama, il ne parvint pas à retrouver.

D'ailleurs, pour jouer *Léonidas*, le moment était bien choisi: l'Europe tout entière avait les yeux fixés sur les successeurs des trois cents Spartiates.

Puis, disait-on d'avance, la pièce nouvelle allait être montée avec un luxe inaccoutumé et une mise en scène inouïe.

Je me rappelle la première représentation de cette tragédie de *Léonidas*, dans laquelle on sentait poindre des lueurs d'idées nouvelles, dans laquelle tous les mots historiques qui célébraient cette fameuse défense des Termopyles étaient heureusement encadrés, et admirablement dits par Talma, et où un hémistiche du jeune Agis remplaçait le récit obligé.

Agis, blessé, venait tomber en scène en disant:

Ils sont tous morts... je meurs!...

L'ouvrage eut un grand succès d'enthousiasme, à cause des circonstances dans lesquelles il était joué, — succès d'admiration pour Talma. qui semblait une statue antique descendue de sa base.

Après la représentation, la toile tombée, je vis passer à travers le corridor et le foyer, un groupe bruyant plein de joyeuses clameurs et de fraternelles félicitations. Un beau jeune homme, au visage radieux, comme celui d'Apollon vainqueur, faisait le centre et était le héros de ce groupe.

C'était l'auteur de *Léonidas*.

Hélas! deux ans après, il était mort.

Mort! ayant touché à peine du bout des lèvres la coupe enivrante du succès.

Mais, au moins, cette boisson qui adoucit ses derniers moments, ce fut Taylor qui eut le bonheur de la lui présenter. Sans Taylor, Pichat mourait obscur, — et, tout météore éphémère qu'il ait été, quelques-uns, et je suis de ceux-là, se rappellent la lumière éclatante qu'il jeta pendant sa courte durée!

CI

Mort du général Foy. — Ses funérailles. — *L'Altesse royale.* — Assassinat de Paul-Louis Courier. — Mort de l'empereur Alexandre. — Parallèle entre l'Angleterre et la Russie. — Aux dépens de qui ces deux puissances se sont accrues depuis cent ans. — Comment Napoléon aurait pu conquérir l'Inde.

Puisque nous avons prononcé le mot *mort*, consacrons ce chapitre tout entier à cette pâle fille de l'Érèbe et de la Nuit.

Le 26 juin, la princesse Pauline Borghèse mourut à Florence, et, avec elle, tomba dans l'éternité un des souvenirs lumineux de ma jeunesse.

Puis, le 28 novembre, une nouvelle plus personnellement fatale pour moi vint me frapper.

Comme je sortais du bureau, je vis des passants s'aborder en se disant :

— Vous savez, le général Foy est mort!

Et on en doutait! Mais il y a des nouvelles dont on ne devrait jamais douter ; car qui oserait les répandre, si elles étaient fausses, ces nouvelles que la bouche de bronze du Destin a seule le droit d'annoncer?

Oui, le général Foy était mort en arrivant d'un voyage dans les Pyrénées, où il avait été prendre les eaux ; il était mort d'un anévrisme, mort qui devait devancer la nouvelle de la maladie.

Il est vrai que l'on cachait cette maladie, dans l'espérance qu'elle ne serait pas mortelle.

Et, cependant, depuis huit jours, elle faisait des progrès effrayants : des étouffements se succédaient, d'abord de quart d'heure en quart d'heure, et ensuite à des intervalles plus rapprochés ; des vomissements avaient lieu de minute en minute.

Les deux neveux du général étaient près de lui, ne quittant pas un instant son lit, lui prodiguant tous leurs soins, et, comme c'étaient deux hommes, il n'essayait pas de leur cacher sa position.

— Je sens, disait-il, un pouvoir désorganisateur qui travaille à me détruire ; je le combats, mais je sens que c'est un géant, et que je ne puis le vaincre.

Quand vint l'heure suprême, il éprouva, quoiqu'on fût en novembre, le besoin de respirer l'air, et de chercher la vie au pâle rayon du soleil qui brillait comme une consolation.

Ses neveux le portèrent dans un fauteuil placé en face de la fenêtre ; mais il n'y put rester qu'un instant.

— Mes amis, mes bons amis, dit-il à ses neveux, reportez-moi sur mon lit, Dieu fera le reste.

A peine y était-il, que Dieu détacha cette âme loyale et pure du corps qui la renfermait.

Je rentrai chez ma mère tout désespéré. Si faible que je fusse, je compris que l'illustre mort avait quelque chose à attendre de ce jeune homme encore inconnu auquel il avait ouvert la carrière.

Et je fis cette pièce de vers dont j'ai déjà cité une strophe, la seule qui, heureusement, soit restée dans mon souvenir.

Je fis imprimer l'ode — à mes frais, bien entendu. Deux ou trois cents francs de ma pauvre mère passèrent a cette impression ; mais elle ne les regretta pas, ni moi non plus. On réunit tous les vers faits à cette occasion, sous le titre de *Couronne poétique du général Foy*.

Il y en avait un volume.

Les plus remarquables de tout ce volume étaient ceux d'une belle jeune fille de dix-sept ou dix-huit ans, qui venait de se faire connaître par un volume d'*Essais poétiques*, et que l'on appelait Delphine Gay. Voici l'élégie que lui avait inspirée la mort du général Foy, et qui, répétée par tous les journaux de l'époque, eut un immense succès:

> Pleurez, Français, pleurez! la patrie est en deuil;
> Pleurez le défenseur que la mort vous enlève;
> Et vous, nobles guerriers, sur son muet cercueil
> Disputez-vous l'honneur de déposer son glaive!
>
> Vous ne l'entendrez plus, l'orateur redouté
> Dont l'injure jamais ne souilla l'éloquence;
> Celui qui, de nos rois respectant la puissance,
> En fidèle sujet parla de liberté.
> Le ciel, lui décernant la sainte récompense,
> A commencé trop tôt son immortalité!
>
> Son bras libérateur dans la tombe est esclave;
> Son front pur s'est glacé sous le laurier vainqueur,
> Et le signe sacré, cette étoile du brave,
>   Ne sent plus palpiter son cœur.
>
> Hier, quand de ses jours la source fut tarie,
> La France, en le voyant sur sa couche étendu,
> Implorait un accent de cette voix chérie...
> Hélas! au cri plaintif jeté par la patrie
> C'est la première fois qu'il n'a pas répondu!

Les funérailles du général Foy eurent lieu le 30 novembre. Le corps fut porté de son hôtel à l'église Notre-Dame de Lorette; malgré une pluie battante qui ne cessa de tomber de midi à quatre heures du soir, trente mille personnes suivirent le convoi, entre deux haies de cent mille spectateurs chacune.

Au milieu des voitures de deuil, on remarquait une voiture à la livrée du duc d'Orléans.

Le lendemain du convoi, cette chanson, dirigée contre le prince qui venait de donner une marque publique de sympathie pour le talent et le caractère du noble général et de l'illustre tribun, courut dans Paris :

Air *Tous les bourgeois de Châtres*

Bon Dieu! quelle cohue!
Quel attroupement noir!
Il tient toute la rue
Aussi loin qu'on peut voir.
Est-ce pompe funèbre ou pompe triomphale?
Est-il mort quelque gros richard?
Car j'aperçois là-bas le char
D'une altesse royale.

Est-ce un songe civique?
Est-ce un de ses héros
Qu'ainsi la république
Mène au champ du repos?
Un déluge nouveau fond sur la capitale;
On ferait rentrer un canard!
Dehors pourquoi voit-on le char
D'une altesse royale?

Appuyé sur sa canne,
Un vieil et bon bourgeois
Me regarde, ricane,
Et me dit à mi-voix :
« Un carbonaro mort cause tout ce scandale;
Tout frère a son billet de part;
C'est pourquoi nous voyons le char
D'une altesse royale.

» Le défunt qu'on révère,
C'est Foy l'homme de bien,
C'est Foy l'homme de guerre,
C'est Foy le citoyen.
Jamais à sa vertu, vertu ne fut égale!
Moi, je n'en crois rien pour ma part;
Mais, ici, j'aime à voir le char
D'une altesse royale.

» Ce Foy, d'après nature,
Ce député fameux,
Fut un soldat parjure,
Un Français factieux.
Aux vertus de Berton, la sienne fut égale;
Ce n'est pas l'effet du hasard,
Si nous voyons ici le char
D'une altesse royale.

» Sortis de leurs repaires,
Au tricolor signal,
Les amis et les frères
Suivent leur général.
De la France c'est là l'élite libérale;
Qu'ils sont bien près du corbillard!
Qu'ils sont bien tous autour du char
D'une altesse royale!

» Philippe de ton père
Ne te souvient-il pas?
Dans la même carrière
Tu marches sur ses pas.
Tu crois mener, tu suis la horde libérale;
Elle rit sous ce corbillard,
En voyant derrière son char
Ton Altesse royale. »

Quoique cette petite infamie ne fût point signée, on devina d'où elle venait; d'ailleurs, elle était tirée à cent mille exemplaires, et distribuée gratis.

Il n'y a guère que les poëtes du gouvernement qui fassent de si mauvais vers. Il n'y a guère que les œuvres qui ne se vendent pas que l'on tire à cent mille exemplaires.

Laissons cela, c'était le côté misérable. — Le côté grand, magnifique, splendide, c'est que le bruit s'était répandu que le général Foy mourait sans laisser à sa femme d'autre fortune que la célébrité de son nom: une souscription fut ouverte qui, en trois mois, produisit un million.

Pendant la même année, un gouvernement et un peuple avaient donné, chacun de son côté, chose rare! un grand exemple de reconnaissance: le gouvernement américain en votant un million à la Fayette; le peuple français en offrant un million à la veuve et aux enfants du général Foy.

Vers le commencement de l'année avait eu lieu la mort d'un homme qui avait autant contribué par sa plume à l'émancipation de la France que le général Foy par sa parole.

Le 11 avril, Paul-Louis Courier de Méré fut trouvé, vers dix heures du matin, assassiné à trois quarts de lieue de sa maison de campagne, dans le bois de Larçay.

Il avait été tué d'un coup de fusil ou de pistolet tiré dans le bas des reins à droite; l'arme était chargée de trois petites balles, dont une resta dans le corps, et dont deux en sortirent. A côté de la balle restée dans le corps, on retrouva la bourre, ce qui prouva que le coup avait été tiré à bout portant; en outre, les vêtements étaient brûlés à l'endroit de la blessure.

Trois personnes furent arrêtées: Symphorien et Pierre Dubois, charretiers, qui invoquèrent et prouvèrent un alibi; — ils furent mis hors de cause; — et Louis Frémont, qui fut acquitté par la déclaration du jury.

Ainsi, Paul-Louis Courier, le savant illustre, l'homme spirituel par excellence, fut assassiné sans qu'il y eût assassin reconnu!

Le parti libéral perdit dans Courier un des plus rudes champions de sa cause: il était au pamphlet ce que Béranger était à la chanson.

Mais, de toutes ces morts, celle qui produisit la plus vive et la plus profonde sensation, parce que celle-là devait influer, non-seulement sur les affaires de la France, mais encore sur celles du monde entier, ce fut la mort de l'empereur Alexandre.

Enfant, j'avais failli, dans les rues de Villers-Cotterets, être écrasé par un petit kibitz conduit par un cocher penché sur trois chevaux qu'il conduisait avec un fouet court, et qu'il faisait voler sur le pavé.

Ce cocher avait une casquette de cuir, un uniforme vert, une barbe naissante, un visage taché de marques de rousseur, et des lentilles d'or aux oreilles.

Il conduisait deux officiers mis à peu près l'un comme l'autre, avec une plaque, deux ou trois croix, et deux grosses épaulettes.

L'un de ces deux officiers était une espèce de Kalmouk, hideux de visage, brutal de gestes, bruyant de voix; il jurait très-haut en français, et paraissait avoir une grande science de notre langue, surtout dans son côté vulgaire et grossier.

L'autre était un bel homme de trente-trois à trente-quatre ans, paraissant aussi doux et aussi policé que son compagnon paraissait commun et mal appris. Il avait les cheveux d'un blond d'or, et, quoiqu'il parût vigoureux et bien portant, un sourire doux et triste passait sur ses lèvres, chaque fois qu'il réprimait une brutalité de son compagnon.

Celui-ci était l'empereur Alexandre, le plus beau et le plus faux des Grecs, à ce que disait Napoléon.

Son compagnon était le grand-duc Constantin.

Celui qui les conduisait, c'était le grand-duc Michel.

Étrange trinité, vision presque fantastique, qui, passant par mes yeux, s'imprima si profondément dans ma mémoire, que je revois aujourd'hui, après trente-sept ans, passer devant moi cette voiture basse, emportée par ses trois chevaux, et emportant son cocher et ses deux voyageurs!

Eh bien, de ces trois hommes dont ma mémoire avait gardé le souvenir, c'était l'homme à la figure douce et mélancolique qui était parti le premier.

Cet homme, Napoléon avait voulu en faire, à Erfürt, non-seulement un allié, mais encore un frère; cet homme, qui l'avait appelé Charlemagne, il l'avait appelé Constantin; cet homme, il lui avait offert l'empire d'Orient, à la condition qu'il lui laisserait l'empire d'Occident.

Car l'empereur — et c'est là une des hautes idées de son règne — l'empereur avait compris que, contre l'Angleterre, notre ennemie naturelle, notre allié naturel, c'était la Russie.

Et, en effet, — écoutez bien ceci, messieurs qui acceptez les traditions politiques toutes moulées, et qui faites d'une certaine façon, parce que l'on a fait de cette façon-là avant vous — les alliances entre peuples sont solides, non pas à cause de la *ressemblance des principes,* mais à cause de la *différence des intérêts.*

Or, qu'importe que l'Angleterre proclame les mêmes principes que la France, si elle a, de par le monde, les mêmes intérêts ?

Qu'importe que la Russie ait des principes opposés, si elle a des intérêts différents ?

Voyons, depuis cent ans, de quelle façon s'est accrue l'Angleterre, et nous reconnaîtrons qu'elle nous a pris, à nous sa voisine et son alliée, tout ce qu'elle a pu nous prendre.

Voyons, depuis cent ans, de quelle façon s'est accrue la Russie, et assurons-nous qu'elle n'a touché à rien de ce qui nous appartenait.

Comptons les colonies de l'une. Mesurons les limites de l'autre.

L'Angleterre, qui, il y a cent ans, n'avait que cinq comptoirs dans l'Inde, Bombay, Singapore, Madras, Calcutta et Chandernagor; l'Angleterre, qui ne possédait, dans l'Amérique du Nord, que Terre-Neuve, et cette bande de littoral qui s'étend comme une frange de l'Acadie aux Florides; l'Angleterre, qui ne possédait, au banc de Bahama, que les îles Lucayes; aux petites Antilles, que la Barbade; dans le golfe Mexicain, que la Jamaïque; l'Angleterre, dont la seule station dans l'océan Atlantique équinoxial était Sainte-Hélène, de meurtrière mémoire; l'Angleterre, aujourd'hui, comme une gigantesque araignée des mers, a accroché sa toile aux cinq parties du monde.

En Europe, elle possède : l'Irlande, Malte, Héligoland, Gibraltar; — en Asie : la ville d'Aden, qui commande la mer Rouge, comme Gibraltar la Méditerranée; Ceylan, la grande presqu'île de l'Inde, le Népaul, le Lahore, le Sind, le Béloutchistan et le Caboul; les îles Singapour, Poulo-Pénang et Sumatra; c'est-à-dire, CENT VINGT-DEUX MILLE TROIS CENT TRENTE-TROIS LIEUES CARRÉES de territoire, nourrissant CENT VINGT-TROIS MILLIONS D'HOMMES.

Sans compter, en Afrique : Bathurst, les îles de Léon, Sierra-Leone, une portion de la côte de Guinée, Fernando-Po, l'île de l'Ascension, celle de Sainte-Hélène déjà nommée, la colonie du Cap, le Port-Natal, l'île de France, Rodrigue, les Séchelles, Socotora ; — en Amérique : le Canada, tout le continent septentrional, depuis le banc de Terre-Neuve jusqu'à l'embouchure du fleuve Mackensie ; presque toutes les Antilles, la Trinité, une partie de la Guyane, les Malouines, Balize, Tuathan, et les Bermudes ; — dans l'Océanie : la moitié de l'Australie, la Terre de Van-Diemen, la Nouvelle-Zélande, Norfolk, Havaï et le protectoral général de la Polynésie.

Elle a tout prévu, et elle est prête à tout.

Peut-être, percera-t-on, un jour, l'isthme de Panama : elle a Balize, sentinelle qui attend.

Peut-être ouvrira-t-on l'isthme de Suez : elle a Aden, factionnaire qui veille.

Le passage de la Méditerranée à la mer des Indes sera à elle.

Ce sera à elle, le passage du golfe du Mexique au grand océan Boréal.

Elle aura, dans une armoire de l'Amirauté, la clef de l'Inde et de l'Océanie, comme elle a déjà celle de la Méditerranée.

Ce n'est pas tout.

Par son titre de protectrice des îles Ioniennes, elle jette l'ancre à la sortie de l'Adriatique et à l'entrée de la mer Égée ; elle pose un pied sur la terre des anciens Épirotes et des modernes Albanais. Quand l'Irlande lui refusera ses paysans, l'Écosse ses montagnards, quand les marchés d'hommes que tiennent les princes allemands se fermeront pour elle, l'Angleterre recrutera parmi ces peuplades guerrières, et elle aura ses Arnautes, comme le vice-roi d'Égypte ou comme le pacha d'Acre et de Tripoli. Elle aura, à Corfou, une escadre qui, en quelques jours, pourra arriver aux Dardanelles ; elle aura, à Céphalonie, une armée qui, en une semaine, sera au sommet de l'Hémus. De là, après avoir détruit notre influence sur Constantinople, elle balancera, en Grèce, l'influence de la Russie, et il lui suffira de quelques bateaux armés pour détruire le commerce de tout le littoral autrichien.

Voilà pour l'Angleterre, et vous pouvez voir de combien de

puissants associés, — Canada, Indes, Antilles, île Maurice, — elle a augmenté sa puissance ; vous pouvez voir comment elle commande partout dans cette Méditerranée que Napoléon appelait un *lac français*, et où il ne devrait y avoir d'autres maîtres que nous ; vous pouvez voir comment, pièce à pièce, elle nous arrache notre protectorat sur la terre sainte, sur l'Égypte et sur Tunis, tout en nous jalousant Alger, que nous avons payé de notre sang et de nos millions, et que, cependant, elle nous chicane depuis vingt ans.

Maintenant, passons à la Russie, et voyons combien elle nous est étrangère.

La Russie, il y a cent ans, s'étendait de Kiev à l'île Saint-Laurent, des grands monts Altaï au golfe de Ienisséi, et peut-être avait-on droit de penser que c'était pour lui marquer une limite que Behring avait découvert le détroit auquel, en mourant, il légua son nom.

La Russie ne devait pas s'arrêter et ne s'est point arrêtée là.

Elle a rompu cette vieille limite de Kiev.

Le serpent scandinave, qui enveloppe de ses replis les deux tiers du globe, a déroulé ses anneaux : d'une des mâchoires de sa gueule, entr'ouverte pour dévorer la Prusse, il touche, à l'occident, la Vistule, et, de l'autre, le golfe de Botnie. A l'orient, il a franchi, en s'allongeant, le détroit de Behring, et ne s'est arrêté qu'en rencontrant l'Angleterre. Parti de l'autre extrémité du monde, au pied du mont Saint-Élie et des monts Buckhland, comme une arête dressée sur son dos, il porte, aujourd'hui, toute cette plage dentelée, qui, dernière limite du monde, se découpe sur l'océan Glacial, depuis la Piasina jusqu'aux îles des Ours ; depuis le lac Piasinskoë jusqu'au cap Sacré.

Ainsi, depuis cent ans, la Russie a gagné, sur la Suède : la Finlande, Abo, Viboug, l'Esthonie, la Livonie, Riga, Rével, et une partie de la Laponie ; — sur l'Allemagne : la Courlande et la Samogitie ; — sur la Pologne : la Lithuanie, la Volhynie, une partie de la Gallicie, Mohilev, Vitepsk, Polotsk, Minsk, Bialystok, Kamenetz, Tarnopol, Vilna, Grodno, Varsovie ; —

sur la Turquie : une partie de la petite Tartarie, la Crimée, la Bessarabie, le littoral de la mer Noire, le protectorat de la Servie, de la Moldavie, de la Valachie; — sur la Perse : la Géorgie, Tiflis, Érivan, une partie de la Circassie; — sur l'Amérique : les îles Aleutiennes, et la partie nord-ouest du continent septentrional de l'archipel Saint-Lazare.

De l'autre côté de la mer Noire, elle regarde la Turquie qu'elle s'apprête à envahir, aussitôt que la France et l'Angleterre lui en donneront la permission.

Puis, si un jour elle s'adjoint la Suède, ce qui est probable, elle fermera le détroit du Sund à l'occident, le détroit des Dardanelles à l'orient, et nul ne pénétrera plus qu'à son plaisir dans la mer Noire et dans la Baltique, ces deux grands miroirs qui réfléchissent déjà, l'un Odessa, l'autre Pétersbourg.

En attendant, sa plus grande longueur est de trois mille huit cent lieues; sa plus grande largeur est de quatorze cents lieues.

Sur toute cette étendue, que nous a-t-elle pris à nous?

PAS UN POUCE DE TERRAIN!

Elle compte soixante et dix millions d'habitants.

Sur toute cette population, que nous a-t-elle pris à nous?

PAS UNE AME!

Le 24 juin 1807, le général d'artillerie Lariboissière avait fait établir sur le Niémen un radeau, et, sur ce radeau, un pavillon.

Le 25, à une heure de l'après-midi, l'empereur Napoléon, accompagné du grand-duc de Berg, Murat, des maréchaux Berthier et Bessières, du général Duroc et du grand écuyer Caulaincourt, quitta la rive gauche du fleuve pour se rendre au pavillon préparé.

En même temps, l'empereur Alexandre, accompagné du grand-duc Constantin, du général en chef Benigsen, du prince Labanof, du général Ouvarov et de l'aide de camp général comte de Liéven, quitta la rive droite.

Les deux bateaux abordèrent en même temps, chacun de son côté, le radeau.

Les deux empereurs mirent le pied sur l'île flottante, marchèrent au-devant l'un de l'autre, se joignirent et s'embrassèrent.

Cet embrassement était le prélude de la paix de Tilsitt.

La paix de Tilsitt, c'était la perte de l'Angleterre.

D'abord, par le décret de Berlin sur le blocus continental, l'Angleterre avait été mise au banc de l'Europe.

Dans les mers du Nord, la Russie, le Danemark et la Hollande; dans la Méditerranée, la France et l'Espagne, lui avaient fermé leurs ports, et s'étaient engagés solennellement à ne faire aucun commerce avec elle.

Restaient donc seulement, sur l'Océan, le Portugal; dans la Baltique, la Suède.

Napoléon, par un décret en date du 27 octobre 1807, décida que la maison de Bragance avait cessé de régner, et Alexandre, le 27 septembre 1808, s'engagea à marcher contre Gustave IV.

Mais ce n'était pas le tout : sur ce radeau, dans ce pavillon du Niémen, un plan bien autrement terrible avait été arrêté.

« C'est dans l'Inde qu'il faut frapper l'Angleterre pour la tuer, » avait dit Bonaparte en faisant décider la campagne d'Égypte par le Directoire.

Et, d'Alexandrie, il avait dépêché un messager à Tippo-Saëb, pour l'exciter à une rude défense.

Mais le messager n'était pas à Aden, que le trône de Mysore était tombé, et que Tippo-Saëb était mort.

Dès lors, la conquête de l'Inde, après avoir été le rêve de Bonaparte, était devenue l'idée fixe de Napoléon.

Pourquoi avait-il fait la paix avec Alexandre? pourquoi l'avait-il embrassé sur le Niémen? pourquoi l'avait-il appelé Constantin? pourquoi lui avait-il offert l'empire d'Orient?

Pour s'en faire un allié sûr, et, appuyé sur cette alliance, pouvoir conquérir l'Inde.

Qui empêchait Napoléon de faire ce qu'avait fait Alexandre, deux mille deux cents ans avant lui?

La chose était si facile! Vous allez voir.

Trente-cinq mille Russes s'embarqueront sur le Volga, descendront le fleuve jusqu'à Astrakan, traverseront la mer Caspienne dans toute sa longueur, et descendront à Asterabad.

Trente-cinq mille Français descendront le Danube jusqu'à la mer Noire ; là, ils s'embarqueront, gagneront l'extrémité de la mer d'Azov, mettront pied à terre sur les bords du Don, remonteront le fleuve sur une longueur de cent lieues à peu près, franchiront les douze ou quatorze lieues qui séparent, sur le point où ces deux fleuves sont le plus rapprochés, le Don du Volga, descendront ce dernier fleuve en bateau jusqu'à Astrakan, et, à Astrakan, s'embarqueront à leur tour pour joindre les Russes à Asterabad.

Soixante et dix mille hommes seront au cœur de la Perse, avant que l'Angleterre ait eu connaissance de leur mouvement.

À Asterabad, ils seront juste à cent cinquante lieues du royaume de Caboul.

Il leur faudra douze jours pour être dans l'Inde ; douze jours suffiront pour aller d'Asterabad à Hérat, par la riche vallée de Héri-Rood.

De Hérat à Candahar, cent lieues, avec une route magnifique ; de Candahar à Ghizni, cinquante lieues ; de Ghizni à Attok, soixante ; — et les deux armées sont sur l'Indus, c'est-à-dire sur un fleuve dont le courant est d'une lieue à l'heure tout au plus, qui offre des gués nombreux, et dont, au reste, la profondeur, d'Attok à Déra-Ismaël-Khan, ne dépasse pas dix ou quinze pieds.

D'ailleurs, c'est la route qu'ont suivie toutes les invasions de l'Inde, depuis l'an 1000 jusqu'en 1729, depuis Mahmoud de Ghizni, jusqu'à Nadir-Schah.

Et par Mahmoud de Ghizni, seul, l'Inde a été envahie sept fois, de l'an 1000 à l'an 1021. Dans sa sixième expédition, il va, en trois mois, de Ghizni, sa capitale, à Canouge, ville située à cent milles au sud-ouest de Delhi ; dans la septième, il descend jusqu'au milieu du Guzzerat, et renverse le temple de Somnaut.

Puis vient, en 1184, Mahomet Gouri, qui, par la même route d'Attok et de Lahore, marche sur Delhi, s'en empare, et substitue sa dynastie à celle de Mahmoud de Ghizni.

Puis vient, en 1396, Timour le Boiteux, dont nous avons fait Tamerlan, qui part de Samarcande, traverse la rivière

Amour, laisse Balk à sa droite, descend sur Caboul par le défilé d'Andesab, suit les bords du fleuve, le franchit à Attok, envahit le Pendjab, s'empare de Delhi qu'il met à feu et à sang, et, l'année suivante, c'est-à-dire après quatorze mois de campagne, rentre dans sa Tatarie.

Puis vient Babour, qui traverse encore l'Indus, en 1505, s'établit à Lahore, et, de Lahore, gagne Delhi, dont il s'empare, et où il fonde la dynastie mongole.

Enfin, en 1739, Nadir-Schah, qui est descendu de la Perse sur le Caboul, suit cette même route de Lahore, et s'empare de Delhi, qu'il pille pendant trois jours.

C'est à Delhi probablement que les deux armées combinées, française et russe, eussent rencontré l'armée anglo-indienne.

Cette armée vaincue, Napoléon et Alexandre eussent marché, non pas sur Calcutta, qui n'est qu'un entrepôt de commerce, mais sur Bombay, dont la destruction serait bien autrement fatale à l'Angleterre que celle de Calcutta, puisque c'est par Bombay qu'elle communique avec la mer Rouge et respire l'Europe. Bombay pris, la tête du serpent était écrasée ; restait seulement Madras avec ses mauvais remparts, et Calcutta avec sa forteresse, à laquelle il faut, pour la défendre, quinze mille hommes qu'elle ne peut nourrir.

La puissance de l'Angleterre anéantie dans l'Inde, la puissance russe lui succédait : Alexandre prenait pour lui la Turquie d'Europe, la Turquie d'Asie, la Perse et l'Inde.

Nous prenions pour nous la Hollande, l'Italie, l'Espagne, le Portugal, tout le littoral africain de Tunis au Caire, la mer Rouge avec ses peuplades chrétiennes, et la Syrie jusqu'au golfe Persique.

Il va sans dire qu'on nous rendait Malte, les îles Ioniennes, et la Grèce jusqu'aux Dardanelles.

Et, alors, la Méditerranée était véritablement un *lac français* par lequel nous partagions le commerce de l'Inde avec notre sœur la Russie.

Il n'a tenu qu'à Alexandre que ce rêve fût une réalité ; il ne s'agissait, pour cela, que de tenir la promesse faite, au lieu de la trahir.

Vous voyez bien qu'il y avait une cause à cette guerre de Russie, à laquelle vous vous obstinez à ne voir d'autre cause que le refus de la princesse Olga!

Alexandre vaincu, on le contraindrait à faire de force ce qu'il n'avait pas voulu faire de bonne volonté.

Mais les desseins de Dieu étaient ailleurs.

CII

L'empereur Alexandre. — Lettre du czar Nicolas à Karamsine. — L'histoire à la manière de Suétone et de Saint-Simon. — Catherine et Potemkine. — Madame Braniska. — Le prix de la course impériale. — Un bal chez M. de Caulaincourt. — L'homme à la pipe. — Le pilote et le cocher de l'empereur.

Disons quelques mots de cet empereur qui avait failli à cette haute mission de partager le monde avec Napoléon, et de ce grand duc Constantin que l'Europe tout entière, écartée du secret de famille que nous allons dire, regardait comme son successeur.

L'histoire de Russie est la plus obscure de toutes, non qu'elle ne mérite pas d'être connue, mais parce que personne n'ose l'écrire. Un seul homme reçut cette mission, Karamsine, et il mourut, sans l'avoir accomplie, le 3 juin 1826, au palais de la Tauride, où le logeait l'empereur.

Vingt jours avant cette mort, l'empereur Nicolas, depuis six mois sur le trône, lui avait écrit la lettre suivante, laquelle pourrait servir d'exemple à certains chefs de gouvernement qui se croient plus avancés en idées libérales que ne l'est, disent-ils, le czar de toutes les Russies.

« Czarkosjelo, 25 mai 1826.

» Nicolaï-Mikaïlovitch,

» Le dérangement de votre santé vous oblige à quitter pour un temps votre patrie, et à chercher des climats plus doux; c'est un plaisir pour moi de vous exprimer, à cette occasion, le vœu sincère que vous puissiez revenir bientôt au milieu de nous avec des forces nouvelles, et vous employer derechef pour l'utilité et l'honneur de la patrie, comme vous l'avez fait jusqu'à présent; de même je me plais à vous témoigner, au nom de feu l'empereur, qui avait éprouvé votre attachement si noble et si désintéressé à sa personne, et pour mon propre compte, et au nom de la Russie, toute la reconnaissance que vous méritez comme citoyen et comme auteur. L'empereur Alexandre vous avait dit : « Le peuple russe est digne de connaître son histoire ; » l'histoire que vous avez écrite est digne du peuple russe.

» Aujourd'hui, je remplis une intention à laquelle mon frère n'eut pas le temps de donner suite. Le papier ci-joint vous mettra au fait de ma volonté, qui n'est, en ce qui me concerne, qu'un acte de justice, mais que je regarde également comme une disposition conforme à un legs sacré de l'empereur Alexandre.

» Je désire que votre voyage vous soit utile, et qu'il vous rende les forces nécessaires pour terminer l'affaire principale de votre vie. »

Cette lettre, qui pourrait être signée François I*er*, Louis XIV ou Napoléon, était tout simplement signée Nicolas ; un oukase y était joint par lequel le ministre des finances était prévenu que Sa Majesté impériale accordait à M. de Karamsine une pension de cinq mille roubles réversible de lui à sa femme, et de sa femme à ses enfants : les enfants devant jouir de cette pension jusqu'à leur entrée au service, les filles jusqu'à l'époque de leur mariage.

Karamsine mourut avant d'avoir achevé son histoire; mais, l'eût-il achevée, cette histoire, qui nous eût appris les faits généraux et les grands événements de l'empire russe, ne fût point descendue jusqu'aux détails du genre de ceux que nous allons raconter.

Il y a deux façons d'écrire l'histoire : l'une, comme l'écrivait Tacite; l'autre, comme l'écrivait Suétone : l'une, comme l'écrivait Voltaire; l'autre, comme l'écrivait Saint-Simon.

Tacite est bien beau; mais nous trouvons Suétone bien amusant.

Voltaire est bien limpide; mais nous trouvons Saint-Simon bien pittoresque.

Écrivons donc à notre tour quelques pages de l'histoire russe, comme Suétone a écrit l'histoire romaine, comme Saint-Simon a écrit l'histoire de France.

Vous connaissez Catherine II de nom, n'est-ce pas? — celle que Voltaire appelait la Sémiramis du Nord, celle qui faisait des pensions à nos hommes de lettres que proscrivait Louis XV, ou qu'il laissait mourir de faim, quand il ne les proscrivait pas.

Catherine II avait trente-trois ans; elle était belle, bienfaisante et pieuse; jusque-là même, on l'avait dite fidèle à son époux Pierre III, lorsque, tout à coup, elle apprend que l'empereur veut la répudier afin d'épouser la comtesse Voronzof, et que, pour avoir un prétexte à cette réputation, il compte faire déclarer illégitime la naissance de Paul-Pétrovitch.

Alors, elle comprend qu'il s'agit de la vie pour elle, et du trône pour son fils; c'est une partie à jouer : le premier arrivé la gagnera.

Cette nouvelle lui est annoncée à dix heures du soir.

A onze heures, elle quitte le château de Péterhof, qu'elle habite, et, comme elle n'a pas voulu faire atteler, pour laisser son départ ignoré de tout le monde, elle monte dans la charrette d'un paysan, lequel croit tout simplement conduire une femme du peuple, et elle arrive à Pétersbourg comme le jour vient de paraître. Aussitôt arrivée, elle convoque, sans leur dire dans quel but, les régiments en garnison à Pétersbourg, réunit les quelques amis sur lesquels elle croit pouvoir compter, et marche avec eux au-devant de ces régiments.

Là, faisant bondir son cheval d'un bout à l'autre de la ligne, elle harangue les officiers, invoque leur courtoisie comme hommes, en appelle à leur fidélité comme soldats, prend une épée, la tire, en jette le fourreau loin d'elle, et, craignant que cette épée n'échappe à sa main mal aguerrie, elle demande une dragonne pour la lier à son poignet.

Au milieu des cris d'enthousiasme que poussent les régiments, un jeune sous-officier âgé de dix-huit ans entend la demande de sa souveraine; il s'élance hors des rangs, s'approche d'elle, et lui offre la dragonne de son sabre; puis, quand Catherine a accepté avec ce doux sourire d'une femme qui veut devenir impératrice, d'une reine qui quête un royaume, le jeune officier veut s'éloigner et reprendre son rang. Mais le cheval qu'il monte, partisan d'une grande fortune future, se refuse à s'éloigner; il se cabre, bondit; habitué à l'escadron, il s'obstine à rester côte à côte du cheval de l'impératrice.

Catherine, superstitieuse comme tous ceux qui jouent leur fortune sur un coup de dé, voit dans l'obstination du cheval une indication que le cavalier lui sera un puissant défenseur; elle fait le jeune homme officier, et, huit jours après, quand Pierre III, prisonnier de celle qu'il croyait faire prisonnière, a résigné entre les mains de Catherine la couronne qu'il voulait lui enlever, l'impératrice se rappelle ce jeune officier de la place du Sénat; elle le fait venir près d'elle, et le nomme gentilhomme de la chambre dans son palais.

Ce jeune homme s'appelait Potemkine.

A partir de ce jour, sans empêcher le moins du monde le règne de ce que l'on appela les douze Césars, Potemkine fut le favori de l'impératrice, et sa faveur alla toujours croissant. Beaucoup, espérant le remplacer, attaquèrent cette faveur, et se brisèrent contre elle. Un seul crut un instant avoir triomphé; c'était un jeune Servien, nommé Lovitz, protégé par Potemkine lui-même. Placé près de l'impératrice par son protecteur, il résolut de profiter de son absence pour le perdre. Comment s'y prit-il? C'était là un secret d'alcôve, que les murs du palais de l'ermitage ne nous ont point révélé. On sait seulement que Potemkine, mandé au palais, descendit dans son appartement, et, apprenant que sa disgrâce était complète, qu'il était exilé, menacé de mort s'il n'obéissait pas, il s'avança tout poudreux et en habit de voyage vers l'appartement de l'impératrice. Là, un jeune lieutenant de planton veut l'arrêter; Potemkine le prend par les flancs, le soulève, le jette de l'autre côté de la chambre, entre chez l'impératrice, et, dix minutes après, en sort un papier à la main :

— Tenez, monsieur, dit-il au jeune officier, encore mal remis de l'accident qui vient de lui arriver, voici un brevet de capitaine que Sa Majesté a bien voulu signer pour vous.

Le même jour, Lovitz était exilé dans la ville de Schaklov, qui fut érigée pour lui en principauté.

Quant à Potemkine, il rêva tour à tour le duché de Courlande et le trône de Pologne ; mais, en y réfléchissant, il ne voulut rien de tout cela, car une couronne, soit ducale, soit royale, ne l'eût pas fait plus puissant ni plus fortuné qu'il ne l'était. N'avait-il pas à chaque heure dans sa main, jouant avec eux, comme fait un pâtre avec des cailloux, autant de diamants, de rubis et d'émeraudes qu'il y en avait à la couronne ? N'avait-il pas des courriers qui allaient lui chercher des sterlets dans le Volga, des melons d'eau à Astrakan, des raisins en Crimée, des fleurs partout où il y avait de belles fleurs ? et ne donnait-il pas tous les ans, au 1er janvier, à sa souveraine un plat de cerises qui lui coûtait dix mille roubles ?

Le prince de Ligne, — le grand-père de celui que nous connaissons, l'auteur des charmants Mémoires qui portent son nom, et des lettres les plus aristocratiquement spirituelles qui jamais peut-être aient été écrites, — le prince de Ligne, qui avait connu Potemkine, disait en parlant de lui :

— Il y a dans cet homme-là du gigantesque, du romanesque et du barbaresque.

Le prince de Ligne avait raison. Pendant trente ans, pas une chose, bonne ou mauvaise, ne se fit en Russie que par lui : ange ou démon, il créait ou détruisait à son caprice ; il brouillait tout, mais vivifiait tout ; rien n'était quelque chose que lorsqu'il n'était pas là ; reparaissait-il, tout disparaissait et, devant lui, rentrait dans le néant.

Un jour, il eut l'idée de donner à Catherine un palais ; elle venait de conquérir la Tauride, et ce palais devait être un souvenir de cette conquête. En trois mois, ce palais s'éleva dans la capitale de Catherine, sans que Catherine en sût rien ; puis, un soir, Potemkine invita l'impératrice à une fête nocturne qu'il voulait lui donner, dit-il, dans les palais qui s'étendent sur la rive gauche de la Néva ; et, là, tout planté d'arbres immenses, tout resplendissant de lumières, tout éblouissant de marbres, elle trouva le palais féerique élevé d'un coup de baguette, avec ses statues, ses meubles magnifiques et ses lacs aux poissons d'argent, d'azur et d'or.

Tout devait être étrange dans cet homme, sa mort comme sa vie, sa fin inattendue comme son commencement inespéré. Il venait de passer un an à Pétersbourg au milieu des fêtes et des orgies, ayant reculé les limites de la Russie jusqu'au delà du Caucase, et pensant que, cette nouvelle frontière tracée, il avait assez fait pour sa gloire et pour celle de Catherine. Tout à coup, il apprend que, profitant de son absence, le vieux Repnine a battu les Turcs, et, les forçant à demander la paix, a plus fait en deux mois que lui n'avait fait en trois ans.

Oh ! alors, plus de repos pour le favori, plus de gloire pour le général. Il est malade, mais qu'importe ! il luttera avec la maladie et la tuera. Il part, traverse Iassy et arrive à Ostakhov, où il prend une nuit de repos ; le lendemain, au point du jour, il se remet en route ; mais, au bout de quelques verstes, l'air de sa voiture l'étouffe ; on fait arrêter, on étend son manteau sur le bord d'un fossé, il se couche dessus tout haletant, et, au bout d'un quart d'heure, expire dans les bras de sa nièce !

J'ai connu cette nièce ; je lui ai entendu raconter les détails de cette mort, comme si c'eût été un événement d'hier. Elle avait soixante et dix ans alors ; elle s'appelait madame Braniska ; elle habitait Odessa ; elle était riche à soixante, à cent millions peut-être ; elle possédait les plus beaux saphirs, les plus belles perles, les plus beaux rubis, les plus beaux diamants du monde. Comment avait-elle commencé cette collection de joyaux précieux ? Elle racontait, — car elle aimait fort à raconter tout ce qui avait rapport à son oncle, — elle racontait que Potemkine avait l'habitude de jouer éternellement, comme nous l'avons dit, avec des pierres précieuses qu'il faisait pleuvoir en cascade d'une main dans l'autre; celles qui, échappant au flot direct de la cataracte, tombaient à terre étaient pour l'enfant gâtée, qui les ramassait. Souvent encore, Potemkine s'endormait sur un canapé, sur un divan, sur un sofa; pour dormir, il étendait son bras sur un coussin; puis, en dormant, sa main s'ouvrait et laissait échapper une poignée de pierres qu'en se réveillant, il ne pensait pas à reprendre. Sa nièce savait cela, et, soit pendant son sommeil, soit après son réveil, elle soulevait le coussin et s'emparait du trésor.

Qu'importait à Potemkine! n'avait-il pas ses poches pleines d'autres pierres? puis, quand ses poches étaient vides, n'en avait-il point de pleins barils, comme ces souverains de Samarcande, de Bagdad et de Bassora dont parlent *les Mille et une Nuits?*

Au reste, c'était une singulière femme que madame Braniska; avec ses soixante ou cent millions, il lui prenait parfois des accès d'avarice entremêlés d'accès de générosité, bien étonnés de se trouver ensemble. Ainsi, elle envoyait à son fils, qui habitait Moscou ou Pétersbourg, cinq cent mille francs pour ses étrennes, et elle ajoutait en *post-scriptum* à la lettre d'envoi:

« Je suis horriblement enrhumée; envoie-moi du jujube, mais attends une occasion; les ports de Moscou à Odessa sont ruineux! »

Catherine faillit mourir de la mort de Potemkine; tout semblait être commun entre ces grands cœurs, même la vie; elle s'évanouit trois fois à la fatale nouvelle, le pleura longtemps et le regretta toujours.

Paul-Pétrovitch, auquel elle avait conservé la couronne en l'enlevant à Pierre III, avait mis au monde cette riche postérité dont j'avais vu un échantillon dans le kibitz conduit par le grand-duc Michel, plus l'empereur régnant aujourd'hui.

Mais, à cette époque, on ne se doutait point qu'il dût régner jamais. Au milieu de cette belle et nombreuse descendance, les yeux de Catherine s'étaient particulièrement fixés sur les deux aînés, et, par leurs prénoms mêmes, — en appelant l'un Alexandre, l'autre Constantin, — elle semblait leur avoir fait d'avance le partage du monde. Cette idée, au reste, était tellement la sienne, qu'elle les avait fait peindre, enfants tous deux, l'un, tranchant le nœud gordien, l'autre, portant le labarum. Il y a plus : le développement de leur éducation ne fut que l'application de ces deux grandes idées. Constantin, destiné à l'empire d'Orient, n'eut que des nourrices grecques, et fut entouré de maîtres grecs, tandis qu'Alexandre, destiné à l'empire d'Occident, fut entouré d'Anglais, d'Allemands et de Français. Au reste, rien n'était plus opposé que la façon dont chacun des augustes élèves recevait les leçons qu'on lui donnait. Pendant qu'Alexandre, âgé de douze ans, répondait à Graft, son professeur de physique expérimentale, qui lui disait que la lumière était une émanation continuelle du soleil : « Cela ne se peut pas, car le soleil deviendrait chaque jour plus petit ; » Constantin répondait à Saken, son gouverneur particulier, qui l'invitait à apprendre à lire : « Non, je ne veux pas apprendre à lire, parce que je vois que vous lisez toujours, et que vous devenez toujours plus bête. »

Nous verrons plus tard comment, à l'endroit de Constantin, les prévisions de l'impératrice furent trompées ; mais, pour le moment, nous dirons quelques mots de l'empereur.

L'empereur Alexandre était fort aimé du peuple et de la noblesse : aimé pour lui-même par l'amour qu'il inspirait, et surtout aimé par la crainte qu'inspirait Constantin.

On citait de lui une foule d'anecdotes toutes à sa louange, et faisant honneur les unes à sa bonhomie, les autres à son courage ou à son esprit.

Un jour, se promenant à pied selon son habitude, et se voyant menacé par la pluie, il prend un drovsky, et se fait conduire au palais impérial.

Arrivé là, l'empereur fouille à sa poche, et s'aperçoit qu'il n'a pas d'argent.

— Attends, dit-il au conducteur, je vais t'envoyer le prix de ta course.

— Ah ! oui, répond le cocher, je connais cela !

— Hein! que dis-tu? reprend l'empereur.
— Je dis que je n'ai qu'à compter là-dessus.
— Comment cela? demande Alexandre.
— Oh! je sais bien ce que je dis!
— Eh bien, voyons, que dis-tu?
— Je dis qu'autant de personnes que je mène devant une maison à deux portes, et qui descendent sans me payer, autant de débiteurs à qui je dis adieu.
— Comment! même devant le palais de l'empereur?
— Oh! là surtout; si vous saviez combien peu de mémoire ont les grands seigneurs!
— Mais il fallait te plaindre, dénoncer les voleurs, et les faire arrêter.
— Moi, faire arrêter un noble! mais Votre Excellence sait bien que, nous autres pauvres diables, nous n'avons point un pareil pouvoir. Si c'était quelqu'un de nous, à la bonne heure, c'est facile, ajouta le cocher en montrant sa longue barbe, car on sait par où nous prendre; mais, vous autres grands seigneurs, vous avez le menton rasé... Bonsoir, il n'y a rien à faire! — Que Votre Excellence, je la supplie, cherche donc bien dans ses poches, et j'espère qu'elle y trouvera de quoi me payer.
— Non, dit l'empereur, ce serait inutile... Mais autre chose.
— Voyons.
— Voici mon manteau. Il vaut bien la course, n'est-ce pas?
— Certainement! et, si Votre Excellence veut me le donner, et me tenir quitte de la différence...
— Non! mais garde-le comme gage, et ne le remets qu'à celui qui te donnera de l'argent.
— Eh bien, à la bonne heure, vous êtes raisonnable, vous dit le cocher.

Cinq minutes après, le cocher reçut, en échange du manteau resté en gage, un billet de cent roubles.

L'empereur avait payé à la fois pour lui et pour ceux qui venaient chez lui; mais le cocher prétendait qu'il lui redevait encore.

Au temps de ses bonnes relations avec Napoléon, quand il s'inclinait vers lui, et lui souriait à ce vers :

L'amitié d'un grand homme est un bienfait des dieux !

l'empereur Alexandre était au bal chez M. de Caulaincourt, l'ambassadeur de France, lorsqu'à minuit, on vient dire à l'amphitryon que le feu est à l'hôtel. Les terribles accidents arrivés en pareille occasion au bal du prince de Schwartzenberg étaient encore dans le souvenir de tout le monde, de sorte que la première crainte de Caulaincourt fut qu'à la nouvelle du feu, — chacun voulant fuir, — les mêmes accidents ne se renouvelassent chez lui. En conséquence, il résolut de s'assurer par lui-même de la gravité du péril, mit un aide de camp à chaque porte avec ordre de ne laisser sortir personne, et, s'approchant de l'empereur :

— Le feu est à l'hôtel, lui dit-il tout bas. Je vais savoir par moi-même ce qu'il en est ; il importe que personne ne soit instruit du danger qui existe, sans qu'on sache en même temps sa nature et son étendue. Mes aides de camp ont ordre de ne laisser sortir personne, que Votre Majesté et Leurs Altesses impériales les grands-ducs et les grandes-duchesses. Si Votre Majesté veut donc se retirer, elle le peut... Seulement, j'aurai l'honneur de lui faire observer que l'on ne croira pas au feu tant qu'on la verra dans les salons.

— C'est bien, dit l'empereur, allez ; je reste.

M. de Caulaincourt descendit et s'informa. Comme il l'avait prévu, le danger n'était pas aussi grand qu'on l'avait pu croire au premier abord. Il remonta dans le salon, et trouva l'empereur dansant une polonaise.

Ils se contentèrent d'échanger un regard.

L'empereur acheva la contredanse.

La contredanse achevée :

— Eh bien ? demanda-t-il à Caulaincourt.

— Eh bien, sire, répondit l'ambassadeur, le feu est éteint.

Et tout fut dit.

Le lendemain seulement, les invités de la splendide fête

apprirent que, pendant un quart d'heure, ils avaient, suivant l'expression de M. de Salvandy, « dansé sur un volcan. »

Nous avons dit que l'empereur Alexandre avait coutume de se promener seul dans les rues de Saint-Pétersbourg ; c'était encore une habitude qu'il appliquait à ses voyages.

Un jour qu'il parcourait ainsi la Petite-Russie, l'empereur arrive dans une bourgade, et, tandis qu'on change de chevaux, il saute à bas de sa voiture, annonçant aux postillons qu'il désire marcher un peu à pied, et les invitant, en conséquence, à ne pas se presser. Puis, seul, et vêtu d'une redingote militaire ne portant aucun insigne, il commence sa promenade. Arrivé au bout du village, deux chemins se présentent à sa vue ; ignorant lequel il doit prendre, il s'approche d'un homme vêtu d'une capote militaire à peu près pareille à la sienne.

Cet homme fumait sa pipe, assis sur un banc à la porte de sa maison.

— Mon ami, s'informe l'empereur, laquelle de ces deux routes dois-je prendre ?

A cette question, l'homme à la pipe toise le questionneur des pieds à la tête, et, stupéfait qu'un simple voyageur ose parler avec cette familiarité à un homme de son importance, — en Russie surtout, où la différence des grades établit une si grande distance entre les supérieurs et les subordonnés, — il laisse, entre deux bouffées de fumée, tomber dédaigneusement ces mots :

— La route à droite.

L'empereur comprend la cause de cet orgueil bien légitime, et, s'approchant de l'homme à la pipe :

— Pardon, monsieur, lui demande-t-il en portant la main à son chapeau, encore une question, s'il vous plaît ?...

— Laquelle ?

— Permettez-moi de vous demander quel est votre grade dans l'armée ?

— Devinez.

— Mais... monsieur est peut-être lieutenant ?

— Montez.
— Capitaine?
— Plus haut.
— Major?
— Allez toujours.
— Chef de bataillon?
— Enfin, ce n'est pas sans peine!...
L'empereur s'incline.
— Et maintenant, dit l'homme à la pipe, persuadé qu'il s'adresse à un inférieur, qui êtes-vous, vous-même, s'il vous plaît?
— Devinez, répond à son tour l'empereur.
— Lieutenant?
— Montez.
— Capitaine?
— Plus haut.
— Major?
— Allez toujours.
— Chef de bataillon?
— Encore.
L'interrogateur tire sa pipe de sa bouche.
— Colonel?
— Vous n'y êtes pas.
L'interrogateur se redresse et prend une attitude respectueuse.
— Votre Excellence est donc lieutenant général?
— Vous approchez.
— Mais, en ce cas, Votre Altesse est donc feld-maréchal?
— Encore un effort, monsieur le chef de bataillon.
— Sa Majesté impériale! s'écrie alors l'interrogateur stupéfait en laissant tomber sa pipe, qui se brise en morceaux
— Elle-même, répond Alexandre souriant.
— Ah! sire, s'écrie l'officier, les mains jointes, pardonnez-moi!...
— Eh! que diable voulez-vous que je vous pardonne? dit Alexandre. Je vous ai demandé mon chemin, vous me l'avez indiqué. Merci.

Et l'empereur, saluant de la main le pauvre chef de bataillon stupéfait, prend la route de droite, sur laquelle sa voiture ne tarde pas à le rejoindre.

Une autre fois, pendant un autre voyage, — car la vie d'Alexandre, fils de Paul, se passa comme celle d'Alexandre, fils de Philippe, dans une locomotion perpétuelle, — l'empereur, en traversant un lac situé dans le gouvernement d'Archangel, fut assailli par une violente tempête. Sa mélancolie, toujours croissante, faisait que le plus souvent Alexandre voyageait sans suite. Il était donc seul avec le pilote dans une barque que les flots du lac, mugissants et soulevés, menaçaient d'engloutir.

— Mon ami, dit l'empereur au pilote, — lequel commençait à perdre la tête en songeant à l'immense responsabilité qui pesait sur lui, — il y a dix-huit cents ans à peu près que César, se trouvant dans la situation où nous sommes, disait à son pilote avec orgueil : « Ne crains rien, tu portes César et sa fortune! » Je ne suis point César; je crois plus en Dieu, et crois moins en ma fortune que le vainqueur de Pompée: je te dirai donc tout bonnement : « Oublie que je suis l'empereur; ne vois en moi qu'un homme comme toi, et tâche de nous sauver tous les deux. »

A ce langage, que le pilote russe comprit sans doute beaucoup mieux que le pilote Opportunus ne dut comprendre celui de César, le brave homme redoubla d'efforts, et la barque, dirigée par une main ferme, aborda au rivage.

Malheureusement, Alexandre n'avait pas été aussi heureux avec son cocher qu'il l'avait été avec son pilote. Pendant un de ses voyages dans les provinces du Don, il avait été renversé violemment, et, jeté hors de son drovsky, s'était blessé à la jambe. Esclave de cette discipline qu'il prescrivait aux autres, et que, pour plus d'efficacité, il appliquait à lui-même, il voulut, malgré sa blessure, continuer le voyage afin d'arriver au jour dit; mais la fatigue et l'absence de soins envenimèrent la plaie. Depuis ce temps, et à plusieurs reprises, des érésipèles se portèrent sur cette jambe, forçant l'empereur à garder le lit pendant des semaines, et à boiter pendant des mois.

Une attaque violente de ce mal avait eu lieu pendant l'hiver de 1824. Il habitait Czarkosjelo, sa retraite favorite, et qui lui devenait de plus en plus chère, à mesure qu'il s'enfonçait davantage dans cette sombre mélancolie qui le dévorait. Après s'être promené tard, oubliant le refroidissement du corps pour suivre les rêveries de l'âme, il rentra glacé, se fit apporter à manger dans sa chambre, et, la même nuit, fut saisi d'un érésipèle accompagné d'un accès de fièvre plus violent qu'aucun de ceux qui l'eussent encore atteint. Cette fièvre fut si âpre, qu'au bout de quelques heures, elle amena le délire. L'empereur fut ramené à Pétersbourg dans un traîneau fermé, et remis, aussitôt son arrivée, aux mains des plus habiles médecins, qui décidèrent unanimement qu'il fallait lui couper la jambe. Son chirurgien particulier, le docteur Wylie, s'opposa seul à cette décision, déclarant que, pour cette fois encore, il répondait de l'auguste malade; et, en effet, pour cette fois encore, il le guérit.

A peine guéri, l'empereur était retourné à Czarkosjelo. Toute autre résidence lui était devenue importune. Là, toujours seul en face de sa grandeur, spectre qui l'épouvantait sans cesse, ne recevant à des heures fixes que les ministres avec lesquels il travaillait, sa vie était celle d'un trappiste pleurant sur ses fautes, plutôt que celle d'un grand empereur ayant charge d'existences et d'âmes.

En effet, se levant à six heures l'hiver, à cinq heures l'été, Alexandre faisait sa toilette, entrait dans son cabinet, trouvait sur son bureau, à sa gauche, un mouchoir de batiste plié, à sa droite un paquet de dix plumes toutes taillées.

Alors, l'empereur se mettait au travail, ne se servant jamais deux fois de la même plume si son travail avait été interrompu, cette plume ne lui eût-elle servi qu'à signer son nom; puis, son courrier fini, la signature achevée, il descendait dans le parc, où, malgré les bruits de conspiration qui couraient depuis deux ans, il se promenait toujours seul, et sans autre garde que les sentinelles du palais. Vers cinq heures, il rentrait, dînait seul, et se couchait à la retraite et aux sons clairs, mélancoliques, choisis par lui-même, et qui l'endormaient dans cette même disposition triste où il avait passé sa journée.

Quant à l'impératrice, elle avait, avec sa résignation ordinaire, accepté cette séparation de corps et d'âme. Pareille à l'ombre d'elle-même, qui aurait obtenu du ciel la permission de veiller sur son bien-aimé Alexandre, on sentait sa douce influence tout autour de l'empereur, sans la voir jamais.

L'hiver et le printemps de 1824 se passèrent ainsi; mais lorsque arriva l'été, les médecins déclarèrent à l'unanimité qu'un voyage était nécessaire au rétablissement de l'empereur, et pensèrent que la Crimée était le pays le plus propre à accélérer la convalescence. Alexandre, comme s'il eût deviné qu'il touchait au terme de sa vie, n'avait fait aucun projet pour cette année. Il consentit donc avec une profonde indifférence à tout ce que l'on décida pour lui. L'impératrice, plus inquiète de cet état de morbide tranquillité qu'elle ne l'eût été d'un état d'irritation continuel, sollicita et obtint la permission de l'accompagner dans cette course; et, après un service public chanté pour la bénédiction de son voyage, et auquel assista toute la famille impériale, Alexandre, conduit par son fidèle cocher Ivan, et suivi de son chirurgien Wylie et de quelques officiers d'ordonnance, sous les ordres du général Diébitch, quitta Pétersbourg, que son cadavre seul devait revoir, au bout de quatre mois.

C'était le 13 septembre, à quatre heures du matin.

L'impératrice partit le 15.

CIII

Alexandre quitte Saint-Pétersbourg. — Ses pressentiments funèbres. — Les deux étoiles de Taganrog. — Maladie de l'empereur. — Ses derniers moments. — Comment on apprit sa mort à Saint-Pétersbourg. — Le grand-duc Constantin. — Son portrait et ses goûts. — Quelle fut la cause de sa renonciation à l'empire. — Jeannette Groudzenska.

Ce départ avait naturellement amené un surcroît de travail, de sorte que ce ne fut que le 12 septembre, à quatre heures de l'après-midi, qu'Alexandre put écrire à l'impératrice, sa mère, pour prendre congé d'elle.

Il était quatre heures de l'après-midi. Tout à coup, le jour s'obscurcit, voilé par un immense nuage.

L'empereur appelle son valet de chambre.

— Fœdor, lui dit-il, des lumières.

Le valet de chambre apporta quatre bougies.

Pendant que l'empereur écrivait, le nuage se dissipa, et le jour reparut.

Le valet de chambre rentra aussitôt.

— Sire, demanda-t-il, dois-je emporter les lumières?

— Pourquoi cela? demanda l'empereur.

— Parce que, chez nous, sire, on regarde comme chose de mauvais présage d'écrire à la lumière tandis qu'il fait jour.

— Que conclus-tu de cela?

— Moi?... Je ne conclus pas, sire.

— Oui; mais, moi, je comprends : tu penses que les passants, en voyant ici de la lumière, croiront qu'il y a un mort.

— Justement, sire.

— Eh bien, emporte les bougies.

L'empereur ne parut pas faire attention à la remarque de son valet de chambre, mais elle lui resta dans l'esprit.

Le 13, il partit, comme nous avons dit, de Pétersbourg à quatre heures du matin. Il sortait de la ville juste au moment où le soleil se levait.

Alors, il fit arrêter sa voiture, s'y tint debout, regardant cette ville du czar Pierre avec une profonde tristesse, et comme s'il eût été averti par une voix intérieure qu'il la voyait pour la dernière fois.

La nuit précédente, l'empereur l'avait passée en prière, tant dans le couvent de Saint-Alexandre Nevsky que dans la cathédrale de Kasan. Dans le monastère, il s'était entretenu près d'une heure avec les religieux, et entre autres avec le métropolitain Séraphin. Celui-ci raconta à l'empereur qu'un religieux de son couvent venait volontairement de se soumettre à un genre de vie de la plus scrupuleuse austérité en s'enfermant dans un caveau pratiqué dans l'épaisseur du mur du couvent, caveau où ce religieux comptait passer le reste de ses jours. Malgré l'heure avancée, l'empereur s'était fait conduire à la cellule de ce religieux, et avait causé près de vingt minutes avec lui.

En quittant Pétersbourg, Alexandre voulut revoir une fois encore son cher Czarkosjelo. Il monta à cheval à la porte du palais, et en parcourut tous les alentours comme pour prendre congé d'eux. Fœdor lui ayant demandé à quelle époque il reviendrait au palais impérial, Alexandre étendit un doigt vers l'image du Sauveur, et dit:

— Celui-là seul le sait!

L'empereur arriva à Taganrog vers la fin de septembre. Le 5 octobre, l'impératrice, qui, à cause de sa santé, voyageait à petites journées, y arriva à son tour. L'empereur alla au-devant d'elle, et fit alors seulement avec elle son entrée solennelle dans la ville.

Pourquoi cette prédilection de l'empereur pour Taganrog? Nul ne pourrait l'expliquer que par cette fatalité qui pousse les hommes vers le lieu où il est écrit d'avance qu'ils doivent mourir.

Taganrog est situé dans le climat le plus doux de la Crimée; son territoire est fertile, et dans une heureuse situation à l'entrée de la mer d'Azov, et près de l'embouchure du Don et du Volga; mais la ville ne se compose guère que d'un millier de mauvaises maisons dont un sixième tout au plus est bâti en briques ou en pierres, tandis que toutes les autres ne sont, en réalité, que des cages de bois recouvertes d'un torchis de boue. Quant aux rues, qui sont larges, il est vrai, mais qui ne sont point pavées, le sol est tellement friable, qu'à la moindre pluie, on y enfonce jusqu'aux genoux; en revanche, quand la chaleur du soleil a desséché ce marais humide, le bétail et les chevaux qui passent soulèvent de tels torrents de poussière, qu'il est impossible en plein jour, et à dix pas, de distinguer un homme d'une bête de somme. Cette poussière obstinée s'introduit d'ailleurs partout: elle traverse jalousies closes, volets fermés, rideaux tirés hermétiquement; pénètre à travers les habits, si épais qu'ils soient, et charge l'eau d'une espèce de croûte qu'on ne peut précipiter qu'en la faisant bouillir avec du sel de tartre.

L'empereur était descendu dans la maison du gouverneur; mais il en sortait dès le matin, et n'y rentrait qu'à l'heure du dîner, c'est-à-dire à deux heures. A quatre heures, il se remettait en course, ne rentrant qu'à la nuit, négligeant toutes les précautions que les habitants du pays prennent eux-mêmes contre les fièvres d'automne, si pernicieuses et si communes sur toutes ces côtes; la nuit, il dormait sur un lit de camp, la tête appuyée à un oreiller de cuir.

Les pressentiments de sa fin prochaine le poursuivaient toujours. Le soir même de son arrivée à Taganrog, au moment où son valet de chambre allait sortir de l'appartement :

— Fœdor, lui dit-il, les bougies que je t'ordonnai d'enlever de mon cabinet, à Pétersbourg, me reviennent sans cesse à l'esprit; avant qu'il soit longtemps, elles brûleront pour moi.

Pendant une nuit du mois d'octobre, plusieurs habitants de Taganrog virent, à deux heures du matin, au-dessus de la maison qu'habitait l'empereur, deux étoiles qui, étant d'abord à une assez grande distance l'une de l'autre, se rapprochèrent, puis se séparèrent de nouveau. Par trois fois le phénomène se répéta. Alors, l'un de ces astres devint un globe lumineux qui, ayant peu à peu atteint un diamètre considérable, absorba l'autre, et, bientôt après, s'abattit sous l'horizon.

Dans sa chute, la première étoile grandissante avait laissé l'autre plus petite à sa place; mais celle-ci, pâlissant par degrés, disparut à son tour.

Les esprits superstitieux virent, dans l'étoile la plus grosse et la plus brillante, l'étoile de l'empereur Alexandre, et, dans l'autre, celle de l'impératrice.

Ils en augurèrent, alors, que l'empereur mourrait bientôt, et que l'impératrice ne survivrait à son époux que de quelques mois.

Outre ses courses journalières, l'empereur en entreprenait d'autres qui duraient plusieurs jours, soit dans le pays du Don, soit à Tcherkask, soit à Donetz. Il s'apprêtait à partir pour Astrakan, lorsque arriva le comte Voronzov, gouverneur d'Odessa. Il venait annoncer que le mécontentement grandissait par toute la Crimée, et causerait des troubles considérables, si l'empereur hésitait à calmer ce mécontentement, et à prévenir ces troubles par sa présence.

C'étaient trois cents lieues à parcourir; mais qu'est-ce que trois cents lieues en Russie? Alexandre promit à l'impératrice d'être de retour avant un mois, et donna les ordres du départ.

La route trouva l'empereur impatient et mal disposé. Ce malaise moral était tellement en contradiction avec la tristesse douce de son caractère, qu'il surprit tout le monde : les chevaux ne marchaient pas; les chemins étaient mauvais; il faisait froid le matin, chaud à midi, glacé le soir. Le docteur Wylie recommandait au voyageur des précautions contre ces changements de température dont il se plaignait, lui; mais c'est alors que l'humeur chagrine de l'empereur se faisait jour: il rejetait manteaux et pelisses, semblait appeler les dangers que ses amis lui recommandaient de fuir. Enfin, un soir, l'empereur fut pris d'une toux obstinée, et, le lendemain, en arrivant à Oridov, d'une fièvre intermittente qui, fortifiée par l'obstination du malade, se changea bientôt en une fièvre rémittente, que le docteur reconnut, alors, pour être la même qui avait régné tout l'automne de Taganrog à Sébastopol.

On reprit aussitôt la route de Taganrog.

Ce fut l'empereur lui-même qui donna l'ordre de rebrousser chemin.

Tout en revenant, le docteur, qui ne se faisait pas illusion sur la gravité de l'état du malade, insistait pour commencer un traitement énergique.

Mais l'empereur s'y opposait.

— Laissez-moi, dit-il. Eh! mon Dieu, je sais moi-même ce qu'il me faut : c'est du repos, de la solitude et de la tranquillité... Soignez mes nerfs, docteur, ce sont mes nerfs qui sont dans un épouvantable désordre.

— Sire, répondit Wylie, c'est un mal dont les rois sont plus souvent atteints que les particuliers.

— Oui, dit Alexandre, surtout dans les temps actuels... Ah!

docteur, docteur! continua-t-il en secouant la tête, j'ai bien sujet d'être malade!

« Malgré les observations du docteur, Alexandre voulut faire à cheval une partie du chemin. Enfin, force lui fut de remonter dans sa voiture, et il arriva à Taganrog, si faible, qu'en remettant le pied dans la maison du gouverneur, il s'évanouit.

L'impératrice, mourante elle-même d'une maladie de cœur, oublia ce qu'elle souffrait, et reprit ses forces à cette vue.

En revenant à lui, Alexandre écrivit à l'impératrice mère.

Il lui disait qu'il était souffrant, mais qu'elle se tranquillisât; qu'il se ménageait, et qu'il n'y avait rien de sérieux à craindre.

Cela se passait le 18 novembre.

Le 24, la fièvre redoubla, et l'érésipèle de la jambe disparut.

— Allons! s'écria l'empereur en s'apercevant de cet accident; c'est fini... Je mourrai comme ma sœur!

Cependant il refusa de prendre aucun médicament.

Le soir, comme le docteur Wylie était près de lui :

— Oh! mon ami, s'écria-t-il tout à coup en se retournant de son côté, quelle action! quelle épouvantable action!...

A quel souvenir se rattachait ce cri de douleur? A un seul, sans doute, à la mort de Paul, étouffé au-dessus de sa tête, et dont il entendit les derniers gémissements, sans oser lui porterter secours.

Le 27, enfin, l'empereur s'abandonna aux soins du docteur, qui lui appliqua des sangsues. Il résulta de cette application un peu de calme; mais la fièvre revint bientôt plus ardente et plus acharnée.

Des sinapismes furent appliqués, mais ne purent prendre le dessus.

Le malade songea, alors, qu'il était temps de se préparer à mourir.

A cinq heures du matin, le confesseur fut introduit près de lui,

— Mon père, lui dit Alexandre en lui tendant la main, venez et traitez-moi en homme, et non en empereur.

Le prêtre s'approcha du lit, reçut la confession impériale, donna les sacrements à l'auguste malade.

Vers deux heures, l'empereur éprouva un redoublement de douleur.

— Oh! s'écria-t-il vaincu par l'angoisse, serait-il vrai, mon Dieu! que les rois souffrent plus pour mourir que les autres hommes?...

Pendant la nuit, l'empereur perdit connaissance.

Toute la journée du 28, l'empereur demeura dans un état de léthargie complète.

Le 29, il revint à lui, et un instant on conçut quelque espoir.

L'impératrice veillait auprès de son lit, elle avait vu l'empereur s'endormir un peu avant le crépuscule.

Vers neuf heures du matin seulement, il se réveilla.

Un moment auparavant, le soleil était sorti des nuages, et brillait comme aux plus beaux jours d'été.

Alexandre, en ouvrant les yeux, se trouva tout inondé par ses rayons.

— Comme il fait beau! s'écria-t-il avec cette joie qu'éprouvent toujours les mourants à revoir le soleil.

Puis, se retournant vers l'impératrice :

— Vous devez être bien fatiguée, madame, dit-il en lui baisant la main.

Et il retomba dans le même affaissement dont il était momentanément sorti.

Le 30, tout espoir s'évanouit.

Cependant, vers deux heures du matin, le général Diébitch parla d'un vieillard, nommé Alexandrovitch, qui avait, disait-il, sauvé plusieurs Tatars de cette même fièvre dont était atteint l'empereur.

Le docteur Wylie exigea qu'on allât chercher ce vieillard à l'instant même.

Vers les huit heures, le vieillard entra.

Il regarda l'empereur, secoua la tête, et dit :

— Il est trop tard; d'ailleurs, ceux que j'ai guéris n'étaient pas malades de cette maladie-là.

Et il sortit, emportant la dernière espérance de l'impératrice.

Cependant, à dix heures et demie du matin, l'empereur rouvrit les yeux. On attendait avec anxiété pour savoir s'il parlerait, mais aucune parole ne sortit de sa bouche.

Seulement, il prit la main de l'impératrice, la baisa et la posa sur son cœur.

L'impératrice demeura penchée sur lui, et dans la position qu'il lui avait fait prendre.

A dix heures cinquante minutes, l'empereur expira.

L'impératrice avait le visage si rapproché du sien, qu'elle sentit passer le dernier soupir.

Elle jeta un cri terrible, tomba à genoux, et pria; puis, comme, sur un signe d'elle, personne, pas même le médecin, n'avait osé s'approcher du corps, quelques minutes après elle se releva plus calme, ferma les yeux de l'empereur, qui étaient restés ouverts, lui serra la tête avec un mouchoir pour empêcher les mâchoires de s'écarter, baisa ses mains déjà glacées, et, retombant à genoux, elle demeura en prière auprès du lit jusqu'à ce que les médecins eussent obtenu d'elle qu'elle se retirât dans une autre chambre, afin qu'ils pussent procéder à l'autopsie.

Pendant cette triste opération, l'impératrice veuve écrivait à l'impératrice mère :

« Notre ange est au ciel, et, moi, je végète encore sur la terre... Hélas! qui aurait pensé que, moi, faible et malade, je pourrais jamais lui survivre?... Maman, ne m'abandonnez pas, car je suis absolument seule dans ce monde de douleur!

» Notre cher défunt a repris son air de bienveillance; son sourire me prouve qu'il est heureux, et qu'il voit des choses plus belles qu'ici-bas... Ma seule consolation dans cette **perte** irréparable est que je ne lui survivrai pas!... »

Et, en effet, six mois après, l'impératrice était **morte.**

La lettre écrite, un courrier fut expédié à Pétersbourg.

Pétersbourg savait la maladie.

Le 17 novembre, l'empereur avait écrit lui-même qu'il rentrait souffrant à Taganrog. Le 24, l'impératrice Élisabeth avait écrit à la grande-duchesse Hélène en la priant de prévenir l'impératrice Marie que l'empereur allait mieux. Le 27 le général Diébitch, à son tour, avait donné des nouvelles de l'empereur, en le disant atteint de la fièvre jaune; enfin, le 29 novembre, l'impératrice Élisabeth avait encore écrit pour faire part à l'impératrice mère du mieux momentané que venait d'éprouver l'empereur.

Si faible que fût cette amélioration, l'impératrice mère, les grands-ducs Nicolas et Michel avaient ordonné, pour le 9 décembre, un *Te Deum* à la grande église métropolitaine de Kasan. Le peuple s'y était porté tout joyeux, car vis-à-vis de lui on avait exagéré la bonne nouvelle.

Vers la fin de la cérémonie, on vint prévenir le grand-duc Nicolas qu'un messager arrivant de Taganrog attendait dans la sacristie, porteur d'une dépêche qu'il ne voulait remettre qu'à lui-même.

Le grand-duc se leva et passa dans la sacristie, où il trouva le courrier, qui lui remit la lettre que nous avons lue tout à l'heure.

Mais lui n'eut pas besoin de lire la lettre, le cachet noir lui avait tout dit.

Le grand-duc Nicolas fit appeler le métropolitain, et, lui annonçant la triste nouvelle, il le chargea de l'apprendre de la façon la moins douloureuse possible à l'impératrice mère, près de laquelle il ne se sentait pas le courage de remplir cette cruelle mission.

Puis il vint reprendre sa place près de celle qui, dans son ignorance, continuait de prier pour la vie d'un fils dont les jours étaient finis.

À peine le grand-duc Nicolas avait-il repris sa place, que le métropolitain rentra dans le chœur. C'était un beau vieillard, à grande barbe blanche, et aux longs cheveux tombant jusqu'au milieu du dos. Sur un signe de lui, toutes ces voix qui chantaient grâces au Seigneur se turent, et un silence de mort leur succéda. Alors, au milieu de l'attention générale, il marcha d'un pas lent et grave devant l'autel, prit le crucifix d'argent massif qu'il couvrit d'un voile noir, et, s'approchant de l'impératrice mère, il lui donna le crucifix en deuil :

L'impératrice jeta un grand cri :

— Mon fils est mort ! dit-elle.

Et elle tomba à genoux, comme était tombée, dix-huit siècles auparavant, au pied de la croix de son Fils, cette autre Mère couronnée dont elle portait le nom.

Ce fut ainsi que la Russie apprit qu'elle venait de perdre son empereur.

Nous avons dit que nous raconterions l'histoire de cette singulière abnégation d'un homme pour un empire, histoire d'autant plus curieuse que cet empire était un empire absolu ; qu'il réunissait, à cette époque, cinquante-trois millions d'habitants, et couvrait déjà la septième partie du monde, et, cela, sans compter les espérances qu'il donnait pour l'avenir :

Cette histoire, la voici :

Vous connaissez Constantin, cet ours de l'Ukraine, toujours grognant, grondant, rugissant, qui n'avait rien d'un homme, pas même le visage, car un visage de Kalmouk n'est pas un visage d'homme ; aussi rude que son frère Alexandre était courtois, aussi hideux que son frère Nicolas était beau, véritable fils de Paul dans un moment de mauvaise humeur.

Nous avons vu comment Constantin, enfant, répondait à son gouverneur particulier, qui voulait le forcer à apprendre à lire :

— Je ne veux pas apprendre à lire, parce que je vois que vous lisez toujours, et que vous êtes toujours plus bête.

On comprend qu'un esprit tourné de cette façon ne prit pas son vol vers les sphères scientifiques.

Mais, d'un autre côté, autant la haine des études collégiales était innée dans le jeune prince, autant aussi était inné en lui l'amour des exercices militaires.

Il tenait encore cela de son père Paul, qui, la première nuit de ses noces, s'était levé à cinq heures du matin pour faire manœuvrer un peloton de soldats de garde auprès de lui.

En conséquence de cette disposition, Constantin passait tout son temps à faire des armes, à monter à cheval, à s'exercer à la lance, à commander des manœuvres, toutes sciences qui lui paraissaient bien autrement utiles que la géométrie, l'astronomie ou la botanique.

Quant au français, on ne parvint à le lui faire étudier qu'en lui disant que c'était en français qu'étaient écrits les meilleurs livres de tactique militaire.

Aussi, sa joie fut grande lorsque Paul se brouilla avec la France, et lorsque Souvarov fut envoyé en Italie.

Le grand-duc fut mis sous les ordres du vieux maréchal.

C'était bien là le chef qui convenait à Constantin, — un vieux Russe, plus emporté, plus brutal, plus sauvage encore, s'il était possible, que son jeune élève

Constantin assista à ses victoires sur le Mincio, et à ses défaites dans les Alpes ; il lui vit creuser cette fosse où il voulait être enterré tout vivant. Il en résulta qu'à l'aspect de ces singularités, celles du jeune prince s'augmentèrent d'une telle façon, que plus d'une fois on se demanda si Paul, en laissant forcément l'empire à Alexandre, n'avait point particulièrement légué sa folie à Constantin.

Après la campagne de France et les traités de Vienne, Constantin avait été nommé vice-roi de Pologne.

Placé à la tête d'un peuple guerrier dont toute l'histoire n'est qu'un long combat, ses goûts militaires redoublèrent d'énergie ; malheureusement, il fallut substituer des simulacres de bataille aux sanglantes mêlées auxquelles il venait d'assister. Hiver ou été, — soit qu'il habitât le palais de Bruhl, soit qu'il résidât au palais du Belvédère, — à trois heures du matin, il était debout et sanglé dans son habit de général, sans que jamais aucun valet de chambre l'eût aidé dans sa toilette. Alors, il s'asseyait devant une table couverte de cadres de régiments et d'ordres militaires, dans un cabinet où, sur chaque panneau, était peint le costume d'un des régiments de l'armée ; il lisait les rapports rédigés la veille, soit par le colonel Axamilovisky, soit par le préfet de police Subovidsky, les approuvait ou les désapprouvait, consignant par une apostille son approbation ou sa désapprobation. C'étaient les seules circonstances — avec celles où il écrivait à quelque membre de sa famille — où on lui vît tenir une plume. Ce travail l'occupait d'ordinaire jusqu'à neuf heures du matin, heure à laquelle il prenait à la hâte un déjeuner de soldat. Puis il descendait sur la place d'armes, où l'attendaient deux régiments d'infanterie et un escadron de cavalerie. En l'apercevant, la musique saluait sa présence, et aussitôt la revue commençait. Les pelotons défilaient à distance devant le vice-roi avec une précision mathématique, et lui, aussi joyeux que l'eût été un enfant, aussi ému que si tous ces hommes eussent marché à un combat véritable, lui les regardait passer, à pied, vêtu de l'uniforme vert des chasseurs, coiffé d'un chapeau surchargé de plumes de coq, et posé sur sa tête de telle façon, qu'une des cornes touchait son épaulette gauche, tandis que l'autre, par une menaçante diagonale, se dressait vers le ciel. Alors, brillaient, pareils à deux escarboucles, sous un front étroit, coupé de lignes profondes qui indiquaient de continuelles et soucieuses préoccupations, sous deux longs et épais sourcils que le froncement habituel de sa peau dessinait irrégulièrement, deux yeux qui ressemblaient plutôt à des yeux de chacal qu'à des yeux d'homme. Dans ses moments de joie suprême, la singulière vivacité des regards du czarovitch donnait, avec son nez camus comme celui de la Mort, et sa lèvre inférieure proéminente, quelque chose d'étrangement sauvage à sa tête, dont le cou, s'allongeant et se retirant à volonté, sortait du col de son habit et y rentrait, comme fait le cou d'une tortue dans sa carapace. Au son de cette musique, à la vue de ces hommes qu'il avait formés, au retentissement mesuré de leurs pas, tout s'épanouissait en lui; la fièvre le prenait; une flamme lui montait au visage; ses bras contractés s'appuyaient, jusqu'au coude, avec roideur contre son corps, dont ses poignets immobiles et violemment serrés s'écartaient nerveusement, tandis que ses pieds, dans une continuelle agitation, marquaient la mesure, et que sa voix gutturale jetait, de temps en temps, entre ses commandements âcrement accentués, des cris rauques et saccadés qui n'avaient rien d'humain, et qui exprimaient alternativement, ou sa satisfaction, si tout se passait à son gré, ou sa colère, s'il arrivait quelque chose de contraire à la discipline. Au reste, sa bonne humeur était sauvage et sa colère terrible. — Dans sa bonne humeur, il se courbait en éclats de rire, se frottait bruyamment et joyeusement les mains, frappait alternativement la terre de ses deux pieds; puis, s'il apercevait un enfant, il courait à lui, le tournait, le retournait de tous côtés, comme ferait un singe d'une poupée; il se faisait embrasser par cet enfant, lui pinçait les joues, lui pinçait le nez, et, ensuite, le renvoyait en lui mettant dans la main la première pièce d'or ou d'argent qu'il tirait de sa poche. — Dans sa colère, il rugissait, frappait le soldat qui avait manqué à la manœuvre, le poussait lui-même du côté de la prison, criant ou plutôt hurlant encore après que l'objet de sa fureur avait disparu. Au reste, cette sévérité s'étendait à tous, aux animaux comme aux hommes. Un jour, il fit pendre un singe qui faisait trop de bruit; un cheval qui avait fait un faux pas, tandis que, dans un moment de confiance, il lui avait abandonné la bride, reçut mille coups de bâton; enfin, un chien qui, la nuit, l'avait réveillé en hurlant, fut fusillé le lendemain matin.

Puis, entre ses moments de colère et ses moments de joie, il avait ses heures d'abattement. Alors, il tombait dans une mélancolie profonde; puis, dans une prostration complète. Faible comme une femme, en proie à des spasmes nerveux, il se couchait sur ses divans ou se roulait sur ses tapis; à ces heures-là, personne, même parmi ses favoris, n'osait plus l'approcher. Seulement, le dernier valet qui sortait de sa chambre ouvrait toutes grandes les fenêtres et la porte, et une femme blonde et pâle, vêtue presque toujours d'une robe blanche et d'une ceinture bleue, paraissait sur le seuil, triste comme une apparition, et, comme une apparition, souriant au milieu de sa tristesse. A cette vue, qui avait sur lui une influence magique, la sensibilité de Constantin s'exaltait; il poussait des soupirs, puis des sanglots, puis des cris; enfin, les larmes venaient abondantes et consolatrices; il allait poser sa tête sur les genoux de cette femme, s'endormait et se réveillait guéri.

Cette femme, c'était Jeannette Groudzenska, l'ange gardien de la Pologne.

Un jour que, tout enfant, elle priait dans l'église métropolitaine de Varsovie, devant l'image de la Vierge, une couronne d'immortelles placée sous le tableau était tombée sur sa tête, et y était restée jusqu'à ce qu'elle-même l'ôtât et la remît au clou qui la soutenait. En rentrant chez elle, Jeannette raconta cette aventure à son père, qui, à son tour, consulta sur cet événement un vieux Cosaque de l'Ukraine qui passait pour prophète.

Le vieux Cosaque avait répondu que cette couronne sainte tombée sur la tête de la jeune fille était le présage de la couronne terrestre que Dieu lui eût donnée, si elle-même n'eût point renoncé à cette couronne en la rendant à la Vierge, qui, par reconnaissance, la lui garderait certainement au ciel.

Et le père et la fille avaient oublié tous deux cette prédiction, ou, s'ils ne l'avaient point oubliée, ils ne s'en souvenaient plus que comme d'un songe, lorsque le hasard, je me trompe, lorsque la Providence, qui veillait sur cinquante-trois millions d'hommes, mit Constantin et Jeannette face à face.

Alors, ce sauvage aux passions ardentes, cet ours toujours rugissant, devint timide comme une jeune fille; lui qui brisait toute résistance, lui qui disposait de la vie des pères et de l'honneur de leurs enfants, il vint timidement demander au vieillard la main de Jeannette, le suppliant de ne pas lui refuser un bien sans lequel il n'y avait pas de bonheur pour lui en ce monde. Le vieillard se rappela la prédiction du Cosaque. Il vit dans la demande du vice-roi l'accomplissement des desseins de la Providence : le vice-roi reçut son consentement et celui de sa fille.

Restait celui de l'empereur.

Alexandre s'était souvent effrayé de laisser son immense

empire aux mains de Constantin. Nul, mieux que lui, ne comprenait cette charge d'âmes que reçoit du ciel un souverain. Il essaya donc, sans espérer y réussir, d'utiliser cet amour au profit du bonheur public. Il mit son consentement au prix de l'abdication de Constantin, et attendit la réponse de son frère avec autant d'anxiété que son frère attendait la sienne.

Constantin reçut la dépêche impériale, l'ouvrit, la lut, jeta un cri de joie, et abdiqua.

Oui, il abdiqua, cet homme étrange, cet homme indevinable, ce Jupiter Olympien qui faisait trembler tout un peuple en fronçant le sourcil. Il donna, pour le cœur d'une jeune fille sa double couronne d'Orient et d'Occident. Il donna, avec ses deux capitales, son empire, qui commence à la Baltique et qui finit aux montagnes Rocheuses, et dont sept mers baignent les rivages.

En échange, Jeannette Groudzenska reçut de l'empereur Alexandre le titre de princesse de Lovics.

Or, quand la nouvelle de la mort de l'empereur Alexandre arriva à Pétersbourg, le grand-duc Nicolas regarda cette renonciation comme non avenue; il prêta serment de fidélité au grand-duc Constantin, et lui envoya un courrier pour l'inviter à venir prendre possession du trône.

Mais, en même temps que le messager partait de Pétersbourg pour Varsovie, le grand-duc Michel, envoyé par Constantin de Varsovie à Pétersbourg, apportait cette lettre à son frère :

« Mon très-cher frère

» C'est avec la plus profonde tristesse que j'ai appris, hier au soir, la nouvelle de la mort de notre adoré souverain, mon bienfaiteur l'empereur Alexandre. En m'empressant de vous témoigner les sentiments que me fait éprouver ce cruel malheur, je me fais un devoir de vous annoncer que j'adresse, par le présent courrier, à Sa Majesté impériale, notre auguste mère, une lettre par laquelle je déclare que, par suite du rescrit que j'avais obtenu, en date du 2 février 1822, à l'effet de sanctifier ma renonciation au trône, c'est encore aujourd'hui ma résolution inébranlable de vous céder tous mes droits de succession au trône des empereurs de toutes les Russies. Je prie, en même temps, notre bien-aimée mère et ceux que tout cela peut concerner de faire connaître ma volonté invariable à cet égard, afin que l'exécution en soit complète.

» Après cette déclaration, je regarde comme un devoir sacré de prier très-humblement Votre Majesté impériale de recevoir la première mon serment de fidélité et de soumission, et de me permettre de lui déclarer que, mes vœux n'étant dirigés vers aucune dignité nouvelle, ni vers aucun titre nouveau, je désire uniquement et simplement conserver celui de czarovitch, dont mon auguste père a daigné m'honorer pour mes services. Mon unique bonheur sera désormais de faire accueillir par Votre Majesté impériale les sentiments de mon profond respect et de mon dévouement sans bornes; j'ai donné pour gages plus de trente années d'un service fidèle, et le zèle constant que j'ai fait éclater envers les empereurs mon père et mon frère. C'est dans les mêmes sentiments que, jusqu'à mon dernier soupir, je ne cesserai de servir Votre Majesté impériale et ses successeurs, dans mes fonctions présentes et dans la situation actuelle.

» Je suis avec le plus profond respect,

» CONSTANTIN. »

Le lendemain du jour où le grand-duc Nicolas avait envoyé un courrier au czarovitch, le conseil d'État l'avait fait prévenir qu'il était dépositaire d'un écrit commis à sa garde le 15 octobre 1823, et revêtu du sceau de l'empereur Alexandre, avec une lettre autographe de Sa Majesté, qui lui recommandait de conserver ce dépôt jusqu'à nouvel ordre, et lui ordonnait, en cas de mort, de l'ouvrir en séance extraordinaire.

Or, l'empereur étant mort, le conseil d'État avait ouvert le dépôt, et, sous double enveloppe, il avait trouvé la renonciacion du grand-duc Constantin à l'empire de toutes les Russies. La renonciation était conçue en ces termes :

« Sire,

» Enhardi par les preuves multipliées de la bienveillance de Sa Majesté impériale envers moi, j'ose la réclamer encore une fois, et mettre à ses pieds mes humbles prières. Ne me croyant ni l'esprit, ni les capacités, ni la force nécessaires, si jamais j'étais revêtu de la haute dignité à laquelle je suis appelé par ma naissance, je supplie instamment Sa Majesté impériale de transférer ce droit à celui qui me suit immédiatement, et d'établir à jamais la stabilité de l'empire. Quant à ce qui me concerne, je donnerai, par cette renonciation, une nouvelle garantie et une nouvelle force à ce que j'ai solennellement consenti à l'époque de mon divorce avec ma première femme. Toutes les circonstances présentes me déterminent de plus en plus à prendre une mesure qui prouvera à l'empire et au monde entier la sincérité de mes sentiments.

» Puisse Votre Majesté impériale accueillir mes vœux avec bonté ! Puisse-t-elle déterminer notre auguste mère à les accueillir elle-même, et à les sanctionner par son consentement impérial !

» Dans le cercle de la vie privée, je m'efforcerai toujours de servir de modèle à vos fidèles sujets et à tous ceux qu'anime l'amour de notre chère patrie.

» Je suis avec le plus profond respect,

» CONSTANTIN »

A cette lettre, l'empereur avait fait la réponse suivante :

« Très-cher frère,

» Je viens de lire votre lettre avec toute l'attention qu'elle mérite ; je n'y ai rien trouvé qui m'ait pu surprendre, ayant toujours su apprécier les sentiments élevés de votre cœur ; elle m'a fourni une nouvelle preuve de votre sincère attachement à l'État, et de vos soins prévoyants pour la conservation de la tranquillité. Suivant vos désirs, j'ai communiqué votre lettre à notre très-chère mère; elle l'a lue, pénétrée des mêmes sentiments que moi, et reconnaît avec gratitude les nobles motifs qui vous ont dirigé. Dans ces motifs allégués par vous, il ne nous reste à tous deux qu'à vous laisser toute liberté de suivre vos résolutions inaltérables, et à prier le Tout-Puissant de faire produire à des sentiments aussi purs les résultats les plus satisfaisants.

» Je suis, pour toujours, votre très-affectionné frère,

» ALEXANDRE. »

Nicolas n'en attendit pas moins la réponse du czarovitch, et ce ne fut que le 25 décembre qu'il déclara, dans un manifeste, accepter le trône qui lui était dévolu par la renonciation de son frère aîné. En conséquence, il fixait au lendemain, 26, la prestation de serment à faire, à lui, et à son fils aîné le grand-duc Alexandre.

Voilà comment, après avoir présenté le spectacle étrange de deux frères refusant une des plus belles couronnes du monde, Constantin demeura simple czarovitch, et Nicolas devint empereur de toutes les Russies

CIV

Rousseau et Romieu. — Parlez au concierge. — La chandelle des huit. — Les *Deux Magots*. — A quelle heure on doit remonter sa montre. — M. le sous-préfet s'amuse. — Henry Monnier. — Le chapitre des renseignements. — Les soupers. — Les cigares.

Pendant que ces grands événements se passaient dans les hautes sphères de la politique, notre humble fortune allait s'amoindrissant. Les cent louis qu'avait apportés ma mère tiraient à leur fin; ce qui était effrayant, attendu qu'en un an et demi, nous avions dépensé près de quatre mille francs, c'est-à-dire à peu près dix-huit cents francs de plus que nous n'eussions dû le faire. Il y avait donc urgence à moi de **tenir** mes promesses, et d'ajouter, par un travail en dehors du bureau, quelque chose à mes appointements.

Nous persistions bien à collaborer, de Leuven et moi; mais tout cela n'avait aucun résultat; — ce qui nous faisait crier tout haut à l'injustice des directeurs et au mauvais goût des comités, quoique, tout bas, je rendisse meilleure justice à nos œuvres, m'avouant franchement à moi-même que, si j'étais directeur, je ne me recevrais pas.

Nous résolûmes donc de faire des sacrifices et de nous adjoindre Rousseau, afin qu'il mît dans nos pièces ce je ne sais quoi qui est le dernier coup de pinceau du tableau.

Ces sacrifices consistaient à nous procurer quelques bouteilles de bon vin vieux de Bordeaux, quelques carafons de rhum, quelques fragments de pains de sucre.

Rousseau était de cette fameuse école Favart, Radet, Collé, Désaugiers, Armand Gouffé et compagnie, qui ne travaillaient qu'en entendant sauter les bouchons ou en voyant flamber le punch.

Rousseau avait même, alors, une réputation dont, à son grand regret, il était obligé de céder une moitié à son illustre collaborateur Romieu.

A une certaine époque, je n'eusse point osé parler ainsi de l'illustre préfet de la Dordogne, de peur de nuire à sa carrière politique. On se rappelle la douleur que lui causa cette nouvelle, heureusement fausse, qu'il avait été dévoré par les hannetons, et comment ses partisans se hâtèrent de rejeter à la face de la mauvaise presse cette mauvaise plaisanterie. Hélas! il est si difficile à un homme d'esprit de se faire pardonner son esprit, et à un homme amusant de passer pour un homme sérieux, que Romieu commençait à peine à se remettre de cette double réputation, malheureusement trop méritée, lorsqu'après dix ans de sous-préfecture et de préfecture, il en fut de lui comme du pauvre savetier romain qui avait habitué un corbeau à crier: *Vive César Auguste!* le César Auguste de la France tomba; les soins et les dépenses de Romieu furent perdues, *opera et impensa periit*. Romieu rentra dans la vie privée, et cette chute qui, contre les lois de la pesanteur, s'est opérée de bas en haut, nous rend toute notre liberté à l'endroit de l'auteur de *l'Enfant trouvé* et de *l'Ère des César*.

Romieu était donc, en 1825, le collaborateur de Rousseau ; seulement, de cette collaboration, comme de la mienne avec Adolphe, il ne sortait absolument rien, qu'une foule d'aventures plus réjouissantes les unes que les autres, et qui défrayaient les causeries du café du *Roi* et du café des *Variétés*.

Entendons-nous, car il pourrait y avoir amphibologie, et l'on pourrait croire que de notre collaboration aussi ressortait quelque chose.

Non, de la nôtre, il ne ressortait rien du tout: Adolphe a toujours été jovial comme un trappiste, et, moi, quoique d'un caractère très-gai, je ne savais que rire des farces des autres, sans jamais, dans toutes les farces qui se faisaient, pouvoir être autre chose que simple spectateur.

J'avais une profonde admiration pour l'aplomb qui, sous ce rapport, distinguait Rousseau et Romieu.

Ainsi, il y avait peu de nuits où Rousseau surtout, — qui portait moins bien son vin que Romieu, mais qui, il faut le dire, avait le vin charmant, — il y avait peu de nuits où Rousseau, abandonné à lui-même par son traître Pylade, ne fût ramassé par quelque patrouille, et conduit chez le commissaire de police pour tapage nocturne. Mais Rousseau était comme les enfants à qui, de peur qu'ils ne se perdent, on apprend un nom et une adresse. Rousseau avait gravé au plus profond de sa mémoire le nom d'un certain commissaire de police de sa connaissance, et il y était si bien incrusté, que ni vin, ni eau-de-vie, ni rhum, ni punch, ne pouvaient l'en effacer. Rousseau trébuchant, Rousseau balbutiant, Rousseau gris, Rousseau ivre, Rousseau ivre-mort, Rousseau ayant oublié le nom et l'adresse de sa mère, le nom et l'adresse de Romieu, son propre nom et sa propre adresse, Rousseau articulait nettement le nom et l'adresse dudit commissaire de police.

Et, comme on ne pouvait pas refuser à un homme, si ivre qu'il fût, cette juste demande d'être conduit chez un commissaire de police, on conduisait Rousseau chez son ami, qui lui faisait une semonce d'abord, mais qui finissait toujours par le faire remettre en liberté.

Une fois pourtant, la semonce fut plus vive que d'habitude, et Rousseau l'écouta d'un air plus contrit. Puis, comme le commissaire de police lui reprochait de troubler son sommeil en le réveillant ainsi toutes les nuits :

— Vous avez raison, répondit Rousseau, et je vous promets désormais de me faire conduire chez un autre, une fois sur trois.

Il lui tint parole. Mais tous les commissaires de police n'avaient pas la même indulgence.

Le premier chez lequel se fit conduire Rousseau, l'envoya à la salle Saint-Martin, d'où il ne sortit que deux jours après ; ce qui le détermina à reprendre son ancien système.

C'était surtout aux portiers et aux épiciers qu'en voulaient Rousseau et Romieu.

Rousseau passait sa tête par le vasistas d'un concierge.

— Bonjour, mon ami.

— Bonjour, monsieur.

— Qu'est-ce que c'est, s'il vous plaît, que l'oiseau que vous avez à votre fenêtre ?

— C'est une fauvette à tête noire, monsieur.

— Ah ! ah !... Et pourquoi avez-vous une fauvette à tête noire ?

— Parce que cela chante très-bien, monsieur.

— Vraiment ?

— Tenez, écoutez...

Et le portier, les mains sur les hanches, dodelinant la tête de haut en bas, le visage souriant, écoutait le chant de sa fauvette.

— Ah ! c'est vrai... Vous êtes marié ?

— Oui, monsieur, en troisièmes noces.

— Et où est votre femme ?

— Mon épouse, monsieur veut dire ?

— Oui, certain'ment, votre épouse.

— Elle est chez le locataire du cinquième.

— Ah! ah! Et que fait-elle chez le locataire du cinquième?
— Le ménage.
— Est-il jeune ou vieux, le locataire du cinquième?
— Entre deux âges.
— Bon... Et vos enfants?
— Je n'en ai pas.
— Vous n'en avez pas?
— Non.
— Alors, qu'avez-vous donc fait pendant vos trois mariages?
— Pardon... Monsieur désire quelqu'un?
— Non.
— Alors, monsieur désire quelque chose?
— Non.
— C'est que, depuis un quart d'heure, monsieur me fait questions sur questions.
— Oui.
— Mais à quel propos ces questions-là?
— A propos de rien.
— Comment! à propos de rien?... Mais, enfin, monsieur a un but?...
— Aucun.
— Monsieur n'a aucun but?
— Non.
— Mais, alors, je voudrais bien savoir pourquoi monsieur me fait l'honneur...
— Dame! je passe... je vois au-dessus de votre loge: *Parlez au portier*, je vous parle!

Romieu entrait chez un épicier.

— Bonjour, monsieur,
— Monsieur, votre très-humble serviteur.
— Avez-vous des chandelles des huit?
— Oui, monsieur, en quantité: c'est un article qui va fort, attendu qu'il y a plus de petites bourses que de grandes.
— Monsieur, ce que vous dites là, c'est plus que de l'épicerie, c'est de l'observation.
— Monsieur me fait honneur.

Romieu et l'épicier se saluent.

— Monsieur disait donc qu'il désirait?...
— Une chandelle des huit.
— Une seule?
— Oui, d'abord; après, je verrai.
L'épicier tire une chandelle d'un paquet.
— Voici, monsieur.
— Voulez-vous me la couper en deux? Je déteste toucher à la chandelle!
— Vous avez raison, cela sent fort mauvais. Voici votre chandelle en deux morceaux.
— Ah! maintenant, seriez-vous assez bon pour couper chacun de ces morceaux-là en quatre?
— En quatre?
— Oui; pour ce que je veux faire, j'ai besoin de huit morceaux de chandelle.
— Voici vos huit morceaux, monsieur.
— Pardon, auriez-vous l'obligeance de me les émécher?
— Tous les huit?
— Tous les sept. Il y en a un qui tout naturellement a sa mèche.
— C'est vrai.
— C'est cela... La, la, très-bien .. la, merci. Maintenant, attendez... mettez-les sur le comptoir à trois pouces de distance les uns des autres... Ah!...
— Mais que diable voulez-vous donc faire?
— Vous allez voir... Maintenant, pousseriez-vous la complaisance jusqu'à me prêter une allumette chimique?
— Certainement... tenez.
— Merci.
Et Romieu allume gravement les huit bouts de chandelle.
— Mais, monsieur, que faites-vous donc?
— Je fais une farce.
— Comment, vous faites une farce?
— Oui.
— Et maintenant?
— Et maintenant que la farce est faite, je m'en vais.
Romieu salue l'épicier et sort.

— Comment, vous vous en allez? crie l'épicier; vous vous en allez sans payer la chandelle?... Mais payez la chandelle, au moins!

Romieu se retourne :

— Si je payais la chandelle, où serait la farce?

Et il continue son chemin sans s'occuper davantage des cris de l'épicier.

Parfois, Romieu s'élevait plus haut que l'épicier, et manquait de révérence au haut commerce.

Un soir, il passe rue de Seine, au coin de la rue de Bussy, au moment où, à minuit et demi, par extraordinaire, un commis s'apprête à fermer le magasin des *Deux Magots*, que l'on ferme d'ordinaire à onze heures.

Romieu se précipite dans le magasin.

— Où est le chef de l'établissement?

— M. P***?

— Oui.

— Il est couché...

— Depuis longtemps?

— Depuis une heure.

— Mais il est couché dans la maison?

— Sans doute.

— Conduisez-moi près de lui.

— Mais, monsieur...

— Sans retard.

— Cependant...

— A l'instant même.

— C'est donc bien pressé, ce que vous avez à lui dire?

— C'est-à-dire que je tremble d'arriver trop tard.

— Puisque monsieur m'assure...

— Mais allez donc! mais allez donc!

Le commis ne prend pas le temps de fermer sa boutique, et conduit Romieu dans un entre-sol où M. P*** ronfle comme une contre-basse.

— M. P***! M. P***! crie le garçon.

— Eh bien, quoi?... Va-t'en au diable! Qu'est-ce que tu veux?

— Ce n'est pas moi...

— Comment, ce n'est pas toi?

— Non, c'est un monsieur qui veut vous dire deux mots.

— A cette heure-ci?

— Il dit que c'est pressé.

— Et où est-il, ce monsieur?

— Il est là, à la porte... Entrez, monsieur, entrez.

Romieu entre sur la pointe du pied, le chapeau à la main, le visage souriant.

— Pardon, monsieur, mille fois pardon du dérangement que je vous cause.

— Ce n'est rien, monsieur, ce n'est rien... Qu'y a-t-il pour votre service?

— Je désirerais parler à votre associé.

— Comment, à mon associé?

— Oui.

— Mais je n'ai pas d'associé.

— Vous n'en avez pas?

— Non.

— Alors, pourquoi mettre sur votre enseigne: *Aux Deux Magots?* C'est tromper le public!

Mais, parfois aussi, il arrivait que le mystificateur était reconnu, et, alors, la charge tournait contre lui.

Un jour, Rousseau entra chez un horloger.

— Monsieur, je voudrais voir une bonne montre.

— Monsieur, voici votre affaire.

— De qui est-elle?

— De Leroy.

— Qu'est-ce que Leroy?

— Un de mes plus illustres confrères.

— Donc, vous m'en répondez?

— Je vous en réponds.

— Combien de fois faut-il la remonter par semaine?

— Une fois.

— Le matin ou le soir?

— Comme on veut; cependant mieux vaut la remonter le matin.

— Pourquoi cela ?

— Parce, que le soir, on est soûl, monsieur Rousseau, et qu'on peut casser le grand ressort.

Cette fois-là, Rousseau était volé ; il sortit en promettant au marchand sa pratique, que, par reconnaissance, il ne lui donna point.

On comprend que, devenu sous-préfet, puis préfet, Romieu ne pouvait pas continuer ce genre de plaisanteries ; et, cependant, on assure que, de temps en temps, le vieil homme revenait, tant il est difficile de chasser ce naturel, qui, au dire du poëte d'Auteuil, revient au galop.

Aussi raconte-t-on qu'un soir, M. le sous-préfet, rentrant chez lui à onze heures, après un souper en ville, — quand Romieu soupait en ville, à Paris, il ne rentrait jamais que le lendemain matin, mais chacun sait, hélas ! que Paris n'est point la province ! — M. le sous-préfet, rentrant donc chez lui à onze heures du soir, aperçut trois ou quatre gamins de la localité occupés à viser avec des pierres le reverbère d'honneur allumé devant la sous-préfecture ; seulement, c'était en province toujours, et non à Paris, et les gamins, dans leur maladresse départementale, avaient déjà jeté quatre ou cinq pierres sans atteindre le but. Le sous-préfet, qui les voyait sans qu'ils le vissent, haussait les épaules. Enfin, ne pouvant plus se contenir en face d'une pareille maladresse, il s'approche, prend place au milieu des gamins étonnés, ramasse une pierre au hasard, la lance, et clic !... plus de reverbère.

— Voilà comme cela se pratique, messieurs, dit-il.

Et il rentre chez lui en murmurant :

— Ah ! la jeunesse est bien dégénérée !

Parfois aussi, — chacun a ses mauvais moments, et, de même que le plus sage pèche sept fois par jour, l'homme d'esprit peut être bête une fois par an ; — parfois aussi, M. le préfet se gourmait dans son collet brodé.

Un jour, Henry Monnier, — vous savez, notre spirituel caricaturiste, notre charmant faiseur de proverbes, notre ami à tous enfin, — Henry Monnier passe à Périgueux, va voir son ancien camarade Romieu, et s'invite à dîner chez lui pour le jour même.

M. le préfet donnait un dîner d'apparat: les convives étaient, pour la plupart, des autorités du département, ce qu'il y avait de plus collet monté enfin.

Henry Monnier ne s'effraye pas pour si peu; il bavarde, il raconte, il est comme chez lui, comme chez vous, comme chez moi, c'est-à-dire qu'il est charmant.

Seulement, il s'aperçoit que, quoiqu'il tutoie Romieu avec acharnement, Romieu s'obstine à ne pas le tutoyer.

Ce n'était ni dans leurs habitudes, ni dans leurs conventions.

Henry Monnier s'assure bien que ce n'est point une erreur de sa part; puis, quand il est sûr d'être dans le vrai:

— Ah çà, dis-moi donc, mon cher Romieu, crie-t-il d'un bout à l'autre de la table, tu me dis *vous*, et je te dis *tu*, sais-tu qu'on va te prendre pour mon domestique?...

Paris s'aperçut réellement de l'absence de Romieu, quoique, en partant, il lui eût laissé Rousseau; puisqu'on faisait Romieu préfet, Paris eût bien désiré que l'on fît Romieu préfet de Paris; mais cela n'était point possible, à ce qu'il paraît.

Comment Romieu, en partant, avait-il laissé Rousseau à Paris?

Ah! voilà ce que Rousseau ne lui pardonna jamais!

Quand Romieu fut nommé sous-préfet, Rousseau sauta de joie; c'était bien, de la part du gouvernement, une grave inconséquence de nommer Romieu sous-préfet, sans lui adjoindre Rousseau à un titre quelconque; mais, comme Rousseau, après la révolution, n'avait rien demandé, il fut assez raisonnable pour n'en pas vouloir au gouvernement.

Il alla trouver Romieu.

— Eh bien, mon cher ami, je te fais mon compliment.
— Ah! tu sais?...
— Pardieu!
— Oui, ils m'ont nommé sous-préfet.
— Eh bien?
— Eh bien, quoi?

— Tu as pensé à moi, j'espère ?
— J'ai pensé à toi! et à quel propos?
— Il me semble qu'il te faut un secrétaire ?
— Tiens! c'est vrai.
— Tu n'en as pas encore?
— Non.
— Eh bien, voilà mon affaire, à moi. Douze cents francs, la table, le logement et ta compagnie, c'est tout ce qu'il me faut.
— Mais, au fait, dit Romieu.
— Allons donc!
— Reviens après-demain, et je te dirai si la chose est possible.
— Possible! qui diable empêcherait que ce ne fût possible?...

Rousseau part, et revient le surlendemain.

Il trouve Romieu grave, presque soucieux.

— Eh bien? demande-t-il.
— Eh bien, mon cher ami, je suis désespéré!
— Comment?
— Impossible!
— Impossible de m'emmener avec toi?
— Oui; tu comprends...
— Non, je ne comprends pas.
— Avant de t'emmener, j'ai dû prendre des renseignements.
— Sur moi?
— Oui, sur toi, et j'ai appris...
— Tu as appris?...
— J'ai appris que tu buvais!

Rousseau partit; mais, cette fois, il ne revint pas.

Pauvre Rousseau! Trois mois avant sa mort, il nous racontait cette anecdote, en pleurant, à mon fils et à moi.

— Romieu finira mal, disait-il avec le ton tragique de Calchas, c'est un ingrat!

Dieu préserve Romieu de la prédiction de Rousseau!

Romieu demeura trois ans sans reparaître, et, pendant ces trois ans, l'absence de Romieu amena de grands changements dans la capitale, ainsi que le constate ce distique d'un auteur inconnu :

> Lorsque Romieu revint du Monomotapa,
> Paris ne soupait plus, et Paris resoupa.

J'ai dit qu'il s'était fait à Paris de grands changements, j'aurais dû dire des changements fatals.

L'absence du souper a sur la civilisation des conséquences plus fâcheuses qu'on ne croit.

C'est à l'absence du souper et à la présence du cigare que j'attribue la dégénérescence de notre esprit.

Non pas que je dise que nos fils ont moins d'esprit que nous, Dieu m'en garde! et j'ai, pour mon compte, un fils qui ne me le pardonnerait pas. Mais ils ont un autre esprit.

Reste à savoir quel est le meilleur, du leur ou du nôtre.

Notre esprit, à nous autres hommes de quarante ans, est un esprit qui tient encore un peu de l'aristocratie du XVIII° siècle, modifié par le côté chevaleresque de l'Empire.

Les femmes avaient une grande influence sur cet esprit-là.

Cet esprit-là, c'était surtout le souper qui l'entretenait.

A onze heures du soir, quand on est délivré des soucis de la journée; quand on sait qu'on a encore six ou huit heures que l'on peut employer à son loisir entre la veille et le lendemain; quand on est assis à une bonne table, qu'on coudoie une belle voisine, qu'on a pour excitant les lumières et les fleurs, l'esprit se laisse emporter tout éveillé dans la sphère des rêves, et, alors, il atteint l'apogée de sa vivacité et de son exaltation. Non-seulement on a à souper plus d'esprit qu'ailleurs, plus d'esprit qu'aux autres repas, mais encore on a un autre esprit.

Je suis sûr que la plupart des jolis mots du XVIII° siècle ont été dits en soupant.

Plus de soupers! donc, absence de cet esprit qu'on avait en soupant.

Maintenant, parlons du cigare.

Autrefois, après le déjeuner, les hommes et les femmes passaient à la salle de billard ou au jardin; après le dîner, les hommes et les femmes passaient au salon; là, la conversation continuait sur le même ton, soit qu'elle s'isolât, soit qu'elle se généralisât.

Aujourd'hui, à peine hors de table, les hommes se demandent les uns aux autres : « Viens-tu fumer un cigare? »

On descend, on se promène sur le trottoir, et l'on fume.

Là encore, on rencontre des femmes; mais elles n'ont pas tout à fait le même esprit que celles qu'on vient de quitter dans le salon.

On met son esprit au niveau de celui de ces dames; il ne faut pas faire rougir la plus belle moitié du genre humain.

Cela se renouvelle tous les jours. On ne rencontre pas tous les jours les mêmes personnes sur le trottoir; mais les personnes ont beau changer, la conversation est toujours à peu près la même.

Sans qu'on s'en aperçoive, l'esprit se vulgarise.

Joignez à cela l'influence du narcotique que contient le tabac, et préjugez ce que sera la société dans un demi-siècle, si le goût du cigare va toujours croissant.

Nous aurons juste autant d'esprit en France en 1950, qu'il y en a aujourd'hui en Hollande.

Vous voyez que nous voilà bien loin de Rousseau et de Romieu.

Au reste, ce n'est qu'à Rousseau que nous avons affaire.

Revenons donc à Rousseau.

CV

Le lampion. — *La Chasse et l'Amour*. — La part de Rousseau. — Le couplet du lièvre. — Le couplet de facture. — Comme quoi il y a lièvre et lièvre. — Réception à l'Ambigu. — Mes premiers droits d'auteur. — Ce que c'est que Porcher. — Pourquoi il ne faut pas lui dire du mal de Mélesville.

De Leuven et moi, nous allâmes trouver Rousseau.

Il demeurait, à cette époque, rue du Petit-Carreau, avec je ne sais quelle créature.

Il était furieux.

La veille, il avait soupé, et même très-bien soupé, chez Philippe, — que, soit dit en passant, je recommanderai comme le seul homme chez lequel on soupe encore, — il en était sorti avec Romieu, vers une heure du matin, honnêtement gris. Au bout de deux pas, l'air extérieur avait fait son effet, il était ivre; au bout de cent pas, il était ivre-mort.

Romieu avait fait des efforts héroïques pour le mener le plus loin possible. Mais, entraîné deux fois dans sa chute, il s'était décidé à l'abandonner en entourant toutefois cet abandon de toutes les précautions possibles.

En conséquence, à trente pas de son domicile, reconnaissant l'impossibilité de le traîner plus loin, Romieu l'avait délicatement couché à la porte d'une fruitière sur un tas de feuilles de chou et de fanes de carotte qui se trouvaient là, lui avait appuyé la tête au mur, et, à grand renfort de coups de pied et de coups de poing, il s'était fait ouvrir la boutique d'un épicier. Chez cet épicier, il avait acheté un lampion, avait posé ce lampion à côté de Rousseau, en avait allumé la mèche, et avait pris congé de son malheureux ami, en lui adressant cette dernière phrase, moitié consolation d'un devoir rempli, moitié prière à la Providence :

— Et maintenant, dors tranquillement, fils d'Épicure; ils ne t'écraseront pas!

Rousseau avait passé la nuit parfaitement tranquille, grâce au lampion qui veillait pour lui, et s'était réveillé avec deux ou trois sous dans la main.

De bonnes âmes lui avaient fait l'aumône, le prenant pour un pauvre honteux.

Mais, comme c'était son quartier, le jour venu, il avait été reconnu par la fruitière et par l'épicier ; ce qui avait été une grande humiliation pour lui.

Un bon déjeuner, que nous lui offrîmes au café des *Variétés,* le consola. Après quoi, — c'était un dimanche, et, par conséquent, j'avais congé, — après quoi, nous l'emmenâmes dans la chambre d'Adolphe.

Adolphe avait, alors, une fort jolie chambre, presque aussi jolie que celle de Soulié. La maison qu'avait fait bâtir M. Arnault, rue de la Bruyère, était en état, et la famille de Leuven avait suivi la famille Arnault de la rue Pigalle à la rue de la Bruyère.

Nous nous attablâmes autour d'un thé dont Rousseau prétendait avoir absolument besoin, et nous lûmes successivement à notre convive tous nos essais, afin qu'il jugeât par lui-même celui qui lui paraissait digne de sa haute protection.

A la deuxième scène, Rousseau prétendit qu'il écouterait mieux couché sur le lit d'Adolphe, et, en conséquence, il se coucha ; à la quatrième scène, il ronflait ; ce qui prouvait que, si doux qu'eût été le lit d'herbages que lui avait prêté la fruitière de la rue du Petit-Carreau, on ne dort jamais bien quand on découche.

Nous respectâmes le sommeil de Rousseau, et nous attendîmes patiemment son réveil.

A son réveil, Rousseau avait la tête lourde ; il lui était impossible de réunir deux idées. Il demandait à emporter les manuscrits, à lire tranquillement chez lui, et à nous rendre réponse.

Nous lui confiâmes nos trésors : deux mélodrames et trois vaudevilles, et nous nous donnâmes rendez-vous pour dîner chez Adolphe le jeudi suivant.

Le jeudi suivant, madame de Leuven, qui sentait l'importance du dîner, se chargea elle-même de veiller à ses apprêts et à son service.

On avait invité Rousseau par lettre, outre l'invitation verbale.

Au bas de la lettre, comme on met sur les invitations de bal : « On dansera, » on avait mis : « Il y aura deux bouteilles de vin de Champagne. »

Rousseau n'eut garde de manquer.

Rien ne lui avait plu : ni mélodrames ni vaudevilles.

Les mélodrames étaient tirés de romans trop connus, où il y avait d'autres mélodrames reçus sous le même titre.

Les vaudevilles étaient faits sur des idées qui traînaient partout.

Il y avait dans ce jugement de quoi désespérer des hommes plus forts que nous.

Cependant, une idée d'Adolphe réconforta notre courage, et consola notre amour-propre.

— Il ne les a pas lus, me dit-il tout bas.

— C'est probable, répondis-je.

Cette quasi-conviction nous rendit un peu de gaieté. Au dessert, je racontai plusieurs histoires, et, entre autres, une histoire de chasse.

— Eh bien, mais, s'écria Rousseau, comment! vous nous racontez de belles histoires comme celle-là, et vous vous amusez à emprunter des mélodrames à Florian, et des contes à M. Bouilly ; mais il y a, dans l'histoire que vous venez de nous raconter, un vaudeville intitulé : *la Chasse et l'Amour*.

— Vous trouvez? nous écriâmes-nous.

A cette époque, nous ne nous permettions pas encore de tutoyer Rousseau.

— Parbleu !

— Eh bien, mais, si nous le faisions ce vaudeville?

— Faisons-le! répétâmes-nous en chœur.

— Un instant, un instant, dit Rousseau ; il reste encore une bouteille de champagne : buvons-la.

— Oui, dit Adolphe, et on en fera monter une troisième pour arroser le plan que nous allons faire immédiatement.

— Soit! dit Rousseau.

Et, levant son verre :

— A la réussite de *la Chasse et l'Amour!* dit-il.

Nous n'eûmes garde de ne point faire honneur au toast, qui fut renouvelé jusqu'à ce qu'il ne restât pas une goutte de la liqueur blonde dans la bouteille.

— La troisième bouteille! fit Rousseau en égouttant la seconde dans son verre.

— Mettons-nous au plan... Elle viendra, dit Adolphe.

— Au plan! au plan! cria Rousseau.

On sonna le domestique; on fit enlever les plats, les couverts et les nappes; on ne garda que les trois verres; on mit des plumes, de l'encre et du papier sur la table; on me glissa la plume entre les doigts, et l'on fit monter la troisième bouteille.

Au bout d'un quart d'heure la bouteille était bue; au bout d'une heure, le plan était fait.

Ne me demandez pas quel était ce plan, je ne veux pas m'en souvenir.

Nous partageâmes en trois parties les vingt et une scènes qui, je crois, composent l'ouvrage. Chacun en eut sept : moi les sept de l'exposition, de Leuven les sept du milieu, Rousseau les sept du dénoûment.

Puis on prit rendez-vous à la huitaine pour dîner et lire la pièce.

Chacun, pendant ces huit jours, devait avoir fait sa part.

C'était ainsi que travaillaient les vaudevillistes de la vieille école. Scribe, comme le médecin de Molière qui avait mis le foie à gauche et le cœur à droite, Scribe a changé tout cela, et a donné du sérieux à un travail qui, jusque-là, n'avait été que du caprice et de la fantaisie.

Le lendemain au soir, mes sept scènes étaient écrites.

Au jour dit, nous nous réunîmes. J'avais fait ma besogne, Adolphe avait fait la sienne; Rousseau n'avait pas écrit un mot.

Rousseau, alors, nous déclara qu'il avait l'habitude de travailler en séance, et que, seul, les idées ne lui venaient pas, il ne pouvait rien faire.

Nous répondîmes à Rousseau qu'il ne fallait point que cela l'arrêtât, et que nous ferions sa part en séance.

Il fut convenu que la soirée du jour serait consacrée à revoir ma part et celle d'Adolphe, et que la journée du lendemain verrait commencer les séances pendant lesquelles la part de Rousseau devait être faite.

On lut ma part; elle eut le plus grand succès; un couplet surtout émerveilla Rousseau.

Le rôle comique, le chasseur parisien, le chasseur à lunettes, le chasseur de la plaine Saint-Denis enfin, chantait, en manière d'exposition de ses mérites, le couplet suivant :

> La terreur de la perdrix
> Et l'effroi de la bécasse,
> Pour mon adresse à la chasse,
> On me cite dans Paris.
> Dangereux comme la bombe,
> Sous mes coups rien qui ne tombe,
> Le cerf comme la colombe.
> A ma seule vue, enfin,
> Tout le gibier a la fièvre ;
> Car, pour mettre à bas un lièvre,
> Je suis un fameux lapin !

Adolphe lut à son tour la sienne, et eut une mention honorable pour un couplet de facture.

On ne sait plus aujourd'hui ce que c'est qu'un couplet de facture, — à l'exception des Nestors de l'art, qui ont conservé un reconnaissant souvenir des *bis* et des *ter* qui accueillaient presque toujours le couplet de facture. — Voici le couplet de facture d'Adolphe : à tout seigneur tout honneur :

Air du vaudeville des *Blouses*.

> Un seul instant examinez le monde,
> Vous ne verrez que chasseurs ici-bas.
> Autour de moi quand on chasse à la ronde,
> Pourquoi donc, seul, ne chasserais-je pas ?

Dans nos salons, un fat parfumé d'ambre
De vingt beautés chasse à la fois les cœurs.
Un intrigant rampant dans l'antichambre
Chasse un cordon, un regard, des faveurs.
Sans consulter son miroir ni son âge,
Une coquette, à soixante et dix ans,
En minaudant, chasse encore l'hommage
Que l'on adresse à ses petits-enfants.
Un lourd journal que la haine dévore,
Toujours en vain chasse des souscripteurs;
Et l'Opéra, sans en trouver encore,
Depuis longtemps chasse des spectateurs.
Un jeune auteur, amant de Melpomène,
Chasse la gloire et parvient à son but;
Un autre croit, sans prendre autant de peine,
Qu'il lui suffit de chasser l'Institut.
Pendant vingt ans, les drapeaux de la France
Sur l'univers flottèrent en vainqueurs,
Et l'étranger sait par expérience,
Si nos soldats sont tous de bons chasseurs...

Un seul instant examinez le monde,
Vous ne verrez que chasseurs ici-bas.
Autour de moi quand on chasse à la ronde,
Pourquoi donc, seul, ne chasserais-je pas?

Restait donc, comme nous l'avons dit, la part de Rousseau à faire.

Nous nous mîmes à l'œuvre dès le lendemain soir; seulement, comme, à cause du portefeuille, nous ne pouvions commencer qu'à neuf heures du soir, nous ne finissions guère qu'à une heure du matin. C'était moi qui, demeurant faubourg Saint-Denis, reconduisais Rousseau jusqu'à la rue Poissonnière. Mais, en sortant de nos mains, Rousseau était toujours à peu près sain de corps et d'esprit; de manière que je n'eus point de dépense de lampions à faire.

La pièce finie, il s'agit de choisir le théâtre auquel on ferait cadeau du chef-d'œuvre. Je n'avais pas de préférence, et, pourvu que la pièce fût jouée et jouée vite, peu m'importait à quelle caisse je devrais me présenter.

Adolphe et Rousseau furent pour le Gymnase; je n'avais rien contre le Gymnase, j'adhérai.

Rousseau demanda lecture.

On n'avait pas droit de refuser une lecture à Rousseau : il avait été joué.

Rousseau obtint donc lecture; seulement, Poirson, qui était le véritable directeur du Gymnase, la lui fit attendre trois semaines.

Il n'y avait rien à dire; — nous attendions, nous, depuis deux ans.

Il avait été décidé que deux auteurs seulement s'y présenteraient et seraient nommés. J'avais de grand cœur cédé l'honneur à de Leuven; je ne voulais, en réalité, jeter mon nom à la publicité qu'à la suite d'une œuvre importante.

Tout dépend en ce monde de la façon dont on débute, et débuter par *la Chasse et l'Amour*, si remarquable que fût l'ouvrage, ne me paraissait un début digne ni de mes espérances ni de mon orgueil.

Or, quoique mes espérances eussent bien diminué depuis deux ans, mon orgueil était encore fort raisonnable.

Il fut donc décidé que je ne paraîtrais ni à la lecture ni sur l'affiche.

Seulement, mon nom de Dumas serait imprimé sur la brochure.

Le grand jour arriva. Nous déjeunâmes ensemble au café du *Roi*; puis, à dix heures et demie, nous nous séparâmes; Rousseau et Adolphe partirent pour le Gymnase, et je montai à mon bureau.

Oh! je l'avoue, de onze heures à trois heures, les transes furent grandes. A trois heures, la porte s'ouvrit, et, par l'entre-bâillement, j'aperçus deux figures désolées.

La première était celle de Rousseau, la seconde celle de Leuven.

La Chasse et l'Amour était refusée par acclamation.

Il n'y avait eu qu'un cri.

Poirson avait paru consterné qu'on eût eu l'idée de lire une pareille chose à un théâtre qui portait le titre aristocratique de théâtre de Madame.

Le couplet qui se terminait par ces quatre vers :

> À ma seule vue, enfin,
> Tout le gibier a la fièvre;
> Car, pour mettre à bas un lièvre,
> Je suis un fameux lapin !

l'avaient abominablement scandalisé. Rousseau lui avait fait observer qu'il n'avait pas toujours eu, même en temps prohibé, cette horreur qu'il manifestait pour le gibier, puisque, dans *l'Héritière*, Scribe avait fait dire à son colonel, en montrant au public un vieux lièvre qu'il tirait de son carnier :

> Voyez ces favoris épais
> Sous lesquels se cachent ses lèvres;
> C'est le Nestor de ces forêts,
> C'est le patriarche des lièvres!
> D'avoir pu le tuer vivant,
> Je me glorifierai sans cesse,
> Car, si je tardais d'un instant,
> Il allait mourir de vieillesse!

Mais Poirson avait répondu qu'il y avait lièvre et lièvre; que la comparaison que faisait du sien M. Scribe, à un patriarche et à Nestor, le relevait aux yeux des gens comme il faut, tandis que cet horrible jeu de mots que nous nous étions permis, en opposant le mot *lièvre* au mot *lapin*, était du plus mauvais goût, et ne serait pas toléré même sur un *théâtre du boulevard*.

Je demandai naïvement si le Gymnase n'était pas un théâtre du boulevard ; mais ce fut alors Rousseau qui, dans sa mauvaise humeur contre moi, — car il regardait mon couplet comme la cause du refus, — me répondit :

— Apprenez, mon cher ami, qu'il y a boulevard et boulevard, comme il y a lièvre et lièvre.

Je demeurai fort étourdi; je n'avais jamais fait de différence entre les lièvres, qu'en les séparant en lièvres tendres et en lièvres durs; de différence entre les boulevards, qu'en préférant, l'été, les boulevards qui étaient à l'ombre aux boulevards qui étaient au soleil, et, l'hiver, les boulevards qui étaient au soleil aux boulevards qui étaient à l'ombre.

Je me trompais, les lièvres et les boulevards avaient leur aristocratie.

On se sépara en prenant rendez-vous pour le soir.

Lassagne me vit abattu, et partagea bien sincèrement ma tristesse. Aussi, dès qu'Ernest eut le dos tourné :

— Consolez-vous, mon cher ami, me dit-il, nous ferons une pièce ensemble.

— Vraiment? m'écriai-je en bondissant de joie.

— Chut! me dit-il, n'allez pas tambouriner cela dans les corridors, et le trompeter dans le bureau.

— Oh! soyez tranquille!

— J'ai lu votre *Ode au général Foy;* c'est jeune; mais il y a quelques bons vers et deux ou trois images là dedans. Je veux vous aider à arriver.

— Oh! merci, merci.

— Seulement, nous serons peut-être obligés de nous adjoindre une troisième personne, car ni vous ni moi ne pourrions faire les répétitions; d'ailleurs, il ne faut pas qu'on sache que j'en suis.

— Adjoignez-vous qui vous voudrez. Mais quand commençons-nous?

— Dame! cherchez un sujet de votre côté, j'en chercherai un du mien, et nous verrons à prendre celui qui sera le meilleur.

Ernest rentra; Lassagne mit son doigt sur ses lèvres.

Je fis un signe de tête, et tout fut dit.

Le soir, comme il avait été convenu, nous nous réunîmes, Adolphe, Rousseau et moi.

Rien de plus mélancolique au monde que ces réunions d'auteurs refusés; à moins d'être Corneille ou M. Viennet, on a toujours un doute : ce doute, c'est que le directeur pourrait bien avoir raison, et que, soi, l'on pourrait bien s'être trompé

Pour ne point décider arbitrairement cette grande question, nous prîmes un terme moyen.

Ce fut de lire à un autre théâtre.

Mais à quel théâtre lirions-nous?

Poirson nous avait dédaigneusement renvoyés à un théâtre du boulevard; Rousseau nous offrit de lire à l'Ambigu. Le régisseur, Warez, étant de ses amis, il avait chance de ne pas attendre la lecture, comme cela n'eût point manqué d'arriver à un autre théâtre.

Nous adhérâmes à la proposition.

La lecture, demandée le lendemain, fut accordée pour le samedi suivant.

Nous attendîmes, moi surtout, ce samedi avec une grande anxiété.

Ce résultat, si misérable qu'il fût, était pour nous presque une affaire de vie ou de mort.

Nous voyions s'approcher avec terreur, ma mère et moi, la fin de nos ressources, et, quoique Després, notre voisin, fût mort; quoique nous eussions, comme il nous l'avait conseillé, repris son logement, de cent francs meilleur marché que le nôtre; quoique nous missions la plus grande économie dans nos dépenses, nos ressources s'épuisaient peu à peu, et assez rapidement pour donner de graves inquiétudes sur l'époque où nous serions réduits à vivre de mes seuls appointements.

Le fameux samedi arriva.

J'allai à mon bureau; ces messieurs allèrent à leur lecture.

A une heure, la porte de mon bureau s'ouvrit; mais, derrière cette porte, étaient deux figures à l'expression desquelles je ne pouvais pas plus me tromper que la première fois.

— Reçus? m'écriai-je.

— Par acclamation, mon cher, dit Rousseau

— Et le fameux couplet du lièvre?

— Bissé!

O faiblesse des jugements humains! ce qui révoltait M. Poirson ravissait M. Warez.

Il y avait donc effectivement lièvre et lièvre, boulevard et boulevard.

Je m'informai des droits d'auteur d'un vaudeville à l'Ambigu.

Il y avait douze francs de droits d'auteur, et six places dans la salle,

C'était, chacun, quatre francs par soirée, plus deux places.

Ces deux places étaient estimées quarante sous.

Le résultat de mes débuts dramatiques serait donc de me produire six francs tous les jours.

Mais, qu'on ne s'y trompe pas, six francs tous les jours, c'étaient mes appointements, plus une moitié.

Seulement, quand notre première représentation arriverait-elle?

On avait promis à Rousseau que ce serait le plus tôt possible.

En effet, huit jours après, Rousseau fut appelé pour lire aux acteurs.

Ce fut un jour de joie suprême.

En revenant de la lecture, Rousseau me prit à part.

— Écoute, me dit-il, — nous nous étions tutoyés pendant nos alternatives de douleurs et de joies, — si tu as besoin d'argent...

— Comment, si j'ai besoin d'argent! certainement que j'en ai besoin!

— Eh bien, si tu as besoin d'argent, je t'indiquerai un brave homme qui t'en prêtera.

— Sur quoi?

— Sur tes billets.

— Sur quels billets?

— Sur tes billets de spectacle, donc.

— Sur mes deux places par jour?

— Oui; tu comprends, moi, je lui ai vendu mes places et mes droits, tout... il m'a tout payé deux cent cinquante francs à forfait. Alors, je me suis dit : « Il ne faut pas oublier les amis. » Je t'ai fait mousser; j'ai dit que tu étais un jeune homme qui commençait, mais que tu donnais les plus belles espérances. J'ai laissé soupçonner que tu étais appelé à enfoncer Scribe et Casimir Delavigne, et il t'attend ce soir au café de l'Ambigu.

— Comment s'appelle-t-il, ton homme?
— Porcher.
— Bon! j'irai.

Rousseau s'éloignait déjà, mais il revint.

— A propos, dis-lui tout ce que tu voudras, mais ne lui dis pas de mal de Mélesville.

— Et pourquoi veux-tu que je lui dise du mal de Mélesville? Je n'en pense que du bien!

— Naïf jeune homme, va! tu ne sais donc pas qu'en littérature, c'est de ceux dont on pense le plus de bien qu'on dit le plus de mal?

— Non, je ne savais pas... Mais pourquoi ne faut-il pas dire de mal de Mélesville à Porcher?

— Un jour que j'aurai le temps, je te conterai cela.

Et Rousseau, m'envoyant un signe joyeux de la tête et de la main, partit en faisant sonner ses deux cent cinquante francs, et me laissant réfléchir à la cause pour laquelle il ne fallait pas dire du mal de Mélesville à Porcher.

Je n'attendis pas précisément l'heure habituelle de la sortie, et je courus tout joyeux annoncer la bonne nouvelle à ma mère.

Seulement, je ne lui dis rien de l'offre qui m'avait été faite par Rousseau.

Le soir, après mon second portefeuille, j'allai au café de l'Ambigu.

Je demandai M. Porcher.

On me le montra faisant une partie de dominos.

J'allai à lui; il me reconnut probablement, car il se leva.

— Je suis le jeune homme dont vous a parlé Rousseau, lui dis-je.

— Monsieur, je suis à vous. Êtes-vous pressé ou voulez permettre que je finisse ma partie de dominos?

— Finissez, monsieur... je ne suis aucunement pressé; j'attendrai en me promenant sur le boulevard.

Je sortis du café, et j'attendis.

Cinq minutes après, Porcher sortit à son tour.

— Eh bien, me dit-il, vous avez donc une pièce reçue à l'Ambigu?

— Oui, et qui est même entrée en répétition aujourd'hui.

— Je sais cela; et vous voudriez de l'argent sur vos billets?

— Dame! lui dis-je, voici la position...

Et je lui racontai en deux mots toute ma vie.

— Combien désirez-vous sur vos billets? Vous savez qu'ils ne valent que deux francs par jour?

— Eh! mon Dieu, oui, je le sais.

— Je ne puis donc pas vous donner beaucoup.

— Je comprends cela.

— Car la pièce peut ne pas réussir.

— Mais, enfin, pouvez-vous me donner?...

— Combien?... Voyons!

Je rappelai tout mon courage, tant je trouvais moi-même la demande exorbitante.

— Pouvez-vous me donner cinquante francs?

— Oh! oui, dit Porcher.

— Quand cela?

— Tout de suite. Je ne les ai pas sur moi, mais je vais les prendre au café.

— Et, moi, je vais y rentrer pour vous donner un reçu.

— Inutile; je vous inscrirai sur mon registre, comme je fais pour M. Mélesville et pour les autres: seulement, il est convenu de parole, n'est-ce pas, que, pour tout l'avenir, nous faisons affaire ensemble?

— Convenu... à la vie, à la mort.

Porcher entra, prit cinquante francs au comptoir, et me les remit dans la main.

J'ai éprouvé peu de sensations aussi délicieuses que le contact de ce premier argent gagné avec ma plume; jusque-là, celui que j'avais touché n'avait été gagné qu'avec mon écriture.

— Tenez, me dit-il, soyez sage, travaillez bien, et je vous ferai connaitre Mélesville

Je regardai Porcher : c'était la seconde fois qu'il prononçait ce nom à propos duquel Rousseau m'avait fait une si instante recommandation.

— Pourquoi faire, connaître Mélesville? hasardai-je timidement.

— Mais pour travailler avec lui, donc! Si vous travailliez avec Mélesville, vous seriez lancé.

Je regardai Porcher.

— Écoutez, monsieur, lui dis-je, je serais désespéré que ce que je vais vous dire pût vous déplaire.

— Oh! oh! me répliqua Porcher, est-ce que ce que vous avez à me dire serait du mal de M. Mélesville?

— Non, monsieur, Dieu m'en garde! Je n'ai vu M. Mélesville qu'une fois ou deux, je crois, du moins : un homme de trente-cinq ans, n'est-ce pas?

— Oui.

— Brun, mince?

— Oui.

— Souriant toujours?

— Oui.

— Des dents magnifiques?

— C'est cela.

— Eh bien, M. Mélesville est un homme d'infiniment d'esprit.

— Je crois bien!

— Mais j'ai une prétention.

— Laquelle?

— C'est, d'ici à un an ou deux, d'arriver seul.

— Où cela?

— Au Théâtre-Français.

— Ah! ah!... mauvaise affaire!

— Le Théâtre-Français?

— Oui.

— Pour qui?

— Pour moi.

— Comment, pour vous?

— Oui; vous ne vous doutez pas des difficultés qu'ils font

pour les billets, à ce maudit théâtre. N'importe! les droits d'auteur sont bons, et, si vous pouvez arriver, dame! vous ferez bien... Mais, je vous en préviens, ce n'est pas commode.

— Je le sais bien; mais je connais un peu M. Talma.

— Oh! bien, alors, c'est comme si vous disiez à Rome : « Je connais le pape. » Bon, bon, bon! allez... mais n'oubliez pas que c'est à Porcher que vous avez eu affaire le premier.

— Je n'ai garde.

— Ayez bonne mémoire; ordinairement, les gens qui ont bonne mémoire ont bon cœur.

— Je crois, monsieur, que vous êtes une preuve vivante de ce que vous dites.

— Pourquoi cela?

— Parce que voilà deux ou trois fois que vous prononcez le nom de Mélesville.

— Mélesville! c'est-à-dire, monsieur, que je me ferais tuer pour lui.

— Je n'aurai pas l'indiscrétion de vous demander la cause de votre dévouement.

— Oh! c'est bien simple. J'étais perruquier; c'était moi qui taillais les cheveux à Mélesville ; lui, il a de la fortune, mais n'importe! il faisait des pièces. Dans ce temps-là, il y a dix ou douze ans, on ne vendait pas ses billets, on les donnait.

— Monsieur Porcher, croyez que, si j'étais plus riche, je vous donnerais les miens avec le plus grand plaisir.

— Vous ne comprenez pas : dans ce temps-là, on ne vendait pas ses billets, on les donnait. M. Mélesville me donnait donc ses billets ; j'allais avec des amis à ses pièces, et j'applaudissais. Il fit tant de pièces et me donna tant de billets, qu'il me vint une idée; c'était, au lieu de les prendre et de les donner pour rien, de les lui acheter et de les vendre: je lui proposai le marché. « Vous êtes fou, Porcher, me dit-il; que diable voulez-vous faire de cela? — Laissez-moi essayer. — Oh, parbleu! essayez, mon cher. » J'essayai, monsieur; cela réussit. Depuis ce temps, je fais mes petites affaires, et, si jamais j'arrive à une fortune, c'est à M. Mélesville que je le devrai ; aussi, venez chez moi, et vous verrez son portrait avec celui de ma femme et de mes enfants.

J'ai été depuis chez Porcher, et plusieurs fois même ; — cent fois peut-être pour lui demander des services, une fois seulement pour lui en rendre, — et, chaque fois que j'y ai été, mon regard s'est arrêté sur ce portrait de Mélesville que la reconnaissance de cet excellent homme avait, dans son cœur, élevé à la hauteur de celui de sa femme et de ses enfants.

Un jour, Porcher eut je ne sais quoi à demander à Cavé, — c'était du temps que Cavé était directeur des beaux-arts.

Je conduisis Porcher chez Cavé.

— Tiens! lui dis-je, je t'amène un homme qui a plus fait pour la littérature depuis vingt-cinq ans, que toi, tes prédécesseurs et tes successeurs n'ont fait et ne feront en un siècle.

Et c'était vrai, ce que je disais là.

L'idée ne viendra jamais à un homme de lettres, dans l'embarras, de s'adresser au ministre de l'intérieur ou au directeur des beaux-arts.

Mais l'idée lui viendra de s'adresser à Porcher, et il fera bien.

Chez Porcher, il trouvera bon visage et caisse ouverte, deux choses qu'il ne trouverait certainement pas au ministère de l'intérieur.

J'en appelle à Théaulon, à Soulié, à Balzac morts ; j'en appelle à tous ceux qui vivent.

Depuis vingt-cinq ans, Porcher a peut-être prêté à la littérature cinq cent mille francs.

Aussi, pour mon compte, je suis reconnaissant à Porcher, comme Porcher était reconnaissant à Mélesville, et, quand je vais aujourd'hui chez Porcher, je suis heureux et fier de voir mon portrait trois fois reproduit, en buste, en pastel, en médaille, à côté du portrait des enfants de Porcher.

Mais ce dont je lui suis reconnaissant surtout, c'est de ces premiers cinquante francs qu'il me donna, que je rapportai à ma mère, et qui firent refleurir dans son âme cette fleur du ciel qui commençait à s'y faner : l'espérance!

Aussi demandez à madame Porcher, elle qui est en relation avec tout ce qui a de l'esprit en France, les charmantes lettres qu'elle reçoit.

Elle aurait bien certainement un recueil à publier, qui ne le céderait en rien aux lettres de madame de Sévigné, quoiqu'elles soient d'un autre genre.

Nous en prenons une au hasard; elle est d'un auteur de notre connaissance, qui n'est pas nous, quoique sa signature ressemble diablement à la notre.

Il demandait un modeste emprunt de cent francs, et on lui répondait d'attendre quelques jours; après quoi, il était probable qu'on serait en mesure de lui rendre ce service. — Voici la lettre :

« Attendre quelques jours, madame! mais c'est comme si vous disiez à un homme à qui l'on va couper le cou de danser un rigodon ou de faire un calembour; mais, dans quelques jours, je serai riche à millions! je toucherai cinq cents francs. Si je m'adresse à vous, si je vous ennuie de moi, c'est que je suis dans une misère à rendre des points à Job, le plus grand malheureux de l'antiquité. Si vous ne m'envoyez pas ces cent francs par mon esclave, je dépense mes derniers sous à faire l'acquisition d'une clarinette et d'un caniche, et je vais jouer de l'une et de l'autre devant votre porte en m'écrivant sur le ventre : « Faites l'aumône à un homme de lettres abandonné » de madame Porcher. » — Voulez-vous que j'aille vous demander ces cent francs sur la tête? que je crie : « Vive la Ré- » publique! » ou que j'épouse mademoiselle Moralès?... Aimez-vous mieux que j'aille à l'Odéon, que je trouve du talent à Cachardy, ou que je porte des chapeaux gibus?... Ce que vous m'ordonnerez, je le ferai, si vous m'envoyez ces cent francs. Envoyez-les-moi plutôt dix fois qu'une!

» Mille et mille sentiments dévoués,

» X***.

» P.-S. Cela m'est égal que les cent francs soient en argent, en or ou en billets de banque; ainsi, ne vous gênez pas. »

CVI

Succès de ma première pièce. — Mes trois nouvelles. — M. Marle et son orthographe. — Madame Setier. — Une mauvaise spéculation. — *Le Pâtre*, de Montvoisin. — *L'Oreiller*. — Madame Desbordes-Valmore. — Comment elle devint poëte. — Madame Amable Tastu. — *Le Dernier jour de l'année*. — *Zéphire*.

La Chasse et l'Amour fut jouée comme pièce de circonstance, le 22 septembre 1825.

Elle eut un grand succès.

C'était Dubourjal qui jouait le principal rôle; quels étaient les autres acteurs, je n'en sais plus rien.

J'aurais certainement oublié le titre de la pièce comme le nom des acteurs, si je ne voulais pas marquer le point de départ des cent drames que je ferai probablement, comme je vais marquer tout à l'heure le point de départ des six cents volumes que j'ai faits.

Ce succès donna assez de confiance à Porcher, pour que, sur ma première demande et sur mes billets à venir, il me prêtât cent écus.

Voici à quoi étaient destinés ces cent écus.

Pendant les répétitions de *la Chasse et l'Amour*, et pendant que je cherchais un sujet pour travailler avec Lassagne, j'avais écrit un petit volume de nouvelles que je voulais faire imprimer.

C'était l'époque des grands succès des petites choses. Je l'ai déjà dit à propos de *la Pauvre Fille*, de Soumet, et des *Savoyards*, de M. Guiraud; je le répète à propos, non pas de mes nouvelles, à moi, mais de deux ou trois nouvelles que venaient de publier madame de Duras et madame de Salm.

Je ne me rendais pas parfaitement compte de ces succès, ou plutôt du bruit qu'ils produisaient; je ne faisais point la part de la position sociale des illustres auteurs, et je ne voyais pas pourquoi je ne ferais pas le même bruit et n'aurais pas le même succès avec mes nouvelles que mesdames de Duras et de Salm avec les leurs.

J'avais donc fait trois nouvelles; ces trois nouvelles formaient un petit volume; ce petit volume, je l'avais offert à dix libraires qui l'avaient refusé du premier coup et, je dois leur rendre cette justice, sans la moindre hésitation.

Ces trois nouvelles étaient intitulées : l'une, *Laurette;* l'autre, *Blanche de Beaulieu;* j'ai complétement oublié le titre de la troisième.

De *Blanche de Beaulieu,* j'ai fait depuis *la Rose rouge;* de la troisième, dont j'ai oublié le nom, j'ai refait depuis *le Cocher de cabriolet.*

Éprouvant refus sur refus de la part des libraires, et convaincu que l'apparition de mon volume devait produire, dans le monde littéraire, une sensation au moins égale à celle d'*Ourika,* j'étais résolu à faire imprimer ce volume à mes frais.

Il existait, à cette époque, de par le monde un homme qui s'y présentait avec une singulière prétention : c'était celle de renverser toutes les règles de l'orthographe, pour leur substituer une orthographe sans aucune règle.

A son avis, chaque mot devait s'écrire comme il se prononçait. De la racine grecque, de la racine celtique, de la racine romaine, de la racine arabe et de la racine espagnole, il ne s'inquiétait aucunement.

Ainsi, il écrivait le dernier adverbe que vient de laisser échapper notre plume *ocunemen.*

C'était assez difficile à lire, mais il paraît que c'était plus facile à écrire.

Cet homme s'appelait M. Marle.

M. Marle cherchait partout des partisans à son orthographe; il comprenait qu'il ne pouvait faire de révolution que comme Attila, c'est-à-dire à la tête d'un million d'hommes.

Or, ayant jugé sans doute que les hommes de lettres, et, en particulier, les vaudevillistes, étaient ceux qui devaient le moins tenir à l'orthographe, il avait surtout essayé de faire ses embauchements parmi nous.

Ce brave M. Marle publiait un journal écrit dans cette étrange langue que nous venons de dire.

Ce journal, il le publiait chez un imprimeur qui demeurait cour des Fontaines, et qui s'appelait Setier.

En faisant la connaissance de M. Marle, j'avais fait la connaissance de M. Setier, j'avais fait celle de madame Setier.

Madame Setier était une femme distinguée, Anglaise, ou tout au moins sachant parfaitement l'anglais.

Elle m'avait offert de me traduire quelques pièces anglaises que, facilement, prétendait-elle, je pourrais approprier au théâtre français.

Il en résultait que, comme la cour des Fontaines était à la fois proche de mon bureau, où j'étais, comme je l'ai dit, forcé d'aller tous les soirs, et du passage Véro-Dodat, où demeurait mon ami Thibaut, chez lequel j'allais tous les jours, je m'arrêtais de temps en temps cour des Fontaines.

Mes trois nouvelles achevées, je les donnai à lire à madame Setier.

Madame Setier, indulgente comme une femme, trouva mes nouvelles charmantes, et obtint de son mari qu'il les imprimerait de compte à demi.

L'impression des nouvelles, tirées à mille exemplaires, — je croyais qu'on n'en tirerait jamais un assez grand nombre, — l'impression des nouvelles devait, comme frais, monter à six cents francs.

Moyennant trois cents francs, M. Setier consentait à les imprimer. Il faisait le reste des frais, c'est-à-dire les trois cents autres francs. Il rentrait d'abord dans ses trois cents francs; puis, rentré dans ses trois cents francs, nous partagions les bénéfices par moitié.

Voilà pourquoi je demandais à Porcher trois cents francs, que Porcher me prêta, à valoir sur mes prochains billets d'auteur.

Je portai mes trois cents francs chez M. Setier, je déposai mon manuscrit, et, le surlendemain, j'eus la joie de corriger mes épreuves.

Qui m'eût dit que ce qui me fit une si grande joie à cette époque me serait plus tard un si grand ennui?

Au bout d'un mois — pendant lequel *la Chasse et l'Amour* suivait triomphalement le cours de ses représentations, et me rapportait cent quatre-vingts francs de droits d'auteur et de vente de billets, — mon volume parut sous mon nom, et avec le titre de *Nouvelles contemporaines.*

On en vendit quatre exemplaires, et l'on fit dessus un article dans *le Figaro.*

Cet article, ce fut Étienne Arago qui le fit. Si ce chapitre va le trouver dans l'exil, son étonnement sera grand, sans doute, de voir qu'après vingt-cinq ans, je me souviens d'un article qu'il a oublié.

Quatre volumes vendus faisaient rentrer dix francs dans la caisse de M. Setier.

M. Setier en fut donc de deux cent quatre-vingt-dix francs pour avoir imprimé les *Nouvelles contemporaines,* et moi, de trois cents francs pour les avoir faites.

La spéculation n'était heureuse ni pour l'un ni pour l'autre. Aussi, je m'en tins à ce conseil que m'avait donné un libraire fort intelligent, M. Bossange :

— Faites-vous un nom, et je vous imprimerai.

Là était toute la question.

Se faire un nom! C'est la condition qui fut posée à tout homme qui s'en fit un. Cette condition, au moment où elle lui fut imposée, il s'est demandé, désespéré, comment il pourrait la remplir?

Et cependant, il l'a remplie.

Je ne crois pas au talent ignoré, au génie inconnu, moi.

Il y avait des causes pour que Gilbert et Hégésippe Moreau mourussent à l'hôpital.

Il y avait des causes pour que s'asphyxiassent Escousse et Lebras. C'est dur à dire, mais ni l'un ni l'autre de ces deux pauvres fous, s'il eût vécu, n'eût eu, au bout de vingt ans de travail, la réputation que leur valut l'épitaphe de Béranger.

Je m'occupai donc sérieusement de me faire un nom pour

vendre mes livres, et pour ne plus les faire imprimer de compte à demi.

Au reste, ce nom, si petit et si modeste qu'il fût, commençait à percer la terre. Vatout avait lu mon *Ode au général Foy* et mes *Nouvelles contemporaines,* — car on comprend que la vente de quatre exemplaires avait donné un large champ à mes générosités, — et, un jour, il m'envoya trois ou quatre lithographies en m'invitant à en prendre une pour faire des vers dessus.

Cela demande une explication.

Vatout publiait la *Galerie du Palais-Royal.*

Cet ouvrage, magnifiquement imprimé, paraissait sous le patronage du duc d'Orléans.

C'était la reproduction lithographique de tous les tableaux de la galerie du Palais-Royal, avec des notices, des nouvelles ou des vers faits sur ces tableaux par toute la littérature contemporaine.

Je comptais donc dans la littérature contemporaine, puisque Vatout me demandait des vers.

Le raisonnement, posé ainsi, pouvait plutôt être un sophisme qu'un dilemme; mais, comme je n'avais à le discuter avec personne, il tint comme dilemme dans mon esprit, et me devint un encouragement.

Oh! je ne demandais pas mieux que d'en recevoir de tous les côtés, des encouragements!

Je choisis une lithographie représentant un pâtre romain, d'après un tableau de Montvoisin.

Le pâtre était couché et dormait sous une treille.

Je ne donne point comme bons les vers que je fis sur ce sujet. Je les donne comme une étude curieuse de mes progrès dans la langue poétique.

Il est une heure plus brûlante
Où le char du soleil, au zénith arrêté,
Suspend sa course dévorante,
Et verse des torrents de flamme et de clarté.
Alors, un ciel d'airain pèse au loin sur la terre,
Les monts sont désertés, la plaine est solitaire,

L'oiseau n'a plus de voix pour chanter ses amours,
 Et, sur la rive desséchée,
La fleur implore en vain, immobile et penchée,
 Le ruisseau tari dans son cours.

   Il est une place au bocage
   Où, s'arrondissant en berceaux,
   Le lierre et la vigne sauvage
   Se prolongent en verts arceaux.
   C'est là qu'étendu sous l'ombrage,
   Un berger du prochain village
   Trouve un sommeil réparateur;
   Et près de lui son chien fidèle
   Veille, attentive sentinelle,
   Sur les troupeaux et le pasteur.

   Tu dors! jeune fils des montagnes,
Et mon œil, aux débris épars autour de toi,
   Reconnaît ces vastes campagnes,
   Où florissait le peuple roi!
Tu dors! et, des mortels ignorant le délire,
Nul souvenir de gloire à ton cœur ne vient dire
Que tes membres lassés ont trouvé le repos
   Sur la poussière d'un empire
   Et sur la cendre des héros.

   Ces grands noms, qu'aux siècles qui naissent
   Lèguent les siècles expirants,
   Et qui toujours nous apparaissent
   Debout sur les débris des ans,
   De nos cœurs sublimes idoles,
   Sont pour toi de vaines paroles,
   Dont les sons ne t'ont rien appris;
   Et, si ta bouche les répète,
   C'est comme l'écho qui rejette
   Des accents qu'il n'a pas compris.

   Conserve donc cette ignorance,
   Gage d'un paisible avenir,
   Et qu'une molle indifférence
   T'épargne même un souvenir.

Que de tes jours le flot limpide
Coule comme un ruisseau timide
Qui murmure parmi des fleurs,
Et, loin des palais de la terre,
Voit dans son onde solitaire
Le ciel réfléchir ses couleurs.

Si du fleuve orageux des âges
Tu voulais remonter les bords,
Que verrais-tu, sur ces rivages ?
Du sang, des débris et des morts ;
Les lâches clameurs de l'envie
La vertu toujours poursuivie,
Aux yeux des rois indifférents ;
Et, profanant les jours antiques,
Sur la cendre des républiques,
Des autels dressés aux tyrans.

Que dirais-tu, lorsque l'histoire
Viendrait dérouler à tes yeux
Ses fastes sanglants, où la gloire
Recueille les erreurs des cieux ?
Ici, les fils de Cornélie,
Que tour à tour la tyrannie
Écrase, en passant, sous son char ;
Là, trahi du dieu des batailles,
Caton déchirant ses entrailles
Pour fuir le pardon de César !

Près de ces illustres victimes,
Que pleure encor la liberté,
Tu verrais, puissants de leurs crimes,
Les grands fonder l'impunité :
Lorsque sa rage est assouvie,
Un Sylla terminant sa vie,
Tranquille au toit de ses aïeux ;
Un Tibère que l'on encense,
Et qu'à sa mort un peuple immense
Ose placer au rang des dieux.

> Alors, à cette heure voilée,
> Où l'ombre remplace le jour,
> Quand les échos de la vallée
> Redisent de doux chants d'amour,
> Seul peut-être, au pied des collines,
> D'où Rome sort de ses ruines,
> Viendrais-tu sans chiens, sans troupeaux,
> Et, regrettant ton ignorance,
> Fuirais-tu les jeux et la danse,
> Pour soupirer sur des tombeaux !

Pendant ce temps, M. Marle avait été obligé de renoncer à son journal, et nous avait proposé, à Adolphe et à moi, d'utiliser les deux ou trois cents abonnés qu'il avait, en faisant, pour ce noyau d'honnêtes gens, une publication mensuelle.

Après avoir longtemps agité la question de savoir si cette publication serait en prose ou en vers, nous décidâmes qu'elle serait en vers et en prose, et qu'elle aurait nom *la Psyché*.

C'était un admirable moyen pour moi de publier ce que j'écrirais désormais en prose ou en vers, sans faire imprimer de compte à demi.

Les vers ou la prose mis dans *la Psyché* ne rapportaient rien, mais aussi ils ne coûtaient rien.

Nous publiâmes, à cette époque, quelques charmants vers de madame Desbordes-Valmore et de madame Amable Tastu.

Voici les vers de madame Desbordes-Valmore :

> Cher petit oreiller, doux et chaud sous ma tête,
> Plein de plume choisie, et blanc, et fait pour moi,
> Quand on a peur du vent, des loups, de la tempête,
> Cher petit oreiller, que l'on dort bien sur toi !

> Beaucoup, beaucoup d'enfants pauvres et nus, sans mère,
> Sans maison, n'ont jamais d'oreiller pour dormir ;
> Ils ont toujours sommeil... O destinée amère !
> Cela, douce maman, cela me fait gémir...

Et, quand j'ai prié Dieu pour tous ces petits anges
Qui n'ont point d'oreiller, moi, j'embrasse le mien,
Et, seule en mon doux nid, qu'à tes pieds tu m'arranges,
Je te bénis, ma mère, et je touche le tien!

Je ne m'éveillerai qu'à la lueur première
De l'aube au rideau bleu; c'est si beau de la voir!
Je vais faire, tout bas, ma plus tendre prière;
Donne encore un baiser, douce maman; bonsoir!

PRIÈRE.

Dieu des enfants! le cœur d'une petite fille,
Plein de prière, écoute, est ici dans tes mains.
Hélas! on m'a parlé d'orphelins sans famille;
Dans l'avenir, mon Dieu, ne fais plus d'orphelins!

Laisse descendre, au soir, un ange qui pardonne,
Pour répondre à des voix que l'on entend gémir;
Mets, sous l'enfant perdu que sa mère abandonne,
Un petit oreiller qui le fera dormir!

Madame Desbordes-Valmore était née à Douai.

« J'ai été le dernier enfant de ma mère, et son seul enfant blond, m'écrivait-elle un jour, et j'ai été baptisée en triomphe à cause de la couleur de mes cheveux, qu'on adorait dans ma mère. Elle était belle comme une Vierge. On espérait que je lui ressemblerais tout à fait; mais je ne lui ai ressemblé qu'un peu, et, si jamais j'ai été aimée, c'est certainement pour autre chose que pour ma grande beauté.

» Mon père était peintre en armoiries. Il peignait des équipages et des ornements d'église. Sa maison tenait au cimetière de l'humble paroisse de Notre-Dame de Douai. Je la croyais grande, cette chère maison, l'ayant quittée à sept ans, depuis, je l'ai revue, et c'est une des plus petites et des plus pauvres de la ville.

» C'est pourtant ce que j'aime le mieux au monde, au fond de ce beau temps pleuré : c'est qu'en effet, je n'ai eu la paix et le bonheur que là.

» Puis, tout à coup, une grande et profonde misère, quand il arriva que mon père n'eut plus à peindre d'équipages ni d'armoiries...

» J'avais quatre ans à l'époque de ces grands troubles en France. Les grands-oncles de mon père, exilés autrefois en Hollande, lors de la révocation de l'édit de Nantes, offrirent à ma famille leur immense succession, si l'on voulait nous rendre à la religion protestante. Ces deux oncles étaient centenaires, et avaient vécu dans le célibat à Amsterdam, où ils avaient fondé une librairie. J'ai, dans ma pauvre petite bibliothèque, quelques livres imprimés par eux.

» On fit une assemblée dans la maison. Ma mère pleura beaucoup; mon père était indécis, et nous embrassait. Enfin, on refusa la succession, de peur de vendre notre âme, et nous restâmes dans une misère qui s'accrut de mois en mois, jusqu'à causer un déchirement d'intérieur où j'ai puisé toute la tristesse de mon caractère.

» Ma mère, imprudente et courageuse, se laissa envahir par l'espérance de rétablir la maison en allant en Amérique trouver une parente qui était devenue riche. De ses quatre enfants, qui tremblaient à l'idée de ce voyage, elle n'emmena que moi. J'avais bien volontiers consenti à la suivre; mais je n'eus plus de gaieté après ce sacrifice. J'adorais mon père comme on adore le bon Dieu lui-même. Ces routes, ces ports de mer, cet Océan où il n'était pas, me causaient de l'épouvante, et je me serrais contre les vêtements de ma mère comme dans mon seul asile.

» Arrivée en Amérique, ma mère trouva sa cousine veuve, chassée par les nègres de son habitation, la colonie révoltée, la fièvre jaune dans toute son horreur. Elle ne supporta point le nouveau coup qui nous frappait: éveillée violemment de son dernier rêve, elle mourut au réveil à l'âge de quarante et un ans. J'expirais auprès d'elle, quand on m'emmena en deuil hors de cette île dépeuplée, et, de vaisseau en vaisseau, je fus rapportée au milieu de mes parents, devenus tout à fait pauvres.

» C'est alors que le théâtre offrit pour eux et pour moi une sorte de refuge. On m'apprit à chanter; je tâchai de devenir gaie; mais, cependant, j'étais mieux dans les rôles de mélancolie et de passion.

» C'est à peu près tout mon sort que je vous dis là.

» On m'appela au théâtre Feydeau : tout m'y promettait un avenir brillant. A seize ans, j'étais sociétaire sans l'avoir demandé ni espéré; mais ma faible part se réduisait, alors, à quatre-vingt francs par mois, et je luttais contre une indigence difficile à décrire.

» Je fus forcée de sacrifier l'avenir au présent, et, dans l'intérêt de mon père, je retournai en province.

» A vingt ans, une grande douleur me força de renoncer au chant. Le bruit de ma voix me faisait pleurer; mais la musique roulait dans ma tête malade, et une mesure toujours égale arrangeait mes idées à l'insu de mes réflexions.

» Je fus forcée de les jeter sur le papier pour me délivrer de ce frappement fiévreux, et l'on me dit que ce que je venais d'écrire était une élégie.

» M. Alibert, qui soignait ma santé, devenue très-frêle, me conseilla d'écrire comme un moyen de guérison, n'en connaissant pas d'autre. J'ai suivi l'ordonnance sans avoir rien appris, rien lu; ce qui me causa longtemps une fatigue pénible, car je ne pouvais jamais trouver de mots pour rendre mes pensées.

» Mon premier volume fut publié en 1822.

» Vous m'avez demandé, bien cher ami, comment j'étais devenue poëte. Je ne puis que vous raconter comment j'écrivis. »

Madame Tastu avait eu une vie moins douloureuse et moins agitée; on le sentait aux calmes pulsations de ses vers. Elle avait tout simplement, acceptant sa position de femme, donné sa vie à sa mère, à son mari et à ses enfants.

Elle avait vécu entre ces trois amours, ne désirant rien, ne regrettant rien, épanchant la poésie de son cœur, quand il était trop plein, comme tombe l'eau d'une urne trop pleine.

Cette pièce donnera une idée de sa manière douce et mélancolique :

> Déjà la rapide journée
> Fait place aux heures du sommeil,
> Et du dernier fils de l'année
> S'est enfui le dernier soleil.
> Près du foyer, seule, inactive,
> Livrée aux souvenirs puissants,
> Ma pensée erre, fugitive,
> Des jours passés aux jours présents.
> Ma vue, au hasard arrêtée,
> Longtemps de la flamme agitée
> Suit les caprices éclatants,
> Ou s'attache à l'acier mobile
> Qui compte sur l'émail fragile
> Les pas silencieux du Temps.
> Encore un pas, encore une heure,
> Et l'année aura, sans retour,
> Atteint sa dernière demeure,
> L'aiguille aura fini son tour!
> Pourquoi de mon regard avide
> La poursuivre ainsi tristement,
> Quand je ne puis, d'un seul moment,
> Retarder sa marche rapide?
> Du temps qui vient de s'écouler
> Si quelques jours pouvaient renaître,
> Il n'en est pas un seul, peut-être,
> Que ma voix daignât rappeler...
> Mais des ans la fuite m'étonne;
> Leurs adieux oppressent mon cœur.
> Je dis : « C'est encore une fleur
> Que l'âge enlève à ma couronne,
> Et livre au torrent destructeur;
> C'est une ombre ajoutée à l'ombre
> Qui déjà s'étend sur mes jours,
> Un printemps retranché du nombre
> De ceux dont je verrai le cours! »

Écoutons... le timbre sonore
Lentement frémit douze fois ;
Il se tait... je l'écoute encore,
Et l'année expire à sa voix.
C'en est fait ! en vain je l'appelle !
Adieu !... Salut, sa sœur nouvelle !
Salut !... quels dons chargent ta main ?
Quel bien nous apporte ton aile ?
Quels beaux jours dorment dans ton sein ?
Que dis-je ! à mon âme tremblante
Ne révèle pas tes secrets !
D'espoir, de jeunesse et d'attraits,
Aujourd'hui tu parais brillante ;
Et ta course, insensible et lente,
Peut-être amène les regrets.
Ainsi chaque soleil se lève
Témoin de nos vœux insensés,
Et, chaque jour, son cours s'achève
En emportant, comme un vain rêve,
Nos vœux déçus et dispersés...
Mais l'espérance fantastique,
Répandant sa clarté magique
Dans la nuit du sombre avenir,
Nous guide, d'année en d'année,
Jusqu'à l'aurore fortunée
Du jour qui ne doit point finir !

Il y avait encore, au milieu de tout cela, un poëte charmant, un poëte dont aujourd'hui tout le monde peut-être a oublié le nom, excepté moi, qui ai fait vœu de me souvenir. Il s'appelait Denne-Baron.

Nous publiâmes de lui, inspirée par le tableau de Prudhon, une pièce de vers intitulée *Zéphire*.

La voici. Dites si vous avez jamais vu quelque chose de plus suave.

Il est un demi-dieu, charmant, léger, volage ;
Il devance l'aurore, et, d'ombrage en ombrage,
 Il fuit devant le char du jour ;

Sur son dos éclatant, où frémissent deux ailes,
S'il portait un carquois et des flèches cruelles,
    Vos yeux le prendraient pour l'Amour.

C'est lui qu'on voit, le soir, quand les heures voilées
Entr'ouvrent du couchant les portes étoilées,
    Glisser dans l'air à petit bruit ;
C'est lui qui donne encore une voix aux naïades,
Des soupirs à Syrinx, des concerts aux dryades,
    Et de doux parfums à la nuit.

Zéphire est son doux nom ; sa légère origine,
Pure comme l'éther, trompa l'œil de Lucine,
    Et n'eut pour témoins que les airs ;
D'un souffle du printemps, d'un soupir de l'aurore,
Dans son liquide azur, le ciel le vit éclore
    Comme un alcyon sur les mers.

Ce n'est point un enfant ; mais il sort de l'enfance ;
Entre deux myrtes verts, tantôt il se balance ;
    Tantôt il joue au bord des eaux,
Ou glisse sur un lac, ou promène sur l'onde
Les filets d'Arachné, la feuille vagabonde,
    Et le nid léger des oiseaux.

Souvent sur les hauteurs du Cynthe ou d'Érymanthe,
Sous les abris voûtés d'une source écumante
    Il lutine Diane au bain ;
Ou, quand, aux bras de Mars, Vénus s'est endormie,
Sur leur couche effeuillant un rosier d'Idalie,
    Il les cache aux yeux de Vulcain.

Parfois, aux antres creux, — palais bizarre et sombre
De la sauvage Écho, du sommeil et de l'ombre, —
    Du Lion il fuit les ardeurs ;
Parfois, dans un vieux chêne, aux forêts de Cybèle,
Dans le calme des nuits il berce Philomèle,
    Son nid, ses chants et ses malheurs.

O puisses-tu, Zéphire, auprès de ton poëte,
Pour seul prix de mes vers, au fond de ma retraite

Caresser un jour mes vieux ans!
Et, si le sort le veut, puisse un jour ton haleine
Sur les bords fortunés de mon petit domaine
Bercer mes épis jaunissants (1)!

CVII

Maladie de Talma. — Comment il aurait joué le Tasse. — Ses neveux. — Il est visité par M. de Quélen. — Pourquoi il fit abjurer ses enfants. — Sa mort. — *La Noce et l'Enterrement.* — Oudard me sermonne sur mes goûts pour le théâtre. — Belle réponse qui met en gaieté tout le Palais-Royal. — Il me reste la confiance de Lassagne et de la Ponce. — J'obtiens un succès anonyme à la Porte-Saint-Martin.

Au milieu de ces premiers travaux, auxquels nous nous ivrions avec toute l'ardeur de la jeunesse, une nouvelle terrible pour l'art se répandait dans Paris.

Talma était atteint d'une maladie mortelle.

Il venait d'atteindre à l'apogée de son talent, peut-être, dans sa dernière création de *la Démence de Charles VI.* On se rappelle cette visite que nous lui fîmes, Adolphe et moi, et comment, se trouvant mieux et espérant rentrer au théâtre par *Tibère*, il nous montra ses joues pendantes, qui devaient si bien lui servir à imiter le masque du vieil empereur. Mais Talma était frappé mortellement. *Charles VI* devait être sa dernière apparition, apparition plus splendide qu'aucune des créations de sa jeunesse ou de son âge mûr; et c'était Michelot qui devait jouer Tibère.

Nous ne fûmes pas les seuls, au reste, à conserver un souvenir du même genre. Vers la fin de sa vie, Talma fit un court séjour à Enghien, pendant lequel Firmin l'alla voir. Firmin était sur le point de jouer la Tasse, qui avait été distribué à Talma, mais auquel Talma avait dû renoncer.

Talma aimait assez Firmin; sa chaleur le ravissait, et souvent il lui avait donné des conseils.

(1) Voir un *Poëte anacréontique,* tome II. p. 209 et suiv. de *Bric-à-Brac.*

— Eh bien, mon cher ami, lui dit-il, vous allez donc jouer le Tasse?

— A mon grand regret, dit Firmin; j'aurais mieux aimé vous le voir jouer, à vous : c'eût été une étude que j'eusse faite, tandis que c'est peut-être une leçon que je vais recevoir.

— L'ouvrage est médiocre, dit Talma; cependant, il y a une belle scène au cinquième acte : c'est celle où, dans l'espoir de rendre la raison au pauvre fou, on lui parle des honneurs qu'on lui prépare et de la couronne qu'il attend. Vous savez, Firmin, à ce mot *couronne*, il semble se ranimer. « Une couronne, à moi ! dit-il. Alphonse ne me refusera donc plus sa sœur !... Où est-elle, cette couronne? où est-elle? » Alors, on la lui présente, il la regarde, puis, douloureusement : « Elle n'est pas d'or; elle n'est que de laurier... Le frère ne consentira pas ! » Tenez ! voyez-vous, Firmin, dit Talma, voici comment j'aurais joué cela, moi...

Et, sur son lit, se soulevant à moitié, il joua la scène avec un accent si vrai, une attitude si douloureuse, un abattement si complet et si plein de désespoir et de folie, que Firmin, rien que par ce qu'il avait vu, fut près de renoncer au rôle.

Vers le commencement d'octobre, ce mieux qui avait donné quelque espoir disparut, et la maladie fit de tels progrès, que Talma lui-même exprima le désir de voir les personnes qu'il aimait et que leur carrière tenait éloignées de lui. Au nombre de ces personnes était son neveu Amédée Talma, médecin-dentiste à Bruxelles.

Il arriva le 9 octobre, et, à partir de ce moment, ne le quitta plus.

Après qu'on eut préparé le malade à cette visite, Amédée Talma entra dans la chambre et s'approcha du lit de son oncle. Talma lui tendit le main, l'attira à lui, et l'embrassa.

Il faisait sombre; mais, à la moiteur qui resta sur sa joue, le jeune homme s'aperçut que son oncle pleurait.

Cependant, le malade se remit, et, au bout d'un instant :

— Tu ne resteras pas plus de deux ou trois jours ici, lui dit-il; tes affaires souffriraient d'une plus longue absence. Je t'ai fait venir parce que tu connais ma maladie depuis longtemps.

et que nos docteurs désirent avoir de toi des renseignements sur l'époque antérieure à celle où ils ont été appelés.

En effet, une nouvelle consultation eut lieu le 12., à laquelle assista le jeune docteur. Sur onze médecins qui la composaient, deux ou trois seulement conservaient quelque espoir. Cependant, les nouveaux moyens proposés calmèrent les vomissements, qui, d'ailleurs, cessèrent tout à fait dans les derniers jours.

Lorsque les médecins se rapprochèrent du lit :

— Eh bien, leur demanda Talma, est-ce fini? Je ferai tout ce que vous voudrez, me voilà!... Au reste, je doute que vous puissiez me tirer de là, et j'en ai pris mon parti. Mais ce qui me chagrine surtout, et ce que je vous recommande, ce sont mes yeux : je crains de perdre la vue.

Un second neveu de Talma, nommé Charles Jeannin, arriva de Bruxelles le 16. Il fallut de grandes précautions pour prévenir Talma de cette visite.

Rien ne lui échappait de ce qui se passait autour de lui. — MM. Dupuytren, Biett et Begin, étaient près de la cheminée et parlaient bas. Talma saisit quelques mots de leur conversation.

— Que dites-vous là? demanda-t-il.

Alors, sans répondre, M. Dupuytren s'approcha d'Amédée Talma.

— Je demandais à ces messieurs, dit-il au jeune homme, si Talma était prévenu des visites de l'archevêque.

En effet, l'archevêque venait presque tous les jours, mais on n'avait pas voulu le laisser pénétrer près du malade.

— De l'archevêque? répéta Talma; que dites-vous de l'archevêque?

Amédée s'empressa de répondre :

— M. Dupuytren disait à ces messieurs, mon oncle, que, chaque jour, l'archevêque de Paris lui demandait de vos nouvelles.

— Ah! ce bon archevêque, dit Talma, je suis bien touché de son souvenir... Je l'ai connu autrefois chez la comtesse de Wagram : c'est un bien digne homme!

— Oui, dit Amédée insistant, oui, il est venu presque tous les jours.

— Ici? fit Talma.

— Ici. Moi-même, je lui ai parlé deux fois; je lui ai même promis que, dès que tu irais mieux, tu le recevrais.

— Oh! non, non, dit vivement Talma. Seulement, dès que j'irai mieux, il aura ma première visite. Je me rappelle que, dans le temps, il a eu la bonté de m'envoyer un ecclésiastique pour me dire qu'il n'était pour rien dans l'affront fait à mes enfants lors de la distribution des prix, et que tout le blâme devait retomber sur le maître de pension.

Voici, en effet, ce qui était arrivé, et cet événement avait fait une profonde blessure au cœur de Talma, qui adorait ses deux enfants :

Le jour de la distribution des prix, l'archevêque de Paris s'était rendu à l'institution Morin pour assister à cette solennité. Or, il arriva qu'on n'osa point — le prêtre couronnant les jeunes élèves — lui donner à couronner les deux fils du grand artiste; les noms des deux enfants furent donc omis, et ce ne fut qu'après le départ de M. de Quélen qu'on leur remit, en secret, les prix qu'ils avaient mérités.

Talma fit, à l'instant même, abjurer ses deux enfants, qui, à partir de ce moment, appartinrent à la religion réformée.

Les médecins se retirèrent. En sortant, M. Dupuytren dit à Amédée :

— Je vais au château; si je rencontre l'archevêque, que lui dirai-je?

— Mais, monsieur, dit le jeune homme, vous n'avez rien de mieux à faire, ce me semble, que de lui raconter ce qui vient de se passer devant vous, et la réponse que mon oncle a faite à mes instances; si, plus tard, mon oncle le demandait, j'aurais l'honneur de l'en instruire à l'instant.

Mais, au lieu de suivre cette instruction, M. Dupuytren, qui ne rencontra que l'archevêque, prit sur lui d'écrire à sa grandeur qu'elle pouvait se présenter chez Talma, et que Talma la recevrait.

M. de Quélen s'empressa de se rendre à l'invitation, qu'il

était loin de croire lui être faite par M. Dupuytren seulement; mais, comme de coutume, il fut reçu par Amédée Talma.

Le 18 octobre, M. Charles Jeannin fut obligé de quitter son oncle pour retourner à Bruxelles, où son engagement l'appelait le 20.

Le lendemain 19 octobre, à six heures du matin, retrouvant Amédée Talma au chevet de son lit :

— Eh bien, mon ami, dit-il, tu ne pars donc pas?

— Il n'y avait qu'une place à la diligence, mon oncle, et j'ai dû la céder à Charles, qui était appelé impérieusement à Bruxelles.

— Et quand partiras-tu?

— Demain matin.

— A quelle heure?

— A six heures... si je trouve de la place.

Talma remua doucement la tête.

— Tu me trompes, dit-il; vous n'avez pas pu me sauver, et tu veux rester avec moi jusqu'à la fin... Si j'eusse été un paysan de Brunoy, on m'eût guéri; mais on a tâtonné... Au reste, ma mort servira à faire connaître ce qu'il faudra faire pour un autre. Voilà donc la médecine! — Il faudra aller chercher MM. Nicod et Jacquet.

C'ét nt ses notaires.

On appela le jardinier pour qu'il fît cette commission.

Talma le reconnut.

— Ah! c'est toi, Louette, dit-il.

Puis, se retournant vers son neveu :

— Je n'ai point compté avec lui depuis deux mois, dit-il; tu diras cela à madame, c'est essentiel... Mais, à propos, où est Caroline?

— Elle dort.

— C'est-à-dire qu'elle pleure.

Madame Talma avait entendu; elle s'approcha du lit.

— Quelle heure est-il? continua Talma sans la voir.

— Six heures, mon oncle.

— Il est toujours six heures, avec toi.

Il essaya de faire sonner sa montre.

— Je n'entends plus ma montre, dit-il.

— Veux-tu une pendule?

— Oui, va me chercher celle qui est dans ma chambre à coucher.

Son neveu sortit et démasqua madame Talma.

— Ah! te voilà, Caroline, dit-il; il faut monter toutes tes affaires là-haut, entends-tu?

Son neveu apporta la pendule, et la mit sur la table de nuit.

— Je suis bien laid, n'est-ce pas, mon pauvre Amédée? dit Talma. Ma barbe est d'une longueur...

— On te la fera aujourd'hui.

— Donne-moi un miroir.

Il le prit et se regarda.

— Je t'assure, Amédée, dit-il, que je perds la vue; mais, par grâce, faites donc quelque chose à mes yeux. Oh! je les perdrai! je n'y vois plus, ce matin.

Les notaires arrivèrent, ainsi que M. Davilliers.

Mais il voulut en vain s'entretenir d'affaires, cela lui fut impossible; il parlait à voix basse, croyant parler très-haut, et encore sa langue s'épaississait-elle de plus en plus.

On annonça MM. Arnault et de Jouy. Talma fit signe de les introduire.

M. Arnault embrassa Talma, qu'il aimait tendrement, et, en l'embrassant, laissa échapper ce mot :

— Adieu!

— Tu pars donc? lui demanda Talma.

— Oui, reprit vivement Amédée, ces messieurs vont à Bruxelles.

Ces messieurs l'embrassèrent, et, tout près d'éclater en sanglots, se hâtaient de se retirer, quand Talma, les voyant s'éloigner, leur dit :

— Oui, oui, allez vite, cela me donne l'espoir de vous revoir encore; car, plutôt vous serez partis, plutôt vous serez revenus.

MM. de Jouy et Arnault sortirent.

On fit entrer les deux enfants.

Talma leur tendit sa main, qu'ils baisèrent.

Un instant après, il prononça ces trois mots :

— Voltaire!... comme Voltaire!...

Puis, presque aussitôt, il murmura :

— Le plus cruel de tout cela, c'est de n'y plus voir!

Dans un autre moment, un meuble fit entendre un craquement assez fort. Talma tourna la tête du côté d'où partait le bruit.

Une dame qui venait d'arriver profita de ce mouvement pour lui dire :

— Talma, c'est moi, c'est mademoiselle Menocq.

Le moribond fit un petit signe des yeux, et lui serra la main.

Onze heures et demie sonnèrent.

Talma prit son mouchoir avec les deux mains, le porta, d'abord, lentement à sa bouche, qu'il essuya; puis, ensuite, derrière sa tête, le tenant toujours avec ses deux mains.

Au bout de quelques secondes, les deux mains se détendirent, et retombèrent de chaque côté de son corps.

Son neveu prit, alors, celle qui était au bord du lit, et sentit que cette main serrait encore légèrement la sienne.

Enfin, à onze heures trente-cinq minutes, sans convulsions, sans contraction des muscles de la face, un soupir s'échappa de sa bouche. C'était le dernier.

Lorsque Garrick mourut, quatre pairs d'Angleterre tinrent à honneur de porter les quatre coins du drap mortuaire, et d'accompagner le Roscius anglais jusqu'au milieu des tombes royales où il repose.

Cent mille personnes accompagnèrent le cercueil de Talma, mais pas une des hautes autorités de l'État n'assista à ses funérailles.

. . . .

Lassagne m'avait dit de chercher un sujet de vaudeville. J'avais cherché ce sujet, et je croyais l'avoir trouvé.

C'était dans *les Mille et une Nuits*, un épisode des voyages de Sindbad le marin, je crois.

Je dis : « je crois, » car je n'en suis pas bien sûr, et la chose ne vaut véritablement pas la peine que je me dérange de mon bureau pour m'en assurer. — Sindbad, l'infatigable voyageur, arrive dans un pays où l'on enterre les femmes avec les maris, et les maris avec les femmes. Il épouse imprudemment; sa femme meurt, et il manque d'être enterré avec elle. — Peu importe.

En somme, l'épisode m'avait fourni une espèce de plan que j'apportai à Lassagne.

Lassagne le lut, et, devenu plus bienveillant encore, s'il était possible, qu'il ne l'avait été d'abord, à la vue des efforts que je faisais pour arriver, il avait, sauf quelques corrections qu'il se chargeait d'y faire, trouvé le plan suffisant.

En vertu de quoi, il l'avait communiqué à un garçon d'esprit, son ami, qui devint le mien plus tard, et que l'on appelait Vulpian.

Encore un nom à marquer d'une croix dans mes souvenirs : Vulpian est mort.

Nous nous réunîmes deux ou trois fois; nous nous partageâmes la besogne.

Cette fois, j'avais affaire à des collaborateurs plus soigneux de tenir leur parole que ne l'était le pauvre Rousseau. Au premier rendez-vous, chacun arriva avec sa part faite.

On souda les trois tronçons, et le serpent parut avoir une espèce d'existence.

Lassagne se chargea de repolir l'œuvre; ce fut l'affaire de trois ou quatre jours.

Après quoi, les trois auteurs, l'ayant trouvée parfaite, résolurent qu'elle serait lue, sous le titre de *la Noce et l'Enterrement,* au Vaudeville, où Lassagne et Vulpian connaissaient Désaugiers.

Malheureusement, Désaugiers, déjà malade de la maladie dont il devait mourir, subissait chez lui une seconde ou troisième taille, et ne put assister à la lecture.

Il résulta de cette absence, pour *la Noce et l'Enterrement,* un refus presque aussi éclatant, au Vaudeville, que l'avait été, au Gymnase, celui de *la Chasse et l'Amour.*

Décidément, les titres à deux compartiments ne me portaient pas bonheur.

Je restai atterré.

Mais ce fut bien pis quand, le lendemain de la lecture, je vis apparaître Lassagne avec un visage funèbre.

C'était si peu son habitude, que je me levai véritablement inquiet.

— Qu'y a-t-il donc? lui demandai-je.

— Il y a, mon pauvre ami, que, je ne sais comment, quoiqu'on ne vous ait pas nommé hier à la lecture, le bruit s'est répandu que je faisais une pièce avec vous; de sorte qu'Oudard m'a fait appeler tout à l'heure.

— Eh bien?

— Eh bien, il prétend que c'est moi qui vous donne le goût de la littérature; il prétend que ce goût perdra votre avenir, et il m'a fait donner ma parole d'honneur, non-seulement que je ne ferais pas d'autres pièces avec vous, mais encore que je laisserais là celle qui était faite.

— Et vous l'avez donnée? demandai-je.

— J'ai dû le faire pour vous, Dumas. Vous n'avez plus le général Foy pour vous soutenir ici. Je ne sais qui vous dessert auprès de M. de Broval; mais, enfin, on vous voit, d'un très-mauvais œil, faire de la littérature.

Jamais, je crois, mon cœur ne se serra plus douloureusement. Les deux ou trois cents francs qu'avait produits *la Chasse et l'Amour* avaient apporté un si sensible allégement à notre position, que désormais c'était, non plus dans un avancement de vingt ou vingt-cinq francs par mois que j'avais mis mes espérances, mais dans un travail littéraire qui quadruplât ces appointements.

D'ailleurs, une portion de ce que devait rapporter *la Noce et l'Enterrement* était hypothéquée au profit de Porcher, qui m'avait prêté trois cents francs.

Ce que venait de me dire Lassagne renversait à peu près tous mes châteaux en Espagne.

Il me semblait que, puisque ce travail dramatique se faisait en dehors du bureau, il y avait de l'inhumanité à me l'interdire, et à exiger que nous vécussions, ma mère, mon fils et moi, avec cent vingt-cinq francs par mois.

L'impression fut si poignante, qu'elle me donna le courage d'aller droit à Oudard.

J'entrai dans son cabinet, les larmes dans les yeux, mais la voix calme.

— Est-il vrai, monsieur, lui demandai-je, que vous ayez défendu à Lassagne de travailler avec moi?

— Oui, me répondit-il. Pourquoi me demandez-vous cela?

— Parce que je ne pouvais croire que vous eussiez eu ce courage.

— Comment, que j'eusse eu ce courage?

— Sans doute, je trouve qu'il faut du courage, moi, pour condamner trois personnes à vivre avec cent vingt-cinq francs par mois.

— Il me semble que vous êtes bien heureux de ces cent vingt-cinq francs par mois que vous méprisez.

— Je ne les méprise pas, monsieur; je suis très-reconnaissant, au contraire, à celui qui me les donne; seulement, je dis qu'ils sont insuffisants, et que je croyais avoir le droit d'y ajouter quelque chose, du moment où mon travail extérieur ne prenait pas sur mon travail de bureau.

— Il ne prend pas aujourd'hui sur votre travail de bureau, mais il y prendra demain.

— Demain, alors, il sera temps de vous en inquiéter.

— Au reste, cela ne me regarde pas, dit M. Oudard; je vous transmets purement et simplement les observations du directeur général.

— De M. de Broval?

— De M. de Broval, oui.

— Je croyais que M. de Broval avait des prétentions à protéger la littérature?

— La littérature, peut-être... Mais appelez-vous de la littérature *la Chasse et l'Amour* et *la Noce et l'Enterrement?*

— Non, monsieur, bien certainement. Aussi, mon nom n'a s été mis sur l'affiche de l'Ambigu, où a été joué *la Chasse et l'Amour,* et ne sera pas mis sur l'affiche du théâtre, quel qu'il soit, qui jouera *la Noce et l'Enterrement.*

— Mais, si vous ne jugez pas ces ouvrages dignes de vous, pourquoi les faites-vous?

— D'abord, monsieur, parce que, dans ce moment-ci, je ne me crois pas assez fort pour en faire d'autres, et que, tels qu'ils sont, ils apportent un soulagement à notre misère... oui, monsieur, à notre misère, je ne recule pas devant le mot. Un jour, vous avez su, je ne sais comment, que j'avais passé plusieurs nuits à faire des copies de pièces de théâtre moyennant quatre francs par acte; que c'était même dans ces conditions que j'avais copié la comédie de *l'Indiscret* de M. Théaulon; eh bien, vous m'avez fait, un matin, des compliments sur mon courage.

— C'est vrai.

— Comment suis-je donc plus coupable, je vous le demande, en faisant des pièces pour moi, que je ne le suis en copiant les pièces des autres? Vous savez bien qu'Adolphe, lui aussi, fait des pièces, n'est-ce pas?

— Quel Adolphe?

— Adolphe de Leuven.

— Eh bien?

— Eh bien, je vous ai entendu appuyer l'autre jour, auprès de M. de Broval, la demande qu'Adolphe a faite au duc d'Orléans pour entrer dans ses bureaux.

— M. Adolphe de Leuven m'est vivement recommandé.

— Et moi, monsieur, ne **vous** ai-je pas été recommandé vivement aussi? Il est vrai que de Leuven vous a été vivement recommandé par Benjamin Constant, le général Gérard et madame de Valence, tandis que, moi, je ne **vous** ai été recommandé que par le général Foy.

— Ce qui veut dire?...

— Ce qui veut dire que les protecteurs d'Adolphe de Leuven sont vivants, et que mon protecteur, à moi, est mort.

— Monsieur Dumas!...

— Oh! ne vous fâchez pas, je croirais que j'ai touché juste.

— Vous voulez donc absolument faire de la littérature?

— Oui, monsieur, et par vocation et par nécessité, je le veux.

— Eh bien, faites de la littérature comme Casimir Delavigne, et, au lieu de vous blâmer, nous vous encouragerons.

— Monsieur, répondis-je, je n'ai point l'âge de M. Casimir Delavigne, poëte lauréat de 1811 : je n'ai pas reçu l'éducation de M. Casimir Delavigne, qui a été élevé dans un des meilleurs colléges de Paris. Non, j'ai vingt-deux ans; mon éducation, je la fais tous les jours, aux dépens de ma santé peut-être, car tout ce que j'apprends, — et j'apprends beaucoup de choses, je vous jure, — je l'apprends aux heures où les autres s'amusent ou dorment. Je ne puis donc faire dans ce moment-ci ce que fait M. Casimir Delavigne. Mais, enfin, M. Oudard, écoutez bien ce que je vais vous dire, dût ce que je vais vous dire vous paraître bien étrange : si je croyais ne pas faire dans l'avenir autre chose que ce que fait M. Casimir Delavigne, eh bien, monsieur, j'irais au-devant de vos désirs et de ceux de M. de Broval, et, à l'instant même, je vous offrirais la promesse sacrée, le serment solennel de ne plus faire de littérature.

Oudard me regarda avec des yeux atones; mon orgueil venait de le foudroyer.

Je le saluai et je sortis.

Cinq minutes après, il descendait chez M. Deviolaine pour lui raconter à quel acte de démence je venais de me livrer.

M. Deviolaine lui demanda si c'était bien devant lui, si c'était bien à lui que j'avais dit une pareille énormité.

— C'est devant moi, c'est à moi, dit Oudard.

— Je préviendrai sa mère, dit M. Deviolaine, et, s'il continue à être possédé de cette fièvre, envoyez-le-moi, je le prendrai dans mes bureaux, et je veillerai à ce qu'il ne devienne pas tout à fait fou.

En effet, le soir même, ma mère fut prévenue. En revenant du portefeuille, je la trouvai tout en larmes.

M. Deviolaine l'avait envoyé chercher, et l'avait avertie de ce qui s'était passé, le matin, entre Oudard et moi.

Le lendemain, le blasphème dont je m'étais rendu coupable

la veille courait les bureaux. Les soixante-trois employés de Son Altesse royale ne s'abordaient qu'en se disant :

— Savez-vous ce que Dumas a dit hier à M. Oudard?

L'employé auquel la demande était adressée répondait non ou oui.

Et l'histoire, s'il répondait non, était racontée avec des corrections, des embellissements, des augmentations qui faisaient le plus grand honneur à l'imagination de mes collègues.

Pendant toute une journée, et même pendant les jours suivants, un rire homérique fut entendu dans les corridors de la maison de la rue Saint-Honoré, n° 216.

Un seul employé de la comptabilité, entré de la veille, et que personne ne connaissait encore, resta sérieux.

— Eh bien, lui dirent les autres, vous ne riez pas?
— Non.
— Et pourquoi ne riez-vous pas?
— Parce que je ne trouve pas qu'il y ait de quoi rire.
— Comment! il n'y a pas de quoi rire d'entendre Dumas dire qu'il fera mieux que Casimir Delavigne?
— D'abord, il n'a pas dit qu'il ferait mieux; il a dit qu'il ferait autre chose.
— C'est tout comme...
— Non, c'est bien différent.
— Mais connaissez-vous Dumas?
— Oui, et c'est parce que je le connais que je vous réponds qu'il fera quelque chose, je ne sais pas quoi, mais je vous réponds que ce quelque chose étonnera tout le monde, excepté moi.

Cet employé qui venait d'entrer, depuis la veille, à la comptabilité, c'était mon ancien maître d'allemand et d'italien, Amédée de la Ponce.

Il y avait donc, sur soixante et douze personnes, chefs et employés, composant l'administration de Son Altesse royale, deux personnes qui ne désespéraient pas de moi : c'étaient Lassagne et lui.

A partir de ce moment, commença la guerre dont m'avait prévenu Lassagne, à mon entrée dans les bureaux.

Mais peu m'importait! cette guerre, quelle qu'elle fût, et si loin qu'elle fût poussée, j'étais décidé à la soutenir.

Huit jours après, j'eus une consolation.

Vulpian vint nous annoncer, à Lassagne et à moi, que notre pièce avait été reçue au théâtre de la Porte-Saint-Martin, pour les débuts de Serres.

Comme on le voit, je me rapprochais du Théâtre-Français tout doucement. Mais je n'avais pas appris l'italien pour ignorer le proverbe: *Che va piano va sano.*

Les droits d'auteur aussi étaient augmentés.

Un vaudeville, au théâtre de la Porte-Saint-Martin, était payé dix-huit francs, et emportait pour douze francs de billets.

C'étaient donc huit francs par soirée, au lieu de six, qui allaient me revenir, — juste le double, cette fois, de ce que me rapportait mon bureau.

La Noce et l'Enterrement fut joué le 21 novembre 1826.

Je vis jouer mon œuvre de l'orchestre, où j'étais avec ma mère. Comme on ne devait pas me nommer, et comme j'étais parfaitement inconnu, je ne trouvais aucun inconvénient à me donner la satisfaction d'assister au spectacle.

La pièce réussit parfaitement; mais, de peur que mon succès ne m'enivrât, de même qu'au triomphe des empereurs romains un esclave criait: « César! souviens-toi que tu dois mourir! » de même, la Providence avait mis à ma gauche un voisin qui, la toile tombée, se leva en disant:

— Allons, allons, ce n'est pas encore là ce qui soutiendra le théâtre.

Il avait raison, mon voisin, et il s'y connaissait d'autant mieux que c'était un confrère.

La pièce fut jouée une quarantaine de fois, et, comme Porcher me laissait généreusement la moitié de mes droits, ne touchant que l'autre moitié pour rentrer dans ses avances, les quatre francs de billets que je recevais par soirée nous aidèrent à passer l'hiver de 1826 à 1827.

CVIII

Soulié à la scierie mécanique. — Son amour platonique pour l'or. — Je veux faire un drame avec lui. — Je traduis *Fiesque*. — Mort d'Auguste Lafarge. — Mon traitement est augmenté, et ma position diminuée. — Félix Deviolaine, condamné par la médecine, est sauvé par la maladie. — *Louis XI à Péronne*. — La garde-robe dramatique de Talma. — La *loi de justice et d'amour*. — Licenciement de la garde nationale.

Ce fut à partir de ce moment que je pris résolûment ma détermination; comme Fernand Cortez, j'avais brûlé mes vaisseaux : il me fallait triompher ou tendre la gorge.

Malheureusement, je ne jouais pas pour moi seul ; ma pauvre mère était de moitié dans mon enjeu.

Quoique Soulié, plus malheureux que nous, n'eût encore rien eu de joué, j'avais deviné tout ce qu'il y avait de force dans cette imagination en travail, et j'étais résolu à faire, en collaboration avec lui, une œuvre de quelque importance.

Je partageais un peu, au fond, l'avis de M. Oudard touchant mes deux dernières productions, et, la preuve, c'est que je n'avais voulu mettre mon nom ni à l'une ni à l'autre, tandis que, par un instinct qui ne me trompait pas, je l'avais mis à l'*Ode sur la mort du général Foy*, aux *Nouvelles contemporaines* et au *Pâtre romain*.

Mais, au théâtre, j'étais bien décidé à ne signer qu'une œuvre appelée à un grand retentissement.

Soulié avait déménagé : il occupait un logement à la gare d'Ivry ; je ne sais quelle société l'avait mis à la tête d'une scierie mécanique dans laquelle il employait une centaine d'ouvriers.

Relativement à nous, Soulié se trouvait riche. Il avait la petite pension que lui faisait son père, plus ses appointements comme directeur d'un établissement industriel ; il en résultait qu'il pouvait remuer un peu d'or dans ses poches, ce qui nous était défendu, à nous.

Soulié avait pour l'or une véritable passion : il aimait à voir de l'or, il aimait à manier de l'or. Vers la fin de sa vie, quand il gagnait quarante ou cinquante mille francs par an, il avait de son côté des engagements pris pour la fin du mois; souvent, dès le 15 ou dès le 20, les deux ou trois mille francs qu'il avait à payer étaient dans son tiroir. Alors, pour se procurer cette jouissance que lui donnait la vue de l'or, il changeait ses pièces de cinq francs ou ses billets de banque contre des napoléons, recommandant qu'on lui prît les plus neufs et les plus brillants, ce qui constituait d'abord une première dépense de quatre ou cinq sous par napoléon, — car Soulié n'a pas eu le bonheur de vivre dans cette bienheureuse époque de la dépréciation de l'or; — puis, quand arrivait la fin du mois, c'était, pour se séparer de son or, un tel déchirement, que quoiqu'il eût là, dans son tiroir, la somme due, rarement il soldait son billet à échéance, préférant payer vingt, trente, cinquante, cent francs de frais, et récréer quelques jours de plus ses yeux de la vue du riche métal.

Et, cependant, rien de plus généreux, rien de plus large, rien de plus prodigue même que Soulié. Il aimait l'or, mais entendons-nous bien, non pas à la façon des avares; il aimait l'or comme la représentation du luxe, comme le moyen le plus sûr de se procurer toutes les jouissances de la vie; il aimait l'or pour la puissance que donne l'or.

Aussi avait-il une prédilection toute particulière pour le roman de *Monte-Cristo*.

Qu'on me pardonne, quand je parle de Soulié, de m'étendre largement sur lui : c'est une des plus vigoureuses organisations que j'aie connues, et je dirai de lui ce que Michelet disait un jour de moi : c'était une des forces de la nature.

J'aurais compris Soulié braconnier dans les forêts de l'Amérique, pirate dans les mers de l'Inde ou dans l'océan Boréal, voyageur sur les bords du lac Tchad ou du Sénégal, bien mieux que romancier ou auteur dramatique.

Aussi, il était superbe à cette scierie mécanique, au milieu de ces cent ouvriers qu'il dirigeait d'un signe de tête, d'un geste de la main, et qu'il commandait d'une voix à la fois douce et ferme, affectueuse et puissante.

Il venait d'achever son imitation du *Roméo et Juliette* de Shakspeare. Il y avait, dans cette œuvre, quelques beaux vers chaudement forgés, quelques grandes idées vigoureusement tordues; mais, en somme, c'était une œuvre médiocre.

Il l'avait commencée deux ans trop tôt, et n'avait rien osé de neuf, à une époque où le neuf était une des conditions du succès.

J'avais dit franchement à Soulié que je venais pour faire un drame avec lui; mais, comme ni l'un ni l'autre de nous, sans doute, ne se sentait assez fort pour aborder une création, nous résolûmes de prendre un sujet dans Walter Scott.

Walter Scott était à la mode; on venait de jouer avec grand succès un *Château de Kenilworth,* à la Porte-Saint-Martin, et on allait jouer un *Quentin Durward,* au Théâtre-Français.

Le rôle de Louis XI avait été fait pour Talma, et Talma comptait le jouer après Tibère.

Quel pas eût fait faire au mouvement dramatique un sujet de Walter Scott, joué par Talma!

Nous nous arrêtâmes aux *Puritains d'Écosse.*

Il y avait, dans *les Puritains d'Écosse,* deux caractères qui séduisaient invinciblement Soulié, c'étaient John Balfour de Burley et Bothwell.

Le sujet choisi, nous nous mîmes avec ardeur à l'œuvre; mais nous avions beau nous réunir, le plan n'avançait pas.

Nos deux organisations, en relief toutes deux, si l'on peut s'exprimer ainsi, ne trouvaient ni l'une ni l'autre où emboîter leurs aspérités.

Au bout de deux ou trois mois d'un travail infructueux, après nous être réunis inutilement cinq ou six fois, nous n'avions réussi à rien, et nous n'étions guère plus avancés que le premier jour.

Mais j'avais énormément gagné à ma lutte avec ce rude jouteur; je sentais naître en moi des forces inconnues, et, comme un aveugle auquel on rend la lumière, il me semblait que, peu à peu, de jour en jour, mon regard embrassait un horizon plus étendu.

En attendant, je m'habituais à manier la poésie dramatique, en traduisant en vers le *Fiesque* de Schiller.

Je m'étais mis à ce travail comme à une étude, et non comme à une espérance, et, quoiqu'il ne dût rien me rapporter, quoique nous eussions le plus grand besoin d'un travail qui rapportât, j'eus le courage de l'accomplir d'un bout à l'autre.

Vers cette époque, ma pauvre mère, qui tremblait toujours pour ma place, et qui, il faut le dire, ne tremblait pas tout à fait à tort, ma pauvre mère eut un nouvel exemple d'espoir trompé à me mettre sous les yeux.

Auguste Lafarge, mon compatriote, cet élégant clerc de notaire qui, un instant, avait révolutionné tout Villers-Cotterets, qui avait été forcé de vendre son étude, faute d'une femme et d'une dot pour faire honneur à ses engagements; Auguste Lafarge, qui, en désespoir de cause, avait voulu se lancer dans la littérature, venait de mourir, après deux ou trois années de lutte avec une horrible misère.

J'eus beau dire à ma mère qu'il n'y avait jamais eu dans Lafarge l'étoffe d'un poëte dramatique; j'eus beau lui dire qu'il n'avait pas lutté, mais qu'il s'était, au contraire, laissé vaincre sans combat; j'eus beau lui dire qu'il y avait en moi une énergie et une volonté dont Lafarge n'avait jamais eu l'ombre; le fait matériel était qu'il y avait eu faim et misère, qu'il y avait mort et cadavre.

Un autre fait qui eût dû la tranquilliser lui donnait encore de nouvelles craintes.

Betz avait eu de l'avancement; — on se rappelle Betz, cet excellent garçon qui m'avait servi de témoin dans mon duel avec M. B***; — il était passé commis principal à deux mille quatre cents francs, et avait laissé vacante une place de commis d'ordre à deux mille francs; cette place de commis d'ordre à deux mille francs, on la donna à Ernest, qui, de son côté, laissa vacante une place de dix-huit cents francs.

Comme je faisais mon service au bureau avec une régularité à laquelle la malveillance elle-même n'eût rien trouvé à reprendre, et qu'en somme on était injuste peut-être, mais non malveillant pour moi, il n'y eut pas moyen de me refuser la place d'Ernest, que j'allai demander à Oudard comme une chose qui m'était due.

Ma demande me fut accordée. Seulement, on me fit passer du bureau du secrétariat au bureau des secours.

Le bureau des secours était bien une succursale du secrétariat; mais, il faut le dire, cette succursale était placée sur une échelle secondaire.

Ce que j'eusse regretté au secrétariat, c'était Lassagne; mais un changement s'était fait, depuis quelque temps, dans la topographie des bureaux, et, en sa qualité de sous-chef, il avait obtenu un cabinet pour lui seul.

Il en résultait que j'étais tout aussi près de lui, au bureau des secours, que je l'eusse été dans le nouvel aménagement du secrétariat.

Je gagnais deux choses à ce changement.

D'abord, une augmentation d'appointements; ensuite, une liberté plus grande, puisque, chargé de prendre des renseignements sur les malheureux qui demandaient des secours, je passais parfois mes journées entières à courir Paris d'un bout à l'autre.

J'aurais bien voulu, comme compensation à ces deux choses que je gagnais, perdre mon *portefeuille*, mais il n'y eut pas moyen.

Malgré cette augmentation d'appointements qui m'était accordée, et malgré cette liberté qui m'était acquise, ma mère vit une disgrâce à ce changement opéré dans ma position.

Ma mère ne se trompait pas, et, d'ailleurs, se fût-elle abusée, on eût eu soin, chez M. Deviolaine, de redresser ses idées à cet égard.

Au reste, un véritable malheur menaçait de frapper cette famille, qui était la nôtre. Depuis quelque temps, Félix Deviolaine, très-vigoureusement constitué en apparence, toussait et s'affaiblissait. Inquiet de cette langueur à laquelle il se sentait aller malgré lui, il vint me trouver un jour, et me pria de le conduire chez Thibaut, dont il m'avait plus d'une fois entendu vanter la science médicale.

Je m'empressai de lui rendre ce service. Je le conduisis chez Thibaut, que je priai de l'examiner avec attention.

Thibaut le fit déshabiller jusqu'à la ceinture, percuta sa poitrine, écouta la respiration à l'oreille nue, puis, avec le stéthoscope; et, après dix minutes d'examen, tout en lui disant tout haut, à lui, que c'était une affection de poitrine grave, mais cependant sans danger, il me dit tout bas à moi :

— C'est un garçon perdu.

On n'a pas idée de l'impression douloureuse que me fit cette déclaration, si nettement articulée. Félix n'avait jamais été d'une grande amabilité pour moi; son caractère, un peu jaloux, m'avait plutôt éloigné que rapproché des plaisirs que, grâce à la position de son père, il pouvait me procurer, et surtout du plaisir de la chasse, le premier de tous pour moi. Mais il n'en était pas moins une des tendres amitiés de ma jeunesse, et, si cette prédiction se réalisait, c'était la première feuille que la mort arrachait au rameau d'or de mes souvenirs d'enfance.

Je ne me souciais pas d'annoncer cette triste nouvelle à M. Deviolaine. J'allai trouver Oudard et lui racontai ce qui venait de se passer. Oudard n'en voulait rien croire, tant Félix avait paru, jusque-là, peu disposé à mourir d'une phthisie pulmonaire; mais j'envoyai chercher Thibaut lui-même, et Thibaut lui réitéra la prédiction qu'il m'avait faite.

Sans dire toute la vérité à M. Deviolaine, Oudard lui fit entendre que Félix avait besoin de grands soins, et, comme Félix ne voulait pas d'autre médecin que Thibaut, il fut convenu que celui-ci le visiterait tous les jours.

Ce fut à cette époque surtout que je fis cette étude presque spéciale de la phthisie pulmonaire que j'ai développée dans mon roman d'*Amaury*.

J'ai déjà dit ailleurs comment, au moment où la prédiction de Thibaut allait se réaliser, quand tout espoir était déjà perdu, — même au cœur de sa mère, ce dernier sanctuaire de l'espérance, — Félix Deviolaine fut miraculeusement sauvé par un rhumatisme articulaire, qui, déplaçant l'inflammation, fit ce qu'aucun remède n'avait eu l'énergie de faire.

Sur ces entrefaites, eut lieu, au Théâtre-Français, la représentation de ce drame de *Louis XI à Péronne* que Talma devait jouer. C'était un grand événement, pour nous autres jeunes gens aspirant à fonder quelque chose de nouveau, que cette représentation ; c'était encore Taylor qui l'avait pressée, qui avait veillé à l'exactitude des costumes, et à la richesse de la mise en scène.

La pièce eut un succès dû moitié à la surprise, moitié à sa valeur réelle. Je ne la vis pas à la première représentation ; je n'avais pas pu me procurer un billet, et je n'étais pas assez riche pour en prendre un à la porte ; mais Soulié vint nous rejoindre au café des *Variétés,* et nous donner des nouvelles.

Il était dans l'enthousiasme.

Cela nous rendit du courage, et nous essayâmes de nous remettre à nos *Puritains d'Écosse*.

On s'était partagé aux Français la succession dramatique de Talma : Michelot avait pris Tibère et Louis XI ; Firmin avait pris le Tasse ; Joanny s'apprêtait à débuter dans tout le répertoire de l'illustre défunt ; Lafond était devenu à la fois *l'un* et *l'autre ;* chacun regardait Talma comme un obstacle, et, cet obstacle supprimé, croyait arriver, pour son compte, à la réputation de cet homme qui avait absorbé toutes les réputations.

Afin que rien ne manquât aux chances de succès, on se partagea les costumes, comme on s'était partagé les rôles. Une vente publique de la garde-robe de Talma fut indiquée pour le 27 avril.

Voici les prix auxquels s'élevèrent les différents costumes.

Les gens qui espéraient acheter le talent avec les habits ne les payaient pas cher.

Charles VI et sa perruque.................. fr. 205
Ladislas................................ 230
Le Cid................................. 62
     A reporter....... 497

Report.... fr.	497
Mithridate......................	100
Richard III.....................	120
Les deux Néron.................	412
La couronne de Néron...........	132
Othello, une fois joué à l'Opéra..	131
Léonidas.......................	200
Clovis..........................	97
Joad............................	120
Nicomède.......................	60
Le Maire du palais..............	115
Philoctète......................	40
Typpo-Saëb.....................	96
Leicester.......................	321
Meynau.........................	45
Falkland........................	42
Danville........................	130
La Misanthrope.................	400
Bayard.........................	51
Le grand maître des templiers...	40
Jean de Bourgogne..............	79
Manlius........................	80
Sylla, avec la perruque.........	100
Hamlet, avec le poignard.......	236
L'Oreste, d'*Andromaque*.........	100
L'Oreste, de *Clytemnestre*.......	80
Total...... fr.	3,884

On a remarqué, dans cette nomenclature, un article intitulé *les deux Néron*, et l'autre, *Othello, une fois joué à l'Opéra.*

Ces deux désignations sont une preuve de la conscience que Talma mettait à la recherche de ses costumes.

Un jour, il trouva, dans Suétone, que Néron était entré au sénat avec un manteau bleu brodé d'étoiles d'or; à l'instant même, il se fit faire un costume en harmonie avec ce manteau.

et il entra en scène, comme Néron était entré au sénat, avec un manteau bleu brodé d'étoiles d'or.

Mais, le lendemain, je ne sais plus quel critique qui ne s'était pas donné la peine de lire Suétone, et qui prenait ce costume pour une fantaisie de l'acteur, dit dans son feuilleton que Talma avait l'air de la Nuit dans le prologue d'*Amphitryon*.

Cela suffit pour empêcher Talma de remettre le manteau étoilé.

Une autre fois, devant jouer *Othello* à l'Opéra pour un bénéfice, il réfléchit que le More, devenu général de Venise, avait dû nécessairement renoncer à son costume oriental, et prendre le costume vénitien. Il se fit donc faire, avec la plus grande exactitude, un costume vénitien du XVe siècle.

Mais, avec le turban, avec la ceinture, avec les larges pantalons brodés, une partie du pittoresque était partie; ce pittoresque, tout le talent de Talma n'avait pu le remplacer, et, mécontent de lui-même, pensant que le changement de costume avait influé d'une façon fâcheuse sur son jeu, il reprit, aux représentations suivantes, le costume traditionnel, et abandonna l'autre à tout jamais.

Le costume du Misanthrope trouvé dans la garde-robe de Talma prouve le désir qu'il eut toute sa vie, sans oser le satisfaire, de jouer le rôle d'Alceste.

Celui qui l'acheta n'eut point la même modestie.

Pendant que se passaient tous ces événements, — fort secondaires pour la France, mais fort importants pour nous, — le gouvernement faisait sournoisement une tentative pour rétablir cette censure qu'il avait abolie.

Dans son discours à la Chambre, le roi avait dit :

« J'aurais désiré qu'il fût possible de ne pas s'occuper de la presse; mais, à mesure que la faculté de publier les écrits s'est développée, elle a produit de nouveaux abus qui exigent des moyens de répression plus étendus et plus efficaces. Il était emps de faire cesser d'affligeants scandales, et de préserver la liberté de la presse elle-même du danger de ses propres excès : un projet vous sera soumis pour atteindre ce but. »

Ce paragraphe n'était rien de moins qu'une menace.

Cette menace se traduisit en un projet de loi présenté à la Chambre sous le titre de *Projet de loi sur la police de la presse.*

La lecture de ce projet fut vingt fois interrompue par l'opposition, et se termina au milieu d'une agitation terrible.

Casimir Périer quitta son banc en s'écriant :

— Autant vaut proposer une loi en un seul article qui dirait : « L'imprimerie est supprimée en France au profit de la Belgique! »

M. de Châteaubriand appela cette loi une *loi vandale*. Et, au cri poussé par la capitale, toute la France répondit, envoyant des pétitions particulières et collectives, qui toutes avaient pour but de supplier la Chambre de rejeter ce projet comme destructif de toutes les libertés publiques, comme désastreux pour le commerce et comme attentatoire aux droits sacrés de la propriété. Au milieu de cette terrible manifestation, qui, en 1827, présageait déjà l'opposition armée de 1830, *le Moniteur* eut l'adresse ou la perfidie, — on ne connaît jamais bien le fond des sentiments du *Moniteur*, — enfin, *le Moniteur* eut l'adresse ou la perfidie, dans un article apologétique qu'il fit de cette loi, de la qualifier de *loi de justice et d'amour*.

Oh! alors, le sarcasme, cette arme si puissante en France, eut un côté où se reprendre ; il se cramponna à ce titre, et en fit un poignard qu'il retourna de toute façon dans le cœur de M. de Peyronnet.

Tout se prononça contre cette loi, l'Académie elle-même.

Ce fut M. de Lacretelle qui attacha ce grelot, si difficile à attacher, et qui devait réveiller les quarante immortels sur leurs fauteuils.

Le 4 janvier, il lut un discours plein d'énergie sur les inconvénients du projet de loi, sur les entraves qu'il osait mettre à la pensée; il répudiait cette nouvelle censure qui faisait les imprimeurs juges des auteurs, et demandait que l'Académie, usant de son droit, suppliât le roi de se rendre aux vœux des Quarante en retirant ce projet de loi.

Après une discussion d'une heure, il fut résolu, à la presque unanimité, que cette supplique serait présentée au roi, et l'on nomma, pour la rédiger, MM. de Chateaubriand, de Lacretelle et Villemain.

Le 21 janvier, on lisait au *Moniteur* l'ordonnance suivante :

« ART. 1er. La nomination du sieur Villemain, maître des requêtes au conseil d'État, est révoquée... »

Puis, plus bas :

« Par décision du roi, M. Michaud, de l'Académie française, ne fait plus partie des lecteurs de Sa Majesté.

« Par arrêté de Son Excellence le ministre de l'intérieur, en date de ce jour, M. de Lacretelle a été révoqué de ses fonctions de censeur dramatique. »

Cette persécution fut accueillie par un cri de réprobation contre le gouvernement, et par un élan de sympathie vers les victimes de la brutalité ministérielle.

Enfin, ce concert d'opposition monta tellement haut, qu'il atteignit les proportions de la menace, et que le gouvernement, effrayé, retira, le 18 avril, le projet de loi qu'il avait proposé le 29 novembre.

Alors, une joie bruyante éclata dans Paris; les maisons semblèrent rejeter elles-mêmes leurs habitants dans la rue; chacun s'aborda le visage joyeux et la main étendue; les ouvriers imprimeurs parcoururent les boulevards aux cris de « Vive le roi! » en faisant flotter les plis d'un drapeau blanc, et, le soir, une illumination générale enflamma Paris.

Mais, dans sa mauvaise humeur, le gouvernement fit intervenir la force armée; il y eut des coups donnés, des blessures reçues, et l'on fit honneur, non pas à l'intelligence, mais à la crainte du roi, du retrait de la fameuse *loi de justice et d'amour.*

Aussi, lorsque Charles X, pauvre monarque aveugle et sourd, croyant que l'enthousiasme produit par son avénement au trône durait toujours, indiqua pour le 29 avril une revue de la garde nationale au Champ de Mars, à son grand étonnement, entendit-il se mêler à ces cris de « Vive le roi! » avec lesquels on grise les souverains à les faire chanceler sur leur trône, entendit-il se mêler, perçants et acharnés, les cris de : « A bas les ministres! — A bas les jésuites! » Ces cris s'élevaient particulièrement des rangs des deuxième, troisième, cinquième, septième et huitième légions, c'est-à-dire des rangs de l'aristocratie financière et de la petite bourgeoisie

Étourdi de cet accueil, Charles X s'arrêta un instant; puis, poussant son cheval jusque sur le front de la légion qui faisait entendre les cris les plus acharnés :

— Messieurs, dit-il, je suis venu ici pour recevoir des hommages et non des leçons.

Hélas! les rois de 1827, comme ceux de 1848, auraient cependant bien dû savoir que ce sont les hommages qui aveuglent et les leçons qui éclairent.

Le lendemain, à six heures du matin, tous les postes de la garde nationale étaient relevés par la troupe de ligne, et, à sept heures, paraissait dans *le Moniteur,* à la place de l'article qui devait rendre compte de la revue, l'ordonnance du licenciement.

Dès ce moment, il y eut rupture entre la branche aînée et la bourgeoisie.

Celle-là, d'ailleurs, avait son roi élu d'avance dans les desseins de Dieu, roi qui devait régner sur elle et passer avec elle.

A partir de cette heure, les yeux un peu clairvoyants purent voir, s'approchant peu à peu, le nuage qui portait dans ses flancs la tempête de 1830.

CIX

Les acteurs anglais à Paris. — Importations littéraires. — *Trente ans, ou la Vie d'un Joueur.* — *Hamlet,* par Kemble et miss Smithson. — Un bas-relief de mademoiselle de Fauveau. — Visite à Frédéric Soulié. — Il refuse de faire *Christine* avec moi. — Une attaque nocturne. — Je retrouve Adèle d'Alvin. — Je passe la nuit au violon.

Vers 1822 ou 1823, je crois, une troupe anglaise avait essayé de venir donner des représentations sur le théâtre de la Porte-Saint-Martin ; mais elle avait été accueillie par tant de cris et de huées, on avait lancé du parterre sur le théâtre tant de pommes et d'oranges, que les malheureux artistes avaient été obligés d'abandonner le champ de bataille, tout couvert de projectiles.

Voilà comment, en 1822, on entendait l'esprit national!

Puis, en 1822, on pensait qu'il serait déshonorant, pour un théâtre où l'on jouait, nous ne dirons pas Corneille et Molière, mais MM. Caignez et Pixérécourt, de donner asile sur ses planches à un barbare comme Shakspeare, et au cortége d'*œuvres immondes* qu'il traînait après lui.

Cinq ans seulement s'étaient écoulés depuis cette époque, et l'on annonçait, à la grande curiosité de tout le monde, qu'une troupe anglaise allait venir représenter sur le second Théâtre-Français les chefs-d'œuvre de Shakspeare.

Cinq ans avaient suffi à faire cet éclaircissement dans les idées, tant les idées mûrissent vite à cet ardent soleil du XIXe siècle.

Au reste, l'exemple de cette courtoisie nous était donné par nos voisins d'outre-mer. Mademoiselle Georges venait, grâce sans doute aux souvenirs politiques qui l'entouraient, d'obtenir ce que jamais Talma, malgré son origine franco-anglaise, n'avait obtenu, c'est-à-dire la représentation publique et à bureau ouvert d'un ouvrage français.

Le 28 juin 1827, sous la protection du duc de Devonshire,

mademoiselle Georges avait donné, avec le plus grand succès, une représentation de *Sémiramis*.

La recette s'était élevée à huit cents livres sterling (vingt mille francs).

Quelques jours après, toujours avec le même succès, elle avait joué *Mérope*.

Ce double triomphe avait donné au directeur de l'Odéon l'idée de traiter avec une troupe anglaise.

On annonçait ces représentations pour les premiers jours de septembre, et elles étaient attendues avec impatience.

En effet, du mépris complet de la littérature anglaise, on était passé à une admiration enthousiaste. M. Guizot, qui ne savait pas un mot d'anglais, à cette époque, — et qui l'a trop bien su depuis! — avait retraduit Shakspeare à l'aide de Letourneur. Walter Scott, Cooper et Byron étaient dans toutes les mains. M. Lemercier avait fait une tragédie avec le *Richard III*; M. Liadière en avait fait une autre avec la *Jane Shore*. On avait joué *le Château de Kenilworth* à la Porte-Saint-Martin; *Louis XI à Péronne* au Théâtre-Français; *Macbeth* à l'Opéra. On parlait de la *Juliette* de Frédéric Soulié, de l'*Othello* d'Alfred de Vigny. Décidément, le vent soufflait de l'ouest et annonçait la révolution littéraire.

Ce n'était pas tout : on venait de jouer à la Porte-Saint-Martin une œuvre dont le dénoûment, emprunté au *Vingt-Quatre Février*, de Werner, avait fait révolution et par sa coupe et par son exécution.

Nous voulons parler de *Trente Ans, ou la Vie d'un Joueur*, de MM. Victor Ducange et Goubaux.

Outre l'importance dramatique de l'ouvrage, deux éminents artistes venaient de se révéler :

Frédérick et madame Dorval.

Chose rare! tous deux s'étaient tenus à une hauteur égale, l'un avait été digne de l'autre.

C'était donc là ce méchant tragédien qui jouait, trois ans auparavant, un frère Macchabée au théâtre de l'Odéon!

C'était donc là cette petite fille oubliée qui jouait ce mauvais rôle de Malvina dans *le Vampire!*

Le drame populaire avait son Talma; la tragédie du boulevard avait sa mademoiselle Mars.

Tout le monde connaît *Trente Ans*; tout le monde l'a vu jouer par les deux artistes que nous venons de nommer. Mais tout le monde ne l'a pas vu jouer au milieu de cette fièvre des premières représentations qui brûlait tout le monde, acteurs et spectateurs.

Les artistes anglais trouvèrent donc le public parisien tout chaud d'émotion, et demandant à grands cris, pour faire suite aux émotions passées, des émotions nouvelles.

Il y a, dans la société, de ces moments-là; tout y est tranquille, hors les imaginations. Les corps ne courent aucun danger, les esprits veulent des périls imaginaires; il faut que la pitié humaine se prenne à quelque chose. Douze ans de calme faisaient que chacun demandait des émotions; dix ans de sourires faisaient que chacun appelait les larmes.

Avec notre esprit inquiet et aventureux, il faut toujours que nous mettions le drame quelque part, ou au théâtre ou dans la société.

En 1827, il était tout entier au théâtre.

Les Anglais donnèrent leur première représentation le 7 septembre. Abbott ouvrit la séance par un petit discours français assez nettement prononcé, et l'on joua *les Rivaux*, du pauvre Sheridan, qu'on venait d'enterrer avec tant de difficultés, et *un Caprice de la Fortune*, d'Allingham.

La troupe comique s'était fait les honneurs de la première soirée; et, quoique l'on eût remarqué un comique nommé Liston, et une amoureuse nommée miss Smithson, on avait compris que ce n'était point là ce que nous apportait, en réalité, de l'autre côté du détroit, cette troupe tant attendue.

J'avais résolu de suivre les représentations anglaises avec une certaine assiduité, et, comme Porcher était rentré, ou à peu près, dans les avances qu'il m'avait faites, j'avais été lui redemander deux cents francs, dont cent cinquante étaient entrés dans notre ménage, et dont cinquante avaient été destinés à m'initier aux beautés pratiques du drame anglais.

Je savais déjà, à cette époque, Shakspeare à peu près par

cœur; mais les pièces de théâtre, comme disent les Allemands, sont faites pour être vues et non pour être lues.

Je m'étais donc privé de cette première représentation, et j'attendais mes Anglais à Shakspeare.

Ils annoncèrent *Hamlet.*

Cette fois, je n'avais garde d'y manquer; Ernest était, par bonheur, de semaine pour le portefeuille. Je quittai le bureau à quatre heures, et j'allai prendre ma place à la queue, un peu mieux renseigné, cette fois, que je ne l'avais été lors de mon premier voyage à Paris.

Je savais si bien mon *Hamlet*, que je n'avais pas eu besoin d'acheter le libretto; je pouvais suivre l'acteur, traduisant les mots au fur et à mesure qu'il les disait.

J'avoue que l'impression dépassa de beaucoup mon attente: Kemble était merveilleux dans le rôle d'Hamlet; miss Smithson adorable dans celui d'Ophélia.

La scène de la plate-forme, la scène de l'éventail, la scène des deux portraits, la scène de folie, la scène du cimetière, me bouleversèrent. A partir de cette heure, seulement, j'avais une idée du théâtre, et, de tous ces débris des choses passées, que la secousse reçue venait de faire dans mon esprit, je comprenais la possibilité de construire un monde.

« Et, sur tout ce chaos, dit la Bible, flottait l'esprit du Seigneur. »

C'était la première fois que je voyais au théâtre des passions réelles, animant des hommes et des femmes en chair et en os.

Je compris, alors, ces plaintes de Talma à chaque nouveau rôle qu'il créait; je compris cette aspiration éternelle vers une littérature qui lui donnât la faculté d'être homme en même temps que héros; je compris son désespoir de mourir sans avoir pu mettre au jour cette part de génie qui mourait inconnue en lui et avec lui.

La génération actuelle ne comprendra point ce que je viens d'écrire; les études de son enfance lui ont fait Walter Scott aussi familier que Lesage, Shakspeare aussi familier que Molière. Notre siècle, devenu, avant toute chose, un siècle d'appréciation, sourit de doute, quand on lui dit qu'on huait un comédien parce qu'il était Anglais, et qu'on sifflait une pièce parce qu'elle était de Shakspeare.

Les représentations se suivirent avec une vogue croissante. A *Hamlet* succéda *Juliette;* puis *Othello;* puis, enfin, les uns après les autres, tous les chefs-d'œuvre de la scène anglaise.

Kemble et miss Smithson eurent tous les honneurs de ces représentations. Il est impossible de se figurer ce qu'étaient la scène de folie d'Ophélia, la scène des adieux au balcon de Juliette, la scène d'empoisonnement dans les caveaux mortuaires, la scène de jalousie d'Othello, la mort de Desdemona, jouées par ces deux grands artistes.

Abbott, de son côté, jouait certains rôles d'une manière charmante.

Le rôle de Mercutio, entre autres, était pour cet élégant comédien un véritable triomphe.

Et voyez comme les événements qui doivent influer sur la vie d'un homme s'enchaînent les uns aux autres : le 10, les acteurs anglais clôturèrent la série de leurs représentations, me laissant le cœur tont haletant d'impressions inconnues, l'esprit illuminé de lueurs nouvelles.

Le 4, c'est-à-dire six jours auparavant, le salon d'exposition venait d'ouvrir.

A ce salon, mademoiselle de Fauveau avait exposé deux petits bas-reliefs autour desquels se groupaient tous les artistes.

Le premier de ces bas-reliefs représentait une scène de *l'Abbé.*

Le second, l'assassinat de Monaldeschi.

Je m'étais approché, comme les autres, de ces bas-reliefs, et plus que les autres peut-être avais-je admiré la finesse et l'énergie de ce ciseau, si habilement manié par des mains de femme.

J'avais lu *l'Abbé.* J'étais donc suffisamment renseigné sur l'un de ces bas-reliefs; mais j'étais si peu au courant de certains points d'histoire, que j'ignorais complétement, non-seulement les détails du fait rappelé par l'autre sculpture, mais encore ce que c'était que Monaldeschi, mais encore ce que c'était que Christine.

Je quittai le Musée sans oser faire de questions à personne.

Comme c'était un dimanche, et que je n'avais pas vu Soulié depuis plusieurs jours, je résolus d'aller passer une partie de la soirée avec lui à la Gare.

A neuf heures, — après avoir prévenu ma mère que je rentrerais probablement très-tard, — je sucrais une tasse de thé, près d'un bon feu (le bois ne manquait pas à la scierie mécanique) et je discutais avec Soulié sur les changements que les représentations qui venaient d'avoir lieu devaient l'engager à faire à sa *Juliette*.

Tout à coup, je me rappelle ce bas-relief représentant la mort de Monaldeschi, et, n'osant demander des détails à Soulié, de peur qu'il ne me raille sur mon ignorance, je lui demande s'il a une *Biographie universelle*.

Il en avait une.

Je lis les deux articles *Monaldeschi et Christine*.

Puis, après une rêverie de quelques instants, au fond de laquelle il me sembla voir s'agiter de sombres personnages et reluire des épées :

— Sais-tu, dis-je à Soulié, comme s'il avait pu suivre ma pensée, qu'il y a un terrible drame là dedans ?

— Dans quoi ?

— Dans l'assassinat de Monaldeschi par Christine.

— Je crois bien !

— Veux-tu le faire ensemble ?

— Non, me répondit sèchement Soulié ; je ne veux plus travailler avec personne.

— Et pourquoi ?

— Parce que David m'a promis, à la première œuvre importante que je ferais seul, de me faire avoir la croix par M. Portalis.

Je regardai Soulié tout étonné. Il avait dans le caractère de ces brutalités-là, dont lui-même ne se rendait pas compte.

— Puis, continua-t-il, je compte moi-même faire une tragédie sur ce sujet-là.

— Ah ! dis-je en reposant les volumes.

— Ce qui ne t'empêche pas de faire ton drame, bien entendu, si tu y tiens toujours.

— Sur le même sujet que toi?

— Il y a deux théâtres à Paris : il y a dix manières d'envisager un sujet.

— Mais lequel de nous deux lira au Théâtre-Français?

— Celui qui aura le plus tôt fini.

— Cela ne te contrariera point?

— Que diable veux-tu que cela me fasse?

— Tu n'es pas aimable, ce soir.

— C'est que je ne suis pas content.

— Qu'as tu?

— J'ai que, si j'avais vu les acteurs anglais avant de faire ma *Juliette*, je l'aurais faite autrement, ou je ne l'aurais pas faite du tout.

— Veux-tu m'en croire?

— En quoi?

— Un vrai conseil d'ami... Laisse là ta *Juliette*, comme j'ai laissé mon *Fiesque,* et rêve à autre chose.

— Bah! puisque c'est fait!

Je vis que c'était une chose arrêtée dans l'esprit de Soulié, et je n'insistai point davantage.

Puis, comme je n'étais pas assez riche pour acheter la *Biographie universelle,* je demandai à Soulié la permission de copier les deux articles; ce qu'il m'accorda.

Il était évident que ma concurrence ne lui inspirait pas un grand effroi.

A minuit, nous nous séparâmes; je m'en allai suivant le boulevard, et rêvant déjà à ma future *Christine.*

La nuit était obscure, le temps pluvieux, le boulevard à peu près désert.

En arrivant à la porte Saint-Denis, au moment où j'allais quitter le boulevard pour rentrer dans la rue, j'entendis des cris à trente pas en avant de moi; puis, au milieu de l'obscurité, j'aperçus comme un groupe se mouvant violemment sur le boulevard.

Je courus vers l'endroit d'où partaient ces cris.

Deux individus attaquaient un homme et une femme. L'homme attaqué essayait de se défendre avec une canne; la femme attaquée était renversée, et le voleur tentait de lui arracher une chaîne qu'elle avait au cou.

Je sautai sur le voleur, et, en un instant, il fut renversé à son tour, et mis sous mon genou.

Ce que voyant le second voleur, il abandonna l'homme et se sauva.

Il paraît que, sans y faire attention, je serrais le cou du mien outre mesure, car, tout à coup, à mon grand étonnement, il fit entendre le cri « A la garde ! »

Ce cri, joint à ceux qu'avaient déjà poussés l'homme et la femme attaqués, fit venir quelques soldats du poste Bonne-Nouvelle.

Je n'avais pas lâché mon voleur; la garde le tira de mes mains.

Alors seulement, je pus répondre aux remercîments de ceux que j'avais délivrés.

La voix de la femme me frappa étrangement.

Cette femme, c'était Adèle d'Alvin, que je n'avais pas revue depuis mon départ de Villers-Cotterets.

L'homme, c'était son mari.

Il y avait une représentation extraordinaire à la Porte-Saint-Martin. Dans cette représentation, on avait joué *la Noce et l'Enterrement*. Ils savaient que j'étais pour quelque chose dans le chef-d'œuvre, et ils avaient voulu le voir.

Le spectacle avait fini tard, comme aux jours de représentation extraordinaire. Adèle avait eu faim. En sortant, ils avaient soupé au café du théâtre; le souper les avait attardés, et, au moment où ils atteignaient la hauteur de la pharmacie Charlard, ils avaient été attaqués par les deux bandits dont je les avais débarrassés, et dont l'un venait d'être appréhendé par les défenseurs de la patrie.

Malheureusement, les défenseurs de la patrie n'étaient pas aussi intelligents que braves. Ils ne surent pas distinguer les voleurs des volés, les bandits des honnêtes gens, et nous conduisirent tous au corps de garde, en nous annonçant que nous resterions là jusqu'au lendemain matin. Au jour, on enverrait chercher le commissaire de police, qui séparerait le bon grain de l'ivraie.

Nous voulûmes nous expliquer. Nous demandâmes que l'on fît un examen sérieux de nos personnes, de nos mines, de nos figures, qu'on les comparât à celles de l'homme que j'avais arrêté, et qu'on n'attendît point au lendemain pour nous rendre la justice qui nous était due. Mais, à cela, les défenseurs de la patrie répondirent imperturbablement que, *la nuit, tout chat était gris;* que, par conséquent, on pouvait se tromper, tandis que, le lendemain, *il ferait jour.*

La décision n'était ni logique ni éloquente; mais nous n'étions pas les plus forts. On nous fit entrer, voleurs et volés, dans cette partie du corps de garde qu'on appelle le *violon*, et force nous fut d'attendre le bon plaisir de M. le chef du poste.

Chacun de nous s'accota, ainsi qu'on fait dans une voiture, et essaya de dormir.

Comme Adèle et son mari avaient pris pour eux deux un coin du lit de camp, il m'en resta un.

Je regardai longtemps avec tristesse cette femme, premier souvenir de ma vie, qui s'endormait peu à peu sur l'épaule d'un autre, qui tutoyait cet autre; et qui paraissait parfaitement heureuse.

Elle avait deux enfants: la mère avait consolé l'amante.

Eux dormirent. Le voleur et moi, nous ne dormîmes point.

Bientôt mes yeux se détachèrent d'Adèle et de son mari. Puis ma pensée revint sur ses pas, et reprit mon rêve où je l'avais abandonné. Je vis, avec les yeux du souvenir, le bas-relief de mademoiselle de Fauveau incrusté dans la muraille, et, dans ce corps de garde du boulevard Bonne-Nouvelle, à côté de cette femme et de son mari, en face de ce voleur que les prochaines assises devaient condamner à trois ans de prison, mon imagination créa les premières scènes de *Christine*.

A huit heures du matin, le commissaire entra.

Il reçut nos dépositions, puis nos adresses, et nous mit en liberté.

Quant à notre voleur, il fut immédiatement expédié à la préfecture de police.

Je rentrai à la maison, et trouvai ma pauvre mère tout éperdue.

Elle avait fait comme moi : elle n'avait pas fermé l'œil de la nuit.

Je revis une ou deux fois Adèle pendant son séjour à Paris; mais, dès cette époque, j'avais donné mon imagination, sinon mon cœur, à une maîtresse qui devait faire grand tort à mes maîtresses passées et à venir.

Cette maîtresse ou plutôt ce maître, c'était l'Art.

CX

Les jalons de l'avenir. — Les compliments au duc de Bordeaux. — Vates. — Brochure orléaniste de Cauchois-Lemaire. — Le lac d'Enghien. — L'ara du colonel Bro. — Le docteur Ferrus. — Morrisel. — Un convoi de première classe. — La chasse en plain-chant. — Une autopsie. — Comment s'explique la mort de l'ara.

C'est un grand enseignement pour tout esprit philosophique que de revoir un à un les jours de ce passé qui, dans un temps, avait été l'avenir.

On s'aperçoit comment les choses révolues se préparaient peu à peu; on reconnaît les jalons que place, pour qu'il n'y ait rien d'abrupt et d'inattendu dans les événements à accomplir, cette grande puissance que l'on prend dans le présent pour le hasard, et qui, lorsqu'on l'interroge dans le passé, devient la Providence.

Ainsi, Charles X, le dernier représentant de l'aristocratie expirante, devait tomber; ainsi, Louis-Philippe, le représentant de la bourgeoisie à son apogée, devait monter sur le trône; et, dès 1827 et 1828, tout s'accomplissait pour qu'en 1830, les esprits fussent préparés à cette grande catastrophe.

Et personne, cependant, ne voyait clair dans cet avenir si prochain.

Toutes les espérances du pays semblaient se concentrer sur « l'enfant du miracle, » comme on appelait le duc de Bordeaux; et, le 1ᵉʳ janvier, M. de Barbé-Marbois, premier président de la cour des comptes, lui adressait ce charmant petit discours, tout en harmonie avec l'âge et l'intelligence du jeune prince :

« Monseigneur, vous recevez aujourd'hui les présents d'usage : le nôtre sera une petite histoire.

» Un jour, le prince dont vous portez le nom, jeune alors comme vous, revint, après une absence, à la cour de Navarre. Il était encore à cheval, lorsqu'il se vit entouré des enfants du pays, et, joyeux de le revoir, ils répétaient tous : *Caye nostre Henry!* ce qui voulait dire : « Voilà notre Henri! » comme si le jeune prince leur eût appartenu. La reine Jeanne, sa mère, — une excellente princesse, — qui avait tout vu et tout entendu d'un balcon du palais, bien contente de la réception qu'on faisait au jeune prince, lui dit :

» — Ces enfants-là, mon fils, viennent de te donner une leçon, et c'est la plus douce que tu puisses jamais recevoir : en t'appelant *nostre Henry*, ils t'ont appris que les princes appartiennent à la patrie autant au moins qu'à leur propre famille.

» Le prince se souvint de la leçon. C'est pour cela que, depuis plus de deux siècles, les Français continuent à l'appeler « notre Henri. » et l'appelleront toujours ainsi. »

M. le duc de Bordeaux, après avoir écouté attentivement, avait répondu :

— Je ne l'oublierai pas.

Déjà, l'année précédente, il lui avait été dit :

« Et vous, monseigneur, vous qui êtes encore si jeune, et sur la tête duquel repose le bonheur futur de la France, souvenez-vous toujours que ce beau royaume demande aussi un bon roi, un roi qui aime la vérité, qui veuille qu'on la lui dise; un roi qui n'aime pas la flatterie, et qui éloigne de sa personne les hommes qui trompent. Vous souviendrez-vous, monseigneur, que ces conseils vous ont été donnés par un vieillard qui avait la tête couverte de cheveux blancs? »

M. le duc de Bordeaux avait répondu *oui*.

« Votre *oui*, monseigneur, avait alors continué le premier président, va être consigné dans nos registres, et vous l'y trouverez à votre majorité. »

Hélas! tous ces conseils devaient être perdus. Le vieillard à cheveux blancs qui avait tout vu dans le passé, n'avait rien vu dans l'avenir. Quand Dieu envoie ces sortes d'illuminations, c'est aux poëtes.

C'était un poëte, celui qui vous disait, monseigneur :

> Salut, petit cousin germain!
> D'un lieu d'exil, j'ose t'écrire.
> La fortune te tend la main;
> Ta naissance la fait sourire.
> Mon premier jour aussi fut beau,
> Point de Français qui n'en convienne :
> Les rois m'adoraient au berceau...
> Et, cependant, je suis à Vienne!

C'était un poëte, celui qui vous disait :

> O rois, veillez, veillez! tâchez d'avoir régné.
> Ne nous reprenez pas ce qu'on avait gagné;
> Ne faites point, des coups d'une bride rebelle,
> Cabrer la liberté, qui vous porte avec elle;
> Soyez de votre temps, écoutez ce qu'on dit,
> Et tâchez d'être grands, car le peuple grandit!
> Écoutez, écoutez! à l'horizon immense,
> Ce bruit qui parfois tombe et soudain recommence,
> Ce murmure confus, ce sourd frémissement
> Qui roule et qui s'accroît de moment en moment!
> C'est le peuple qui vient! c'est la haute marée
> Qui monte, incessamment par son astre attirée!
> Chaque siècle, à son tour, qu'il soit d'or ou de fer,
> Dévoré comme un cap sur qui monte la mer,
> Avec ses lois, ses mœurs, les monuments qu'il fonde,
> Vains obstacles qui font à peine écumer l'onde,
> Avec tout ce qu'on vit et qu'on ne verra plus,
> Disparaît sous ce flot qui n'a pas de reflux!

Le sol toujours s'en va, le flot toujours s'élève;
Malheur à qui, le soir, s'attarde sur la grève,
Et ne demande pas au pêcheur qui s'enfuit
D'où vient qu'à l'horizon l'on entend ce grand bruit!
Rois, hâtez-vous! rentrez dans le siècle où nous sommes;
Quittez l'ancien rivage! — A cette mer des hommes
Faites place, ou voyez si vous voulez périr
Sur le siècle passé, que son flot doit couvrir!

C'étaient encore des poëtes, ceux-là qui écrivaient ces vers :

Mais bientôt, aux regards de ce nouveau ministre,
La nuit vint révéler un avenir sinistre;
Des signes éclatants, au fond des cieux écrits,
De ces partis vainqueurs glacèrent les esprits;
Et la France espéra! — L'immortelle déesse
Qui prête son épée aux martyrs de la Grèce,
Sur le fronton aigu du sénat plébéien,
Parut, en agitant son bonnet phrygien!
Panthéon, la croix d'or s'éclipsa de ton dôme!
Sous les marbres sacrés de la place Vendôme,
La terre tressaillit, et l'oiseau souverain
S'agita radieux sur sa base d'airain!...

Il est vrai, comme nous l'avons dit, que le gouvernement aidait merveilleusement à éperonner l'esprit public. Les procès de presse se succédaient sans interruption, et c'est toujours cette liberté-là qui éclate, quoi qu'on fasse, et qui, en éclatant, tue ceux qui la compriment. On ne renverse pas les monarchies; elles se minent et s'ébranlent elles-mêmes; puis, à un jour donné, le peuple, les voyant chanceler, les pousse avec de grands cris, et elles tombent!

Le Spectateur religieux, traîné de tribunaux en tribunaux, était renvoyé devant la cour d'Orléans.

M. de Senancourt, condamné, en police correctionnelle, — pour son résumé des *Traditions morales et religieuses*, — à neuf mois de prison et à cinq cents francs d'amende, était acquitté en appel.

Enfin, Cauchois-Lemaire était condamné à quinze mois d'emprisonnement et à deux mille francs d'amende, comme ayant provoqué au changement du gouvernement et de l'ordre de successibilité au trône, dans sa *Lettre à Son Altesse royale M. le duc d'Orléans, sur la crise actuelle.*

Cette lettre contenait les passages suivants, qui étaient les passages incriminés.

L'auteur exposait au prince la situation de la France, et il ajoutait :

« — Mais, me direz-vous peut-être, que puis-je ? Pair du royaume, je subis, la France le sait, un ostracisme qui m'interdit toute participation aux affaires publiques.

» Voilà justement, monseigneur, le point en litige. Celui qu'on suspend de ses priviléges est-il pour cela suspendu du droit commun ? La patrie est-elle circonscrite dans la chambre haute ? L'inaction parlementaire condamne-t-elle tout homme à la léthargie politique ? Et, dès qu'on n'est plus seigneurie, n'est-on plus rien ?

» — Questions téméraires, s'écrieront quelques-uns ; inconvenantes ou tout au moins oiseuses, diront quelques autres.

» Questions naturelles et utiles sous un régime constitutionnel, leur répondrai-je. »

Après ce paragraphe, page 56, venait celui-ci :

« Et, pour ne pas perdre ses habitudes de conseiller, celui qui écrit cette lettre vous engage à échanger vos armoiries ducales contre la couronne civique. — Allons, prince, un peu de courage ; il reste, dans notre monarchie, une belle place à prendre, la place qu'occuperait la Fayette dans une république, celle du premier citoyen de France. Votre principauté n'est qu'un chétif canonicat auprès de cette royauté morale ! »

Puis, à la page suivante :

« Le peuple français est un grand enfant qui ne demande pas mieux que d'avoir son tuteur. Soyez-le, pour qu'il ne tombe pas en de méchantes mains... »

Puis, page 61 :

« Rien ne résiste au patriotisme généreux qui a une grande illustration nobiliaire, une place éminente, une immense fortune, — triple condition que réunit Votre Altesse. Avec cela, elle n'a qu'à se baisser pour prendre le joyau qui est là, par terre, que plusieurs se disputent, et qu'aucun ne peut ramasser, faute d'avoir ce que vous avez par la grâce de Dieu. »

Puis, page 62 :

« Là, un prince qui verrait l'État en péril, ne se résignerait pas à se croiser les bras, afin que le char, si mal conduit, ne verse pas. Nous avons fait, de notre côté, tous nos efforts ; essayez du vôtre, et saisissons la roue sur le penchant du précipice. »

Enfin, page 68 :

« Tandis que nous déclinons, disait l'auteur de la lettre, le duc de Bordeaux, le duc de Chartres, et même le duc de Reichstadt grandissent... »

Des trois princes que venait de nommer Cauchois-Lemaire, qui grandissaient à cette époque, un seul survit.

Le duc de Reichstadt a disparu, en 1832, comme une ombre s'évanouit après le corps qui la produisait.

Le duc de Chartres a été retranché violemment de la société, en 1842, comme un obstacle matériel, par sa popularité, à ce qui devait s'accomplir en 1848.

Enfin, le duc de Bordeaux, que Béranger saluait au nom de son petit cousin germain le duc de Reichstadt, devait, deux ans avant la mort de celui-ci, aller le rejoindre dans l'exil.

Triste mais éloquent spectacle pour le peuple, que celui de tous ces enfants nés avec des couronnes sur la tête ou sous la main, et qui se cramponnent en pleurant aux chambranles des portes, lorsque le vent des révolutions les arrache, les uns après les autres, de cette hôtellerie royale qu'on appelle le palais des Tuileries !

Peu à peu, j'avais fait connaissance avec tous les hommes d'opposition qui reprenaient, en sapant la monarchie au commencement du XIXᵉ siècle, l'œuvre incomplète de la fin du XVIIIᵉ.

J'avais connu Carrel chez M. de Leuven, où il venait souvent, travaillant au *Courrier*, dont M. de Leuven était un des principaux rédacteurs.

J'avais vu Manuel, Benjamin Constant et Béranger chez le colonel Bro ; mais Béranger fut le seul des trois avec lequel j'eus le temps de me lier intimement et qui eut le temps de me juger : les deux autres devaient mourir, l'un avant que je fusse connu, l'autre quand je l'étais à peine.

Bro m'aimait beaucoup. — J'ai déjà raconté comment, grâce à lui, j'avais vu Géricault à son lit de mort. — Il avait un fils, charmant enfant alors, qu'on appelait Olivier, et qui est devenu un des plus braves officiers de notre armée nouvelle, comme son père avait été un des plus braves officiers de notre grande armée.

C'est à lui que le général Lamoricière a si miraculeusement sauvé la vie, quand le yatagan d'un Bédouin était déjà levé sur sa gorge.

Je ne l'ai pas revu depuis 1829, et je vais raconter une histoire qui lui rappellera un souvenir d'enfance, partout où il sera.

Le colonel Bro nous procurait, à Adolphe et à moi, tous les plaisirs qu'il était en son pouvoir de nous procurer ; et, entre autres, celui de la chasse.

A cette époque, il possédait, je ne sais à quel titre, le lac d'Enghien.

Le lac d'Enghien n'était pas, en 1827 et 1828, un joli petit lac peigné, frisé, rasé, comme il l'est aujourd'hui ; il n'avait pas, sur ses bords, un jardin public plein de roses, de dahlias et de jasmins ; il n'avait pas, sur toute sa circonférence, des châteaux gothiques, des villas italiennes et des châlets suisses, il n'avait pas, enfin, sur sa surface, des centaines de cygnes venant demander l'aumône d'un échaudé aux voyageurs qui, dans des bateaux à trois francs cinquante centimes l'heure, sillonnent maintenant la surface de son eau, filtrée comme l'eau d'un bassin, polie comme la glace d'un miroir.

Non, le lac d'Enghien était, à cette époque, un lac tout simplement, un vrai lac, un peu boueux pour un lac, pas assez pour un étang. Il était couvert de joncs, de nymphéas, au milieu desquels jouaient les plongeons, caquetaient les poules d'eau, et barbotaient les canards sauvages, le tout, en suffisante quantité pour donner récréation à une vingtaine de chasseurs.

Le colonel Bro avait donc résolu une chasse, et, à la requête d'Adolphe et à la mienne, il avait fixé le jour de cette chasse à un dimanche, afin que, libres de notre bureau, Adolphe et moi pussions y assister.

Le rendez-vous était, à sept heures, chez le colonel Bro. On partait de la rue des Martyrs dans trois voitures ; à neuf heures, on était à Enghien. Un déjeuner, digne d'un thane saxon, y attendait les convives. A dix heures, on se mettait en chasse ; à cinq heures, on retrouvait la table servie, et, à onze heures du soir, chacun était rentré chez soi.

Toujours prêt avant les autres, quand il s'agissait de chasse, j'étais chez le colonel Bro à six heures et demie du matin.

On m'introduisit dans un petit boudoir, où je me trouvai en tête-à-tête avec un énorme ara bleu et rouge.

L'ara était sur son bâton ; je m'assis sur un canapé.

J'ai toujours eu le plus grand respect pour les hommes à grand nez et les animaux à gros bec ; non pas que je trouve cela joli, mais parce que je crois que la nature a ses raisons quand elle produit une monstruosité.

A ce titre, l'ara du colonel Bro avait droit à toutes mes civilités.

Je lui adressai donc quelques mots de politesse, et j'allai

m'asseoir, comme je l'ai dit, sur le canapé en face de son perchoir.

Le perroquet me regarda un instant avec cet air mélancolique particulier aux perroquets ; puis, avec cette précaution qui ne les abandonne jamais, s'aidant du bec et des pattes, il descendit lentement et un à un les bâtons de son perchoir ; puis, enfin, le tronc du perchoir lui-même, jusqu'à ce qu'il eût mis patte à terre.

Alors, il s'approcha de moi en se dandinant, s'arrêtant, regardant de côté, et jetant un cri à chaque pas qu'il faisait ; puis, arrivé à la pointe de mon soulier, il se mit en devoir d'escalader ma jambe.

Touché de cette marque de confiance de sa part, je lui tendis la main pour lui épargner la peine de l'ascension ; mais, soit qu'il se trompât sur mes intentions tout amicales, soit qu'il cachât une agression préméditée sous ses dehors bienveillants, à peine vit-il ma main à sa portée, qu'il me saisit l'index, et me fit, au-dessus de la première phalange, une double blessure qui ne s'arrêta qu'à l'os.

La douleur fut d'autant plus violente qu'elle était inattendue. Je jetai un cri, et, par un mouvement convulsif, ma jambe se roidissant avec l'élasticité d'un ressort d'acier, j'atteignis du bout de mon soulier de chasse le perroquet au milieu de la poitrine, et l'envoyai s'aplatir contre la muraille.

Il retomba à terre, et resta sans mouvement.

Cet évanouissement était-il causé par le coup de pied ou par le contre-coup ? venait-il de l'impulsion de mon soulier ou de la répulsion de la muraille ? Voilà ce que je ne sus jamais, et ce que je ne me donnai pas la peine de vérifier, entendant des pas dans la chambre voisine.

Je sautai sur l'ara, toujours sans mouvement, je levai la housse du canapé, je le poussai du pied dans la profondeur ténébreuse du meuble, je laissai retomber la housse, et je m'assis, comme si rien d'extraordinaire ne venait de se passer.

Puis je bandai mon index avec mon mouchoir.

Le colonel Bro entra.

Nous échangeâmes nos compliments, et, comme je tenais ma main dans ma poche, on ne s'aperçut de rien.

Chacun arriva, et l'on partit sans que l'ara, enseveli sous son canapé, eût donné, par un cri ou par un mouvement, signe d'existence.

En arrivant à Enghien, un de nos chasseurs m'apparut la main emmaillottée comme la mienne; cette parité de malheur ouvrit entre nous un courant sympatique. Je lui demandai la cause de son accident. Une porte poussée par le vent s'était violemment refermée, il avait eu la main prise entre le chambranle et la porte, et les doigts entaillés.

Quant à moi, je me contentai de lui dire que je m'étais coupé avec la pierre de mon fusil; — à cette époque, je chassais encore avec un fusil à pierre.

Le chasseur estropié de la même main que moi, c'était le célèbre docteur Ferrus. Lorsqu'il entendit prononcer mon nom, il me demanda si j'étais le fils du général Alexandre Dumas, et, sur ma réponse affirmative, il me raconta cette histoire des quatre fusils de munition enlevés avec les quatre doigts, que j'ai racontée d'après lui, et qu'on a lue au commencement de ces mémoires.

Nous avions avec nous encore, et au nombre de nos chasseurs, un ami de Telleville Arnault, un homme qui était bien certainement une des créatures les plus braves, les plus spirituelles et les plus originales qui eussent jamais existé.

On l'appelait le colonel Morrisel; il portait des lunettes, et ne ressemblait à rien moins qu'un colonel.

Il venait, juste à l'époque où nous sommes arrivés, d'avoir un duel manqué qui avait fait plus de bruit qu'un duel réussi.

Dans ce temps-là, il existait, rue Laffitte, un café où se réunissaient les jeunes gens à la mode.

Il avait nom le café *Français*.

Le principal garçon, fort joueur de billard, nommé Changeur, faisait, un soir, la partie avec un tout petit jeune homme qui trouvait commode de prendre leçon à trois francs la partie liée, lorsque M. le baron de B***, accompagné de l'un de ses amis, entra dans l'établissement. M. le baron de B***, un peu chicaneur par nature, et connu, du reste, par deux ou trois duels heureux ou malheureux, — selon que, doué de plus ou de moins de philanthropie, le lecteur pensera qu'il est heureux ou malheureux de blesser ou de tuer son prochain, — M. le baron de B*** s'approcha du billard, et, sans même s'adresser au jeune homme :

— Changeur, dit-il, fais-nous servir le café, et cède-nous la place.

— Pardon, monsieur le baron, dit Changeur étonné et montrant le jeune homme, c'est que je suis en partie.

— Eh bien, tu quitteras ta partie, voilà tout !

— Monsieur, dit timidement et poliment le jeune homme, nous n'avons plus que quelques points à faire ; dans dix minutes, le billard sera à vous.

— Ce n'est pas dans dix minutes, c'est tout de suite que je le demande... Allons, allons, Changeur, donne-moi ta queue, mon garçon.

Morrisel, déjà vieux, grisonnant, maigre, malingre, de pauvre et chétive apparence, prenait sa tasse de café dans un coin.

— Changeur, dit-il sans se lever, et d'une voix flûtée qui contrastait étrangement avec les paroles qu'elle prononçait; Changeur, mon ami, je te défends de céder le billard.

— Cependant, monsieur, répond Changeur fort embarrassé, puisque M. le baron de B*** veut que je lui donne ma queue.

— Si tu donnes ta queue à M. le baron, Changeur, je la reprends des mains de M. le baron, et je te la casse sur la tête !

M. le baron de B*** vit bien que Changeur n'était que le fil électrique.

Il avait, en effet, reçu le coup; il se retourna vers celui qui le portait.

— Mais il me semble, monsieur, dit-il, que vous avez envie d'avoir une querelle avec moi ?

— Je suis charmé, monsieur, que vous ayez la vue si juste !

— Et à quel propos me cherchez-vous cette querelle?

— Mais parce que vous abusez de votre force envers ce jeune homme, et que tout abus d'une force quelconque me semble odieux.

— Savez-vous qui je suis, monsieur? dit le baron de B*** en s'avançant d'un air menaçant vers Morrisel.

— Oui, monsieur, répondit celui-ci en relevant tranquillement ses lunettes ; vous êtes M. le baron de B*** ; vous avez tué M. un tel en duel, et blessé M. un tel ; je sais cela.

— Et vous vous opposez toujours à ce que l'on me cède le billard?

— Je m'y oppose plus que jamais!

— Soit, monsieur ; mais vous comprenez que je me regarde comme insulté par vous?

— Je ne m'y oppose pas, monsieur.

— En conséquence, demain, à six heures du matin, nous nous retrouverons, s'il vous plaît, au bois de Vincennes ou au bois de Boulogne.

— Monsieur, j'ai vingt-cinq ans de plus que vous, ce qui fait que j'aime à dormir ; d'ailleurs, je suis joueur : en général, je joue toutes les nuits, ce qui fait que je ne me couche pas avant cinq heures, et ne me lève guère avant midi. Puis, après m'être levé, je fais ma toilette ; c'est une habitude prise depuis trop longtemps pour que j'y renonce. Ma toilette faite, mon domestique me sert à déjeuner. Après mon déjeuner, je viens ici prendre mon café, comme vous voyez ; je suis très-méthodique. Tout cela me conduit à deux heures. Donc, demain, si cela vous convient, à deux heures et demie, mais à deux heures et demie seulement, je serai à votre disposition.

— A deux heures et demie, soit, monsieur ; voici ma carte.

Morrisel l'examine avec attention, fait un salut approbatif, la met dans sa poche, tire deux cartes à son adresse, en présente une à M. le baron de B***, et enveloppe l'autre dans un billet de cinq cents francs.

Puis, appelant, tandis que le baron de B*** le regarde faire:

— Changeur, dit-il, voici un billet de cinq cents francs.

— Est-ce que monsieur règle son compte? demande Changeur.

— Non pas, mon ami.

— Que dois-je faire, alors, du billet de cinq cents francs?

— Prends, d'abord, la mesure de monsieur.

Changeur regarde tout ébahi le baron de B***.

— Oui, dit Morrisel, et, quand tu auras pris sa mesure, tu t'en iras aux pompes funèbres.

— Aux pompes funèbres?...

— Oui, Changeur, et tu y commanderas, en mon nom, — au nom du colonel Morrisel, tu entends bien? — un convoi de première classe pour M. le baron de B***. Tu entends, de première classe! — je sais que c'est davantage; mais les cinq cents francs ne sont qu'un à-compte; — ce qu'il y a de mieux en convois, tu comprends, Changeur?

M. le baron de B*** voulut prendre la chose en riant.

— Monsieur, dit-il, il me semble que vous auriez bien pu laisser à ma famille le soin de ces détails.

— Non pas, monsieur le baron; votre famille est ruinée, à ce que l'on dit; elle pourrait bien faire mesquinement les choses. M. le baron de B***, enterré avec un corbillard de seconde, ou un drap de troisième classe, fi! J'ai tué vingt-deux hommes en duel dans ma vie, monsieur le baron, et j'ai toujours fait les frais de leur enterrement. Rapportez-vous-en à moi, vous serez enterré noblement. Je veux qu'en voyant passer votre convoi, ceux qui ne vous connaissaient pas, disent : « Oh! oh! qu'est-ce que ce magnifique enterrement? » Alors, comme il passera sur le boulevard, Changeur répondra : « C'est celui de M. le baron de B***, le fameux duelliste, vous savez. Il avait cherché brutalement querelle à un jeune homme qui ne pouvait se défendre; le colonel Morrisel était là; il a pris fait et cause pour le jeune homme, et a tué, ma foi, le baron de B*** du premier coup! » Ce sera d'un bon exemple pour les impertinents et les duellistes... Au revoir, monsieur le baron de B***, à demain; vous savez mon adresse, envoyez-moi vos témoins; vous avez le choix des armes.

Puis, se retournant vers le garçon :

— Et toi, Changeur, mon ami, tu entends, de première classe! tout ce qu'il y a de mieux! il n'y a rien de trop beau pour M. le baron de B***!

Et il abaissa ses lunettes, prit son parapluie, et sortit.

La querelle avait fait grand bruit. Le lendemain, dès midi, le café *Français* était encombré de curieux qui désiraient savoir ce qui s'était passé, surtout ce qui se passerait.

A une heure, Morrisel arriva comme d'habitude, ses lunettes sur le nez, son parapluie à la main.

Tout le monde s'ouvrit devant lui.

Morrisel salua avec sa courtoisie ordinaire, alla prendre sa place accoutumée, et appela Changeur.

Celui-ci accourut.

— Changeur, dit-il, mon café.

Changeur s'empressa de servir Morrisel.

Morrisel faisait flegmatiquement fondre son sucre jusqu'au dernier atome, lorsque M. le baron de B*** entra au café.

Il s'avança vers Morrisel, qui releva ses lunettes et répondit, le sourire sur les lèvres, au salut de son adversaire.

— Monsieur le comte, dit le baron, lorsque je vous provoquai hier, je n'étais point à jeun; aujourd'hui, je vous fais mes excuses, veuillez les accepter. J'ai fait mes preuves, et je puis vous parler ainsi, sans que mes paroles nuisent à ma réputation.

— Cela vous regarde, monsieur le baron, dit Morrisel.

Puis, se retournant vers Changeur :

— Changeur, allez dire aux pompes funèbres que l'enterrement de M. le baron est remis indéfiniment.

— C'est inutile, dit Changeur; j'avais cru pouvoir me permettre d'attendre. Voici le billet, colonel.

— Alors, mon ami, demandez mon compte au maître de l'établissement.

Changeur s'approcha du comptoir, et revint avec une note détaillée.

— Ah! dit Morrisel en abaissant ses lunettes, neuf cents francs! Tenez, Changeur, voici un autre billet de cinq cents francs, la différence est pour le garçon.

Puis, ayant achevé son café avec son flegme habituel, il abaissa ses lunettes, prit son parapluie, et sortit au milieu des applaudissements des consommateurs et des curieux.

Autant que je puis me le rappeler, Godefroy Cavaignac avait fait sur cette anecdote une charmante nouvelle.

Morrisel était joueur comme les cartes, et jouait aussi gros jeu qu'on voulait. Un soir qu'il y avait raout chez madame Regnault de Saint-Jean-d'Angely ou chez madame Davilliers, je ne me rappelle plus bien, nous entendîmes une petite discussion à une table d'écarté sur laquelle il n'y avait pas vingt-cinq louis. Nous nous approchâmes et demandâmes la cause de cette discussion.

Morrisel tenait les cartes; il venait de passer sept fois, et il avait gagné six cent mille francs — je mets exprès le chiffre en toutes lettres — à M. Hainguerlot.

M. Hainguerlot prenait les cartes et demandait sa revanche de six cent mille francs en un seul coup.

Morrisel offrait la revanche de cinq cent mille en partie liée, et, tout en courant la chance de garder cent mille francs du célèbre banquier, il se regardait encore — ce qui était incontestable — comme un fort beau joueur; car, enfin, en se levant de table et en faisant *charlemagne*, il se constituait du coup trente mille livres de rente; ce qui, pour un colonel en retraite, forme un assez joli denier.

La chose discutée, chacun fit une concession.

M Hainguerlot se contenta d'un enjeu de cinq cent mille francs.

Morrisel renonça à la partie liée.

On nomma deux témoins de chaque côté, comme on eût fait dans un duel.

Morrisel perdit.

Il se leva avec le même flegme que s'il se fût agi d'un demi-napoléon. Il est vrai qu'il gagnait encore cent mille francs.

L'été, Morrisel habitait quelquefois la campagne de madame Hamelin, située au Val, près de Saint-Leu-Taverny. Un jour d'ouverture de chasse, il se hasarda sur les terres de la commune de Frépillon, où, ayant rencontré le garde champêtre, celui-ci le menaça énergiquement d'un procès-verbal en cas de récidive.

Morrisel était invité à dîner pour le dimanche suivant au château de madame Regnault de Saint-Jean-d'Angely, situé de l'autre côté du territoire prohibé.

Le dimanche suivant Morrisel, de peur de passer inaperçu sur le susdit territoire, prend le bedeau, le serpent et les quatre chantres, en fait un immense six de carreau, se place au milieu, et traverse le territoire de Frépillon, chassant avec accompagnement de chant grégorien.

Il arriva chez madame Regnault de Saint-Jean-d'Angely, suivi de tout le village, dont cette manière de chasser, inusitée jusqu'alors, avait vivement excité la curiosité.

Le pauvre Morrisel trépassa à la suite d'une maladie cruelle. Malgré la sonde, malgré la pierre infernale, malgré Civiale, malgré Pasquier, malgré Dupuytren, il en était arrivé à boire très-bien, mais à ne pouvoir, une fois absorbée, rendre une seule goutte de la liqueur qu'il avait bue.

On prolongea sa vie à force de transpirations.

Enfin, un jour, ne comprenant pas très-bien ce que les médecins lui disaient sur sa maladie, il demanda si l'on ne pourrait pas, avant qu'il mourût lui-même, se procurer à un hôpital quelconque un sujet mort de la maladie dont il allait mourir.

Les médecins lui dirent que c'était possible, et se mirent en quête.

Trois ou quatre jours après, ils vinrent lui dire que le sujet était trouvé.

Morrisel l'acheta au prix ordinaire, — six francs, je crois, — fit apporter le cadavre près de son lit, le fit coucher sur une table, et pria un des docteurs d'en faire l'autopsie.

L'autopsie faite, Morrisel eut la satisfaction de se rendre exactement compte de la maladie dont il était atteint, et, content désormais, s'apprêta à mourir tranquille, opération qu'il accomplit, il faut le dire, avec un merveilleux courage.

Pour en revenir à l'ara de la rue des Martyrs, quinze jours après, en revenant chez le colonel Bro, pour une chasse pareille à la première, j'eus l'étonnement de le retrouver sur son perchoir.

Cependant, au bout de quelques secondes, son immobilité m'étonna.

Je m'approchai : il était empaillé !

— Tiens! dis-je au colonel, votre pauvre Jacquot est donc mort?

— Ah! oui, c'est vrai, me dit le colonel. On m'avait dit une chose singulière, et dont j'avais toujours douté : c'est que certains animaux se cachaient pour mourir... de là venait qu'on ne retrouvait pas leur cadavre...

— Eh bien?

— Eh bien, imaginez-vous que le malheureux perroquet, pour mourir, a été se cacher au plus profond du canapé; on l'a cru perdu d'abord; on l'a cherché de tous les côtés, et, enfin, on l'a retrouvé là, le lendemain de notre chasse.

— Il mordait? demandai-je timidement au colonel Bro.

— Lui? Jamais! répondit le colonel.

Je fis un mouvement pour montrer au colonel mon doigt, encore mal cicatrisé; mais je réfléchis qu'il valait mieux laisser le colonel dans l'ignorance des défauts du caractère de son perroquet, et dans la conviction qu'il était mort, comme on dit, de sa belle mort.

Aujourd'hui que les ans ont passé sur cet événement, et qu'il ne reste probablement plus une seule plume du malheureux Jacquot, j'avoue humblement mon crime, et j'en demande pardon à qui de droit.

CXI

Barthélemy et Méry. — M. Éliça Gallay. — Méry joueur de dominos et anatomiste. — L'*Épître à Sidi Mahmoud*. — Le libraire Ponthieu. — Soulé. — *La Villéliade*. — L'imprimeur Barthélemy. — Méry improvisateur. — Les *Vœux de la nouvelle année*. — Pastiche de *Lucrèce*.

Nous avons parlé, au commencement du chapitre précédent, des poëtes prophètes; parlons un peu des poëtes soldats.

Au nombre de ceux-là, les plus vaillants, les plus assidus, ceux qui ont fait le plus rude travail comme mineurs, ceux qui ont livré les plus rudes assauts comme combattants, sont bien certainement MM. Barthélemy et Méry.

Marseillais tous deux, ils se connaissaient cependant à peine en 1825. M. Méry n'avait jamais quitté Marseille, et M. Barthélemy, après l'avoir quittée enfant, n'y était presque jamais revenu.

M. Barthélemy, que nous appellerons Barthélemy tout court, si on le veut bien, avait été élevé au collége de Juilly, et y avait reçu une excellente éducation grecque et latine; il avait fait à Marseille, dans le genre de Mathurin Régnier, une satire qui avait fait beaucoup de bruit, mais sans jamais être imprimée, lorsqu'il publia, à propos du sacre, une *Ode à Charles X*.

Perdu dans le succès qu'obtinrent, à cette époque, des rivaux déjà illustres, quand il était encore inconnu, Barthélemy vit son ode passer inaperçue, et, cependant, il y avait dans cette ode quelques strophes remarquables, et entre autres celle-ci, adressée à Camoens :

> Et toi, chantre fameux des conquérants de l'Inde,
> Fier de ton indigence et des lauriers du Pinde,
> Tu nageais sur les flots de l'abîme irrité,
> Et du double trépas vainqueur digne d'envie,
>   D'une main tu sauvais ta vie,
> De l'autre tu sauvais ton immortalité!

Barthélemy avait hérité un certain patrimoine de son père, et le mangeait tranquillement hôtel du *Grand-Balcon*, rue Traversière, n° 11.

Méry aussi avait débuté, et, pour son début, à l'âge de dix-huit ans, il avait été condamné à huit mois de prison.

Ce début était une brochure contre M. Élica Gallay.

Quand, après vingt-cinq ans écoulés, on se retourne et qu'on revient sur l'ancien sentier de sa vie, on est tout étonné d'y retrouver des noms d'hommes et de choses complètement oubliés et qui, cependant, à une certaine époque, causèrent dans la société des oscillations éteintes dans tous les souvenirs depuis que l'équilibre s'est rétabli.

M. Éliça Gallay était inspecteur de l'Université.

Un jour, il arriva à Marseille, et fit, comme d'habitude, un discours au collége royal.

Dans ce discours, on remarquait cette phrase que nous reproduisons textuellement dans son sens, sinon dans son texte :

« Messieurs, il faut avoir deux poids et deux mesures. Quand un élève sera royaliste et religieux, il faut lui tout pardonner ; quand il sera libéral, il faut être envers lui de la plus grande sévérité. »

L'emploi de ces *deux poids* et de ces *deux mesures*, qui eut un grand retentissement dans les journaux du temps, révolta Méry : il fit contre M. Éliça Gallay une brochure un peu vive, à ce qu'il paraît, et cette brochure, comme nous l'avons dit, valut à son auteur huit mois de prison.

Méry n'avait à Marseille aucune ressource ; il avait le commerce en antipathie, il faisait des vers avec la plus grande facilité, et il jouait aux dames en joueur de première force.

Il ne fallait pas penser au commerce, il ne fallait pas compter sur la poésie : Méry résolut donc d'utiliser le jeu, qui, porté au point où il le possédait, devient un art.

Il partit pour Paris dans l'intention d'y vivre *en jouant aux dames*.

Il y arriva à vingt et un ans, se logea rue des Petits-Augustins, n° 11, chez madame Caldairon, avec Achille Vaulabelle, l'auteur des *Deux Restaurations*, et commença une existence partagée entre l'étude de la géologie sous Cuvier, et le perfectionnement du jeu de dames, avec les premiers amateurs du café *Manoury*.

Il jouait donc aux dames au café *Manoury*, et étudiait la géologie au Jardin des Plantes.

En jouant à dix sous la partie, — jamais davantage, — Méry se fit, pendant un an, un revenu de dix francs par jour.

D'un autre côté, il ne manquait pas une leçon d'anatomie

comparée, et Cuvier, qui n'avait pas d'auditeur plus assidu que lui, le tenait en grande amitié, et lui prédisait sa survivance géologique.

Les choses, d'ailleurs, se présentaient à merveille pour l'avenir de notre Marseillais : madame Caldairon, qui l'adorait, voulait lui faire épouser une jeune marchande de modes très en vogue à cette époque, et dont la maison, l'une des plus accréditées de Paris, rapportait vingt-cinq ou trente mille francs par an. Le mariage était arrêté; Méry souriait à un avenir de paille de riz, et de rubans bleus et roses, lorsque, par une fraîche soirée de février 1826, la jeune fiancée, forcée de traverser le pont des Arts au bras de Méry, faute d'un fiacre, cherché inutilement quai Voltaire et rue Jacob, fut prise d'un refroidissement, atteinte d'une maladie de poitrine, et mourut en trois jours.

Méry se trouva veuf, sans avoir été marié.

Il se crut condamné à des larmes éternelles; mais les dames et la géologie ont de puissantes consolations, et, sans avoir oublié la pauvre morte, Méry se trouva, un matin, la tête assez libre pour dire à Barthélemy :

— Mon cher, savez-vous qu'un homme qui ferait dans ce moment-ci de la satire aurait une place superbe à prendre en politique et en poésie?

— Avez-vous une idée? demanda Barthélemy.

— Oui, certes.

— Laquelle?

— Une *Épître à Sidi Mahmoud*.

Vous avez oublié ce que c'était que Sidi Mahmoud, n'est-ce pas? Eh bien, je vais vous le dire.

C'était un envoyé de notre ami le bey de Tunis, — un peu moins notre ami, à cette époque-là, qu'il ne l'est aujourd'hui, — et qui venait féliciter Charles X sur son avènement à la couronne.

Sidi Mahmoud avait été reçu solennellement, le 5 mai, au ministère des affaires étrangères, par M. le baron de Damas, ayant autour de lui des pairs, des députés et des officiers généraux.

Au moment où l'huissier avait annoncé l'ambassadeur, tout le monde s'était levé, excepté M. de Damas, qui, représentant le roi de France, était resté assis et couvert. M. de Damas avait salué l'ambassadeur d'un geste de sa main, et lui avait fait signe de s'asseoir. L'ambassadeur avait, alors, remis ses lettres, et s'était assis. Un interprète arabe avait traduit les lettres.

Paris, qui n'avait pas grand'chose à faire en ce moment-là, était purement et simplement préoccupé de Sidi Mahmoud, de ses trente ans, de sa belle tête brune, de son dolman blanc brodé en soie bleu de ciel et rattaché avec des agrafes d'or, des deux châles qui formaient son turban, et du cachemire qu'il portait sur son épaule.

Méry avait donc parfaitement raison : le cadre était excellent; Barthélemy le reconnut comme lui et avec lui. Malheureusement, il partait pour Londres.

— Faites votre épître tout seul, dit-il à Méry, et, à mon retour, nous parlerons satire.

Barthélemy partit pour Londres, et Méry composa son épître.

L'épître composée, le travail le plus difficile n'était pas accompli : il s'agissait, maintenant, de la faire imprimer.

Méry porta son épître à Ponthieu, qui se récria : personne ne lisait plus de vers! Méry eut beau répondre par les vingt éditions de Casimir Delavigne, par les quinze éditions de Béranger, par les douze éditions de Lamartine, par les dix éditions de Victor Hugo; à chaque nom que prononçait Méry, Ponthieu disait : « Oh! M. Casimir Delavigne, c'est autre chose! — Oh! M. Béranger, c'est autre chose! — Oh! M. Victor Hugo, c'est autre chose! — Oh! M. Lamartine, c'est autre chose! » Ce qui veut dire, en langue d'imprimeur : « Mon cher monsieur, tous les gens dont vous me parlez là ont un nom et du talent, et vous n'avez ni l'un ni l'autre. »

Méry, battu, repoussé, chassé, fit retraite, son épître à la main.

On lui avait parlé d'un autre imprimeur nommé Béraud. Malheureusement, cet imprimeur-là avait une opinion, il était gouvernemental.

Méry résolut de lui présenter son ode comme une pièce de poésie en l'honneur de M. de Villèle.

L'intelligence de l'imprimeur ferait le reste.

Méry ne se trompait pas. L'imprimeur lut *l'Épître à Sidi Mahmoud,* en fut très-content, et offrit de l'imprimer, à la condition qu'on le rembourserait sur les premiers exemplaires vendus.

On tira l'œuvre à deux mille. Les deux mille exemplaires disparurent en moins de huit jours.

Sur ces entrefaites, Barthélemy revint de Londres.

A son arrivée à Paris, il apprit le succès de l'épître, et, saisissant la balle au bond avant qu'elle fût morte, il fit une autre épître intitulée : *Adieux à Sidi Mahmoud,* qui eut presque autant de succès que la première.

Dans l'intimité de Méry et de Barthélemy vivait, à cette époque, un des rédacteurs principaux du journal *le Nain jaune;* ce rédacteur se nommait Soulé. Il venait d'être condamné à deux mois de prison, pour un article de Santo-Domingo ; il ne voulait pas faire ses deux mois de prison. Il avait, par hasard, avec Barthélemy une ressemblance physique qui permettait qu'il se servît de son passe-port. Barthélemy le lui prêta. Soulé partit pour Londres, de Londres passa aux États-Unis, et est aujourd'hui le premier avocat de la Nouvelle-Orléans, où il gagne cent mille francs par an.

Pendant ce temps, Méry faisait seul son *Épître à M. de Villèle.*

Ces publications toutes chaudes d'opposition, de raillerie et d'esprit du moment, avaient le plus grand succès. Deux poëtes de plus venaient de s'inscrire au catalogue des poëtes.

Ils résolurent, alors, suivant la même route, de lier leurs deux plumes, et ils publièrent sous leur double nom *la Villéliade,* qui eut quinze éditions.

Seulement, *la Villéliade* faite, restait, comme pour *l'Épître à Sidi Mahmoud,* la grande question de savoir quel libraire oserait l'éditer.

Les libraires craignaient trois choses : l'amende, la prison, le retrait de leur brevet.

Méry et Barthélemy allèrent chez tous les libraires de leur connaissance, offrant leur poëme; chacun de ceux auxquels ils s'adressaient acceptait d'abord, puis lisait un chant ou deux, puis rendait le manuscrit en secouant la tête, et en disant :

— Édite votre poëme qui voudra, ce ne sera pas moi!

Les deux collaborateurs reprenaient leur manuscrit, et faisaient près d'un autre libraire une nouvelle tentative qui avait le même résultat.

Quand on eut épuisé la liste des libraires connus, on passa aux imprimeurs avec lesquels on avait eu des relations.

Les imprimeurs étaient dans la situation des libraires. Ils craignaient, comme nous l'avons dit, l'amende, la prison, le retrait de leur brevet : ils refusèrent.

C'était triste de rester avec cinq ou six mille vers sur les bras. Et quels vers! Des vers qu'un mois après, la France entière devait savoir par cœur.

Méry proposa de faire une nouvelle tentative près d'un imprimeur tout à fait inconnu. C'était un remède désespéré; mais les remèdes désespérés sauvent parfois le malade.

On ouvrit un *Annuaire de la librairie*, pour y chercher un nom d'imprimeur qui, par l'assemblage de ses lettres, sa signification ou sa consonnance, donnât quelque espoir aux yeux ou à l'oreille des deux poëtes.

Il y avait un imprimeur qui se nommait Auguste Barthélemy; il demeurait rue des Grands-Augustins, n° 10.

Le nom parut de bon augure aux deux auteurs. Ils reprirent leur manuscrit, et se présentèrent chez M. Barthélemy.

Ils trouvèrent un grand jeune homme, au front intelligent, au regard doux mais ferme, à la figure ouverte et bienveillante.

Ils lui exposèrent leur embarras.

— Votre œuvre est donc une œuvre d'opposition? demanda-t-il.

— Oui, monsieur.

— Très-vigoureuse?

— Trop vigoureuse, à ce qu'il paraît.

— Et il y a du risque à l'imprimer?
— On le dit.
— Eh bien, j'imprime votre œuvre, et je cours le risque...

Les deux poëtes tendirent chacun une main; M. Barthélemy tendit les deux mains.

Dix jours après, *la Villéliade,* pour laquelle il avait fait les avances d'impression, de papier, de brochage, etc., paraissait et se vendait, comme nous l'avons dit, à quinze éditions!

Cet imprimeur, qui faisait de l'opposition sous les Bourbons, qui en a fait sous Louis-Philippe, était notre bon et brave ami Auguste Barthélemy, depuis représentant d'Eure-et-Loir à la Constituante et à la Législative. Forcé de s'expatrier après le 2 décembre, il est resté cinq mois à Bruxelles, et aujourd'hui, rentré en France, et ayant refusé de prêter serment comme conseiller général, il habite son château de Levéville, à une lieue de Chartres. — Hâtons-nous de dire que ce n'est pas sur ses économies d'imprimeur qu'il a acheté ce château; hélas! non; sa loyauté commerciale, dont on vient de voir un exemple, lui a coûté, au contraire, quelque chose comme cent cinquante ou deux cent mille francs!

Voilà l'histoire de *la Villéliade.*

Au reste, dans les notes du sixième chant de *l'Énéide,* Barthélemy dit que le poëme est de Méry seul.

J'ai peu connu Barthélemy; à peine l'ai-je vu une ou deux fois dans ma vie; mais j'ai beaucoup connu Méry. Il a été, il est, et sera toujours probablement un de mes meilleurs amis.

Et ces amis, je puis les compter facilement : j'en ai deux ou trois, en cherchant bien, quatre peut-être!

Vous voyez que, si petite que fût ma maison, en supposant que j'eusse une maison, elle ne serait pas pleine.

Rien n'était plus étrange pour la dissemblance physique et morale que cette association de Méry et de Barthélemy. — Barthélemy est de haute taille; Méry, de taille ordinaire; Barthélemy est froid comme une glace; Méry, ardent comme une flamme; Barthélemy, muet et concentré; Méry, loquace et tout en dehors. Barthélemy manque d'esprit dans la conversation; Méry est une cascade de mots, un paquet d'étincelles, un feu d'artifice. Méry — et j'abandonne ici la comparaison — sait tout ou à peu près tout ce qu'on peut savoir. Il connaît la Grèce comme Platon, Rome comme Vitruve, l'Inde comme Hérodote; il parle latin comme Cicéron, italien comme Dante, anglais comme lord Palmerston.

Mélomane au premier chef, un jour qu'il disputait avec Rossini :

— Tenez, dit-il à l'auteur de *Moïse* et de *Guillaume Tell*, laissez-moi tranquille, vous n'entendez rien à la musique !

Et Rossini lui répondit :

— C'est vrai.

L'homme le plus spirituel a ses bons et ses mauvais jours, ses lourdeurs et ses allégements de cerveau. Méry n'est jamais fatigué, Méry n'est jamais à sec. Quand, par hasard, il ne parle pas, ce n'est point qu'il se repose, c'est tout simplement qu'il écoute ; ce n'est point qu'il est fatigué, c'est qu'il se tait. Voulez-vous que Méry parle ? Approchez la flamme de la mèche et mettez le feu à Méry, Méry partira ! Laissez-le aller, ne l'arrêtez plus ; et, que la conversation soit à la morale, à la littérature, à la politique, aux voyages, qu'il soit question de Socrate ou de M. Cousin, d'Homère ou de M. Viennet, de Napoléon ou du président, d'Hérodote ou de M. Cottu, vous aurez la plus merveilleuse improvisation que vous ayez jamais entendue.

Puis, — chose incroyable ! — au milieu de tout cela, jamais une médisance sur un ami !

Si Méry a touché le bout des doigts d'un homme, tout le corps lui est sacré.

Et, en effet, qui rend l'homme méchant ? L'envie ! Que voulez-vous qu'envie Méry ?

Il est savant comme l'était Nodier ; il est poëte comme nous tous ensemble ; il est paresseux comme Figaro, spirituel comme... comme Méry ; c'est à mon avis une très-belle position en littérature.

Quant à la facilité de Méry, elle est devenue proverbiale ; j'en citerai deux exemples.

Un soir du 31 décembre, où l'on parlait de cette facilité, et où je ne sais plus quel saint Thomas littéraire la révoquait en doute, Méry demanda qu'on voulût bien lui imposer un certain nombre de bouts-rimés qu'il s'engageait à remplir à l'instant même.

Nous nous réunîmes, et nous trouvâmes, à grand renfort d'imagination, les rimes suivantes :

>Choufleur,
>Trouble,
>Souffleur,
>Rouble.
>
>Clairon,
>Dune,
>Perron,
>Lune.
>
>Fusil,
>Coude,
>Grésil,
>Boude.
>
>Nacarat,
>Conque,
>Baccarat,
>Quelconque.
>
>Argo,
>Jongle,
>Camargo,
>Ongle.

En moins de temps que nous n'en avions mis à trouver les rimes, Méry composa les vers suivants :

VŒUX DE LA NOUVELLE ANNÉE.

A tous nos Curtius je souhaite un choufleur ;
A nos législateurs, des séances sans trouble ;
A l'acteur en défaut, un excellent souffleur ;
Aux Français en Russie, un grand dédain du rouble.

A Buloz, le retour de Mars et de Clairon;
Aux marins, le bonheur de vivre sur la dune;
A la Sainte-Chapelle, un gothique perron;
A l'apôtre Journet, l'amitié de la lune.

Au soldat citoyen, l'abandon du fusil;
A l'écrivain public, un coussin pour son coude;
A moi, l'hiver sans froid, sans neige et sans grésil;
Un soleil qui jamais dans un ciel gris ne boude.

Au Juif errant, un banc de velours nacarat;
A l'Arabe au désert, des eaux à pleine conque;
Au joueur, un essaim de neuf au baccarat;
A l'homme qui s'ennuie, une douleur quelconque.

A Leverrier, un point dans le signe d' Argo;
Au tigre du Bengale, un Anglais dans la jongle;
Aux danseuses du jour, les pieds de Camargo;
A l'auteur qu'on attaque, une griffe pour ongle!

Un autre soir, c'était chez madame de Girardin; il était fort question, à cette époque, de la *Lucrèce* de Ponsard. L'Académie, haineuse et aux abois, avait absolument besoin, ayant tant de haine, de simuler au moins un amour; l'Académie, qui ne connaissait pas un mot de *Lucrèce*, la vantait, la prônait, l'exaltait; c'était d'avance la fille adoptive de toutes ces impuissances, qui, n'ayant jamais fait d'enfants, en sont réduits à caresser les enfants des autres; c'était, enfin, une œuvre qu'on allait avoir à opposer à *Marion Delorme* et à *Lucrèce Borgia*, à *la Maréchale d'Ancre* et à *Chatterton*, à *Antony* et à *Mademoiselle de Belle-Isle*. Il y avait donc liesse au palais Mazarin.

En attendant l'apparition du chef-d'œuvre, chacun en parlait à son point de vue.

Je connaissais *Lucrèce*, je l'avais entendue. Je savais que c'était une estimable tragédie de collège, consciencieusement faite par son auteur, qui, peut-être un peu ignorant des âges romains, me semblait avoir confondu la Rome des rois avec celle des empereurs, Sextus Tarquin avec Caligula, Tullie avec Messaline ; mais, enfin, je soutenais que l'œuvre, toute dépourvue qu'elle était d'imagination et de drame, méritait d'être écoutée à cause de la forme, lorsque Méry dit :

— Moi, je propose de faire une *Lucrèce*, et de la faire jouer avant que la *Lucrèce* de Ponsard soit jouée elle-même. On l'annonce pour le 25 du mois ; — nous sommes le 22 ; — elle ne sera jouée que le 30. C'est plus de temps qu'il n'en faut pour faire deux mille vers, pour les lire, les distribuer, les répéter et les jouer.

— Combien vous faut-il pour faire la tragédie? dis-je à Méry.

— Dame! à quatre cents vers l'acte, cinq actes, c'est cinq jours.

— Ainsi, demain au soir, vous pourriez nous donner le premier acte ?

— Demain au soir, oui.

Nous primes rendez-vous pour le lendemain au soir, sans compter aucunement sur le premier acte de *Lucrèce*.

Le lendemain, tout le monde était exact au rendez-vous.

Nous nous transformâmes en comité de lecture. On apporta un verre d'eau à Méry. Il s'assit à la table ; nous fîmes cercle à l'entour. Il tira son manuscrit de sa poche, toussa, trempa l'extrémité de ses lèvres dans l'eau, et lut les scènes suivantes.

Il n'avait pas fini l'acte parce qu'il avait été dérangé ; mais il offrait de terminer, séance tenante, ce qu'il en manquait.

LUCRÈCE

TRAGÉDIE

SCÈNE PREMIÈRE.

La maison de l'aruspice Faustus, c'est-à-dire une vaste treille à mi-côte du mont Quirinal. A gauche, la façade d'une maison en briques rouges ; devant la porte, un autel supportant un dieu pénate en argile ; au pied du Quirinal, dans un fond lumineux, le Champ de Mars bordé par le Tibre.

FAUSTUS, *seul, à l'autel de ses dieux.*

Dieu pénate d'argile, ô mon dieu domestique!
Un jour, tu seras d'or, sous un riche portique,

Tel que Rome en prépare à nos dieux immortels
Et le sang des taureaux rougira tes autels.
Mais, aujourd'hui, reçois avec un œil propice
La prière et le don du pieux aruspice ;
Ces fruits qu'une vestale a cueillis, ce matin,
Dans le verger du temple, au pied de l'Aventin,
Et ce lait pur qui vient de la haute colline
Où, la nuit, on entend une voix sibylline,
Quand le berger craintif suspend aux verts rameaux
La flûte qu'un dieu fit avec sept chalumeaux.
L'aube sur le Soracte annonce sa lumière ;
Si j'apporte déjà mon offrande première,
C'est qu'une grande voix a retenti dans l'air ;
C'est que la foudre, à gauche, a grondé sans éclair,
Et que, dans cette nuit sombre et mystérieuse,
A gémi l'oiseau noir aux branches de l'yeuse.
O dieu lare ! dis-moi quel forfait odieux
Doit punir aujourd'hui la colère des dieux,
Afin que le flamine et la blanche vestale
Ouvrent du temple saint la porte orientale,
Et qu'au maître des dieux, dans les rayons naissants,
Montent avec le jour la prière et l'encens.

SCÈNE II.

FAUSTUS, BRUTUS, *en tunique de couleur brune, comme un laboureur suburbain.*

BRUTUS.

Que les dieux te soient doux, vieillard, et que Cybèle
Jamais dans tes jardins n'ait un sillon rebelle !
La fatigue m'oppresse ; à l'étoile du soir,
Hier, je vins à la ville...

FAUSTUS.

                Ici, tu peux t'asseoir.
Modeste est ma maison, étroite est son enceinte ;
Mais j'y vénère encor l'hospitalité sainte,
Et j'apaise toujours la faim de l'indigent,
Comme si mon dieu lare était d'or ou d'argent.

BRUTUS.

Je le sais.

FAUSTUS.

Quelle rive, étranger, t'a vu naître?

BRUTUS.

Quand les dieux parleront, je me ferai connaître.
Ma mère est de Capène; elle m'accoutuma,
Tout enfant, à servir les grands dieux de Numa.
Du haut du Quirinal, on voit ma bergerie
Sous le bois saint aimé de la nymphe Égérie,
Et jamais le loup fauve, autour de ma maison,
Ne souilla de ses dents une molle toison.

FAUSTUS.

Et quel secret dessein à la ville t'amène?

BRUTUS.

La liberté!... Jadis Rome était son domaine,
Lorsque les rois pasteurs, sur le coteau voisin,
Pauvres, se couronnaient de pampre et de raisin;
Lorsque le vieux Évandre arrivait dans la plaine,
Pour présider aux jeux, sous un sayon de laine,
Et que partout le Tibre admirait sur ses bords
Des vertus au dedans et du chaume au dehors...
Mais ces temps sont bien loin! Tout dégénère et tombe!
Le puissant Romulus doit frémir dans sa tombe,
En écoutant passer sur son marbre divin
Des rois ivres d'orgueil, de luxure et de vin!

FAUSTUS.

Jeune homme, la sagesse a parlé par ta bouche.
Ton regard est serein; ta voix rude me touche.
Non, tu n'es pas de ceux qui vont à nous, rampant
Sous l'herbe des jardins, comme fait le serpent;
Infâmes délateurs qui touchent un salaire
En révélant au roi la plainte populaire,
Et livrent au bourreau, sous l'arbre du chemin,
Tout citoyen encor fier du nom de Romain...

BRUTUS.

Prêtre, écoute ton fils. — Tu te souviens, sans doute,
D'un nom sacré, d'un nom que le tyran redoute,
D'un nom qui flamboyait sur le front d'un mortel,
Comme un feu de Cybèle allumé sur l'autel,
De Brutus?

FAUSTUS.

Sa mémoire est-elle ensevelie?
Ce nom est-il de ceux que le Romain oublie?
Il vivra tant qu'un prêtre en tunique de lin
Dira l'hymme de Rome au dieu capitolin!
Je l'ai connu! J'ai vu s'incliner, comme l'herbe,
Ce héros sous le fer de Tarquin le Superbe!...
Il est mort! Morts aussi tous ses nobles parents,
Hécatombe de gloire immolée aux tyrans!

BRUTUS.

Prêtre, il lui reste un fils.

FAUSTUS.

Je le sais : corps sans âme!
Noble front que le ciel a privé de sa flamme!
Ombre errante qui va demander sa raison
Au sang liquide encore au seuil de sa maison!

BRUTUS.

C'est un faux bruit : sa main à la vengeance est prête;
Minerve a conservé sa raison dans sa tête.
Son père lui légua son visage, sa voix,
Sa vertu...

FAUSTUS, *s'écriant*.

Dieux, je veux l'embrasser!

BRUTUS.

Tu le vois.

FAUSTUS.

Ih!...

(*Serrant Brutus dans ses bras*).
Les dieux quelquefois jettent sur la paupière

Un voile, comme ils font aux images de pierre;
La vieillesse est aveugle! Oh! je te reconnais!
Je rentre dans la vie... Oui, mon fils, je renais!
O dieu lare, pourquoi ton funèbre présage?
Oui, voilà bien son pas, son regard, son visage,
Son maintien de héros, son geste triomphant!
Brutus, mort sous mes yeux, revit en son enfant!
Mes pleurs réjouiront ma paupière ridée!...
Dis, quel heureux destin t'a conduit?

BRUTUS.

Une idée.

Le temps est précieux; le premier rayon d'or
Luit sur le fronton blanc de Jupiter Stator.
Il faut agir! Apprends que, dans Rome, j'épie
Les cyniques projets de cette race impie,
Et qu'elle nous prépare un crime de l'enfer,
Rêvé par l'Euménide en sa couche de fer.
La ville de nos dieux par le crime est gardée;
Le sénat dort; Tarquin fait le siége d'Ardée;
La justice se voile et marche d'un pas lent;
Sextus règne au palais! Sextus!... un insolent!
Entouré nuit et jour de ses amis infâmes,
Braves comme Ixion pour insulter les femmes!
Ne laissant, sous le chaume ou le lambris doré,
Dans une alcôve en deuil, qu'un lit déshonoré!
Ce matin, éveillé, l'aube luisant à peine,
J'ai vu Sextus assis sous la porte Capène.
Il parlait, l'imprudent! et ne se doutait pas
Du fantôme éternel qui brûle tous ses pas!
Donc, j'ai su qu'il attend que Rome tout entière
S'éveille, et qu'un esclave apporte sa litière.
Je ne puis en douter : un obscène souci,
Avant le grand soleil, doit le conduire ici.

FAUSTUS.

Ici?

BRUTUS.

Dans ta maison quel dieu jaloux amène,
Par ce sentier désert, une dame romaine?

FAUSTUS.

Une seule... elle vient aux heures du matin.

BRUTUS.

Quel est son nom ?

FAUSTUS.

L'hymen l'unit à Collatin.

BRUTUS.

Lucrèce !... Dieux, le lis de notre gynécée !
Sainte pudeur, défends ta fille menacée !

FAUSTUS.

Son époux est absent, et, quand le jour a lui,
Elle vient consulter les augures pour lui.

BRUTUS.

Oh ! qu'aujourd'hui des dieux la puissance immortelle
L'écarte !

FAUSTUS.

Un bruit de pas !...

BRUTUS.

Sainte pudeur ! c'est elle !...

Nous voulions bien faire une plaisanterie, mais nous ne voulions pas commettre un meurtre : jouer cette pièce au Théâtre-Français ou à la Porte-Saint-Martin avant la *Lucrèce* de M. Ponsard, c'était évidemment tuer celle-ci. Méry s'arrêta donc à la moitié du premier acte.

Un dernier mot sur 1828.

Méry, à cette époque, demeurait rue du Harlay, 29, dans la même chambre que Carrel.

La réunion du soir se composait ordinairement de Rabbe, de Raffenel et de Reboul.

De ces cinq amis, presque inséparables, quatre ont été cruellement emportés, et emportés avant l'heure.

Rabbe, par une maladie terrible qui le coucha dans la tombe, aussi défiguré que si un tigre lui eût rongé le visage.

Carrel et Reboul furent tués en duel, l'un à Saint-Mandé, l'autre à la Martinique.

Raffenel fut coupé en deux sur l'Acropole par un boulet de canon turc.

FIN DU TOME QUATRIÈME

TABLE

Pages.

LXXXVII. — La littérature impériale. — *La Jeunesse de Henri IV.* — Mercier et Alexandre Duval. — *Les Templiers* et leur auteur. — César Delrieu. — Perpignan. — Rupture de mademoiselle Georges avec le Théâtre-Français. — Sa fuite en Russie. — Le parterre de rois. — La tragédienne ambassadrice........................ 1

LXXXVIII. — La Comédie-Française à Dresde. — Rentrée de Georges au Théâtre-Français. — *Les Deux Gendres.* — *Mahomet II.* — *Tippo-Saëb.* — 1814. — Fontainebleau. — Entrée des alliés à Paris. — Les lis. — Retour de l'île d'Elbe. — Les violettes. — Les queues d'asperge. — Retour de Georges à Paris............ 13

LXXXIX. — L'inconvénient d'un grand artiste dans un théâtre. — Lafond prend le rôle de Pierre de Portugal, au refus de Talma. — Lafond. — Son école. — Ses mots. — Mademoiselle Duchesnois. — Ses défauts et ses qualités. — *Pierre de Portugal* réussit..... 21

XC. — Le général Riégo. — Sa tentative d'insurrection. — Son évasion et sa fuite. — Il est livré par les frères Lara. — Son procès. — Son supplice.. 28

XCI. — L'auberge de la *Tête-Noire.* — Auguste Ballet. — Castaing. — Son procès. — Son attitude à l'audience, et ses paroles aux jurés. — Son exécution....................................... 35

XCII. — Casimir Delavigne. — Appréciation de l'homme et du poëte. — D'où était venue la haine de la vieille école littéraire contre la nouvelle. — Quelques réflexions sur *Marino Faliero* et *les Enfants d'Édouard.* — Pourquoi Casimir Delavigne était plutôt un poëte comique qu'un poëte tragique. — Où il faut chercher ses chefs-d'œuvre.. 49

XCIII. — Talma dans *l'École des Vieillards.* — Une lettre de lui. — Origine de son nom et de sa famille. — *Tamerlan* à la pension Verdier. — Début de Talma. — Conseils de Dugazon. — Autres conseils de Shakspeare. — Opinion des critiques de l'époque sur le débutant. — Passion de Talma pour son art............ 64

XCIV. — Je deviens employé en pied. — Les mauvais spectacles. — Thibaut. — Mes études avec lui. — En quoi elles m'ont servi. — *Amaury* et les poitrinaires. — Mes lectures. — Walter Scott. — Cooper. — Byron................................. 76

XCV. — Enfance de Byron. — Son désespoir d'être boiteux. — Marie Duff. — La sorcière du Malvern. — Comment Byron et Robert Peel firent connaissance. — Miss Parker. — Miss Chaworth. — Mistress Muster. — Lady Morgan. — *Les Poëtes anglais et les Critiques écossais.* — Lettres de Byron à sa mère. — Son entrée à la chambre des lords....................... 82

XCVI. — Byron à Lisbonne. — Comment il s'est brouillé avec les Anglaises. — Son poëme de *Childe Harold.* — Ses folies et ses ennuis. — Il se marie. — Ses démêlés conjugaux. — Il quitte de nouveau l'Angleterre. — Ses adieux à sa femme et à sa fille. — Sa vie et ses amours à Venise. — Il part pour la Grèce. — Son arrivée à Missolonghi. — Sa maladie et sa mort........... 93

XCVII. — Les réputations usurpées. — M. Lemercier et ses œuvres. — La levrette blanche de Racan. — Le *Fiesque* de M. Ancelot. — Les peintres romantiques. — Scheffer. — Delacroix. — Sigalon. — Schnetz. — Coigniet. — Boulanger. — Géricault. — *La Méduse* dans l'atelier de l'artiste. — Obsèques de lord Byron en Angleterre. — Une prise de corps contre Sheridan................ 114

XCVIII. — Ma mère vient se fixer près de moi. — Mon duc de Chartres. — Chateaubriand et M. de Villèle. — Laconisme épistolaire. — Rétablissement de la censure. — Un roi de France ne doit jamais être malade. — Bulletins de la santé de Louis XVIII. Ses derniers moments et sa mort. — Ode de Victor Hugo. — Le tombeau de Napoléon et M. Torbet. — Voyage de la Fayette en Amérique. — Honneurs qui lui sont rendus.................. 127

XCIX. — Tallancourt et Betz. — L'estaminet *Hollandais.* — Mon manteau à la Quiroga. — Premier cartel. — Une leçon de tir. — La veille du combat. — Analyse de mes sensations. — Mon adversaire manque au rendez-vous. — Les témoins le relancent. — Duel. — Tallancourt et le chien enragé...................... 139

C. — Le duc d'Orléans est nommé *altesse royale.* — Sacre de Charles X. — Relation de la cérémonie par madame la duchesse d'Orléans. — Mort de Ferdinand de Naples. — De Laville de Miremont. — *Le Cid d'Andalousie.* — M. Pierre Lebrun. — Une lecture au camp de Compiègne. — M. Taylor est nommé commissaire royal près le Théâtre-Français. — Le curé Bergeron. — M. Viennet. — Deux lettres de lui. — Pichat et son *Léonidas*.............. 150

TABLE 323

Pages.

CI. — Mort du général Foy. — Ses funérailles. — *L'Altesse royale.* — Assassinat de Paul-Louis Courier. — Mort de l'empereur Alexandre. — Parallèle entre l'Angleterre et la Russie. — Aux dépens de qui ces deux puissances se sont accrues depuis cent ans. — Comment Napoléon aurait pu conquérir l'Inde......... 162

CII. — L'empereur Alexandre. — Lettre du czar Nicolas à Karamsine. — L'histoire à la manière de Suétone et de Saint-Simon. — Catherine et Potemkine. — Madame Braniska. — Le prix de la course impériale. — Un bal chez M. de Caulaincourt. — L'homme à la pipe. — Le pilote et le cocher de l'empereur.. 176

CIII. — Alexandre quitte Saint-Pétersbourg. — Ses pressentiments funèbres. — Les deux étoiles de Taganrog. — Maladie de l'empereur. — Ses derniers moments. — Comment on apprit sa mort à Saint-Pétersbourg. — Le grand-duc Constantin. — Son portrait et ses goûts. — Quelle fut la cause de sa renonciation à l'empire. — Jeannette Groudzenska........................... 190

CIV. — Rousseau et Romieu. — Parlez au concierge. — La chandelle des huit. — Les *Deux Magots*. — A quelle heure on doit remonter sa montre. — M. le sous-préfet s'amuse. — Henry Monnier. — Le chapitre des renseignements. — Les soupers. — Les cigares. 207

CV. — Le lampion. — *La Chasse et l'Amour.* — La part de Rousseau. — Le couplet du lièvre. — Le couplet de facture. — Comme quoi il y a lièvre et lièvre. — Réception à l'Ambigu. — Mes premiers droits d'auteur. — Ce que c'est que Porcher. — Pourquoi il ne faut pas lui dire du mal de Mélesville................. 220

CVI. — Succès de ma première pièce. — Mes trois nouvelles. — M. Marle et son orthographe. — Madame Setier. — Une mauvaise spéculation. — *Le Pâtre*, de Montvoisin. — *L'Oreiller.* — Madame Desbordes-Valmore. — Comment elle devint poëte. — Madame Amable Tastu. — *Le Dernier jour de l'année.* — *Zéphire.* 237

CVII. — Maladie de Talma. — Comment il aurait joué le Tasse. — Ses neveux. — Il est visité par M. de Quélen. — Pourquoi il fit abjurer ses enfants. — Sa mort. — *La Noce et l'Enterrement.* — Oudard me sermonne sur mes goûts pour le théâtre. — Belle réponse qui met en gaieté tout le Palais-Royal. — Il me reste la confiance de Lassagne et de la Ponce. — J'obtiens un succès anonyme à la Porte-Saint-Martin.......................... 251

CVIII. — Soulié à la scierie mécanique. — Son amour platonique pour l'or. — Je veux faire un drame avec lui. — Je traduis *Fiesque.* — Mort d'Auguste Lafarge. — Mon traitement est augmenté, et ma position diminuée. — Félix Deviolaine, condamné par la médecine, est sauvé par la maladie. — *Louis XI à Péronne.* — La garde-robe dramatique de Talma. — La *loi de justice et d'amour.* — Licenciement de la garde nationale............ 265

CIX. — Les acteurs anglais à Paris. — Importations littéraires. — *Trente ans, ou la vie d'un Joueur.* — *Hamlet*, par Kemble et miss Smithson. — Un bas-relief de mademoiselle de Fauveau. — Visite à Frédéric Soulié. — Il refuse de faire *Christine* avec moi. — Une attaque nocturne. — Je retrouve Adèle d'Alvin. — Je passe la nuit au violon 277

CX. — Les jalons de l'avenir. — Les compliments au duc de Bordeaux. — *Vates.* — Brochure orléaniste de Cauchois-Lemaire. — Le lac d'Enghien. — L'ara du colonel Bro. — Le docteur Ferrus. — Morrisel. — Un convoi de première classe. — La chasse en plain-chant. — Une autopsie. — Comment s'explique la mort de l'ara... 286

CXI. — Barthélemy et Méry. — M. Éliça Gallay. — Méry joueur de dominos et anatomiste. — L'*Épître à Sidi Mahmoud.* — Le libraire Ponthieu. — Soulé. — *La Villéliade.* — L'imprimeur Barthélemy. — Méry improvisateur. — Les *Vœux de la nouvelle année.* — Pastiche de *Lucrèce*.................................. 302

FIN DE LA TABLE DU TOME QUATRIÈME.

E. GREVIN — IMPRIMERIE DE LAGNY

EXTRAIT DU CATALOGUE MICHEL LÉVY

1 FRANC LE VOLUME. — 1 FR. 25 PAR LA POSTE

A. DE BRÉHAT

	vol
L'AMOUR AU NOUVEAU MONDE	1
LES AMOUREUX DE 20 ANS	1
LES AMOURS DU BEAU GUSTAVE	1
LES AMOURS D'UNE NOBLE DAME	1
L'AUBERGE DU SOLEIL D'OR	1
LE BAL DE L'OPÉRA	1
LA BELLE DUCHESSE	1
BRAS D'ACIER	1
LA CABANE DU SABOTIER	1
LES CHASSEURS D'HOMMES	1
LES CHASSEURS DE TIGRES	1
LE CHATEAU DE VILLEBON	1
LES CHAUFFEURS INDIENS	1
LES CHEMINS DE LA VIE	1
LE COUSIN AUX MILLIONS	1
DEUX AMIS	1
UN DRAME A CALCUTTA	1
UN DRAME A TROUVILLE	1
UNE FEMME ÉTRANGE	1
HISTOIRES D'AMOUR	1
HOTEL DU DRAGON	1
LES MAITRESSES DU DIABLE	1
LE MARI DE Mme CAZOT	1
LES ORPHELINS DE TRÉGUÉREC	1
LE ROMAN DE DEUX JEUNES FEMMES	1
SCÈNES DE LA VIE CONTEMPORAINE	1
LA SORCIÈRE NOIRE	1
SOUVENIRS DE L'INDE ANGLAISE	1
LE TESTAMENT DE LA COMTESSE	1
LES VACANCES D'UN PROFESSEUR	1
LA VENGEANCE D'UN MULATRE	1

E.-L. BULWER, *Tr. Am. Pichot*

LA FAMILLE CAXTON	2
LE JOUR ET LA NUIT	2

ÉMILE CARREY

LES RÉCITS DE KABYLIE	1
LES RÉVOLTÉS DU PARA	1

CÉLESTE DE CHABRILLAN

UN AMOUR TERRIBLE	1
LES DEUX SŒURS	1
LA DUCHESSE DE MERS	1
ÉMIGRANTES ET DÉPORTÉES	1
EST-IL FOU ?	2
LES FORÇATS DE L'AMOUR	1
UNE MÉCHANTE FEMME	1
LES VOLEURS D'OR	1

ÉMILE CHEVALIER

	vol
LE CAPITAINE	1
LE CHASSEUR NOIR	1
LES DERNIERS IROQUOIS	1
LA FILLE DES INDIENS ROUGES	1
LA FILLE DU PIRATE	1
LE GIBET	1
LA HURONNE	1
L'ILE DE SABLE	1
LES NEZ-PERCÉS	1
PEAUX ROUGES ET PEAUX BLANCHES	1
LES PIEDS-NOIRS	1
POIGNET D'ACIER	1
LA TÊTE-PLATE	1

JULES GÉRARD

LA CHASSE AUX LIONS	1
MES DERNIÈRES CHASSES	1
VOYAGES ET CHASSES	1

PIERRE VÉRON

L'AGE DE FER-BLANC	1
AVEZ-VOUS BESOIN D'ARGENT ?	1
LA BOUTIQUE A TREIZE	1
LES CHEVALIERS DU MACADAM	1
LA COMÉDIE EN PLEIN VENT	1
LA COMÉDIE DE VOYAGE	1
EN 1900	1
LES COULISSES DE GRAND DRAME	1
LES DINDONS DE PANURGE	1
LA FOIRE AUX GROTESQUES	1
GRIMACES PARISIENNES	1
LA GRRRANDE FAMILLE HASARD	1
MAISON AMOUR ET Cie	1
LES MARCHANDS DE SANTÉ	1
LES MARIONNETTES DE PARIS	1
MYTHOLOGIE PARISIENNE	1
M. ET Mme TOUT LE MONDE	1
NOS BONS CONTEMPORAINS	1
LES PANTINS DU BOULEVARD	1
PARIS A TOUS LES DIABLES	1
PARIS COMIQUE SOUS LE 2e EMPIRE	1
PARIS S'AMUSE	1
LE PAVÉ DE PARIS	1
PHÉNOMÈNES VIVANTS	1
RESSEMBLANCE GARANTIE	1
LE ROMAN DE LA FEMME A BARBE	1
SAC A LA MALICE	1
LES SOUFFRE-PLAISIR	1
LA VIE FANTASQUE	1

Le Catalogue complet sera envoyé franco à toute personne qui en fera la demande par lettre affranchie.

www.ingramcontent.com/pod-product-compliance
Lightning Source LLC
Chambersburg PA
CBHW060403170426
43199CB00013B/1978